Horst Herrmann

Um Kopf und Kragen

Hinrichtungsmethoden
und -maschinen

Bassermann

ISBN 978-3-8094-3939-4

1. Auflage
© 2018 by Bassermann Verlag, einem Unternehmen der Verlagsgruppe
Random House GmbH, Neumarkter Straße 28, 81673 München
© 2018 Horst Herrmann, Steißlingen, in Verbindung mit Aufbau Verlag
GmbH & Co. KG, Berlin
www.horstherrmann.com

Projektleitung: Martha Sprenger
Umschlaggestaltung: Atelier Versen, Bad Aibling
Layout und Satz: Lore Wildpanner
Herstellung: Reinhard Soll

Druck und Bindung: GGP Media GmbH, Pößneck

Printed in Germany

Verlagsgruppe Random House FSC® N001967

*„Jammer über uns! Denn die Geschichte hat
die Menschheit nie gebessert!"*
(C. D. Grabbe, „Don Juan und Faust" I, 2; 1829)

Inhalt

Zur Einführung: Die Kehrseite der Gerechtigkeit

In manch einem deutschen Garten liegen uralte Leichen, unentdeckt und übel zugerichtet: Unter der Grasnarbe verbergen sich Galgenhügel und Henkersplätze aus dem Mittelalter. Bisher wurden sie oft nur durch Zufall entdeckt – doch nun machen sich Archäologen gezielt auf die Suche, erklärt die Wissenschaftsjournalistin A. Franz, auf die ich mich im Folgenden beziehe (SPIEGEL Online 22.10.2008).

Der Prähistoriker J. Auler hat in Deutschland den neuen Zweig der Richtstättenarchäologie begründet. „Die Galgen und Richtplätze des Mittelalters und der frühen Neuzeit sind heute längst vergessen und von dichter Wohnbebauung überwuchert", sagt er. Der Experte will das ändern, weil sich bis heute noch kaum jemand systematisch mit Hinrichtungsorten beschäftigt hat. Da sie außerhalb der mittelalterlichen Siedlungen lagen, gehörten sie auch nicht „zum Repertoire der Stadtarchäologen".

Erst etwa 50 Richtstätten in Deutschland sind wissenschaftlich untersucht – ein Bruchteil, wenn bedacht wird, dass früher jede Stadt und jede Ortschaft Schwerverbrecher auf ihrem eigenen Exekutionsplatz strafte.

In den meisten Fällen gab es nicht nur einen, sondern sogar zwei Plätze für die Blutgerichtsbarkeit. Am ersten stand der Galgen – am zweiten der Stein, auf dem der Scharfrichter den Todgeweihten mit dem Beil oder Schwert den Kopf abschlug. Rabensteine nannten die Leute diese Podeste, wegen der schwarzen Aasfresser, die über dem Platz kreisten und darauf warteten, dass die Menge der Schaulustigen sich verzog – und sie sich zum Festmahl niederlassen konnten.

Zum Köpfen brauchte es nicht mehr als eine erhöhte Fläche, für die Galgen dagegen waren oft riesige, bis zu vier Meter hohe Repräsentationsbauten nötig. Denn zum einen blieben viele Gehängte nach der Hinrichtung noch so lange am Strick, bis durch Verwesung und Schwerkraft einzelne Leichenteile zu Boden fielen – die Aufhängevorrichtung musste also Platz für eine stattliche Anzahl von Körpern bieten. Zum anderen waren die Richtstätten ein weithin sichtbares Symbol für die Strenge, mit der die jeweilige Stadt gegen Verbrecher vorging.

Die Galgenstätten lagen daher oft an den großen Einfahrtsstraßen. Wer sich einem Herrschaftsgebiet näherte, musste erst einmal die Hinrichtungsstätte passieren. Eine deutliche Warnung, sich zu benehmen.

Die Archäologen sind inzwischen imstande, Galgen zu rekonstruieren und den Arbeitsalltag eines Scharfrichters nachzuvollziehen. Dazu gehörte neben dem Töten, die Leichen möglichst abschreckend herzurichten und auszustellen. Ein Fund aus dem rheinischen Langenfeld macht klar, dass das Umfeld der Richtstätten grausig gestaltet war. Bei Baggerarbeiten kam der Schädel einer jungen Frau zu Tage, an dem noch Reste einer Kappe mit kostbarer Brokatborte hingen. Längs durch den Schädel steckte ein Eisennagel von fast einem halben Meter Länge. Mit ihm hatte der Scharfrichter den abgetrennten Kopf auf einen Pfosten genagelt. Ähnlich sah auch der berühmte Schädel aus, der 1878 auf dem Grasbrook in Hamburg gefunden und dem Piraten Klaus Störtebeker oder seinem Kumpanen Gödeke Michels zugeschrieben wurde. Von den Pfosten, auf denen die Schädel prangten, haben die Jahrhunderte nur mehr dunkle Verfärbungen im Boden hinterlassen, sogenannte Pfostenlöcher. In ihnen könnte allerdings auch eine andere Art von Pfosten gesteckt haben: die gefürchteten Räder. Auf ihnen endete, wer das schlimmste Verbrechen begangen hatte: Mord. Beim Rädern wurde der Verurteilte mit gestreckten Extremitäten auf dem Boden festgepflockt. Dann ließ man immer und immer wieder ein eisenbeschlagenes Rad mit voller Wucht auf ihn niederschmettern.

Außer malträtierten Skelettresten und Pfostenlöchern finden die Archäologen auf vielen Richtstätten Tierknochen. Die Scharfrichter wurden in der Regel nicht besonders gut bezahlt. Deshalb verliehen ihnen die Städte häufig zusätzlich das Wasenrecht, die Erlaubnis zum Entsorgen von Tierkadavern. Nicht immer brachte der Scharfrichter jedoch die toten Tiere auf den dafür vorgesehenen Schindanger. Oft endeten sie unter dem Galgen in denselben Gruben wie die hingerichteten Menschen.

Solche Funde kann man im eigenen Garten machen: Als Kurt Bachmann und sein Sohn Uwe gerade das Fundament für ihr neues Gartenhaus legen, stoßen sie auf etwas Hartes. Sie stutzen. Sie graben weiter – und staunen: Menschliche Knochen liegen dicht unter der

Grasnarbe ihres Grundstücks in Hessisch-Lichtenau. Es ist ein vollständiges Skelett, der Länge nach ausgestreckt, die Arme ordentlich über dem Bauch verschränkt. Am merkwürdigsten daran: Der Kopf sitzt nicht mehr auf dem Hals, sondern ruht zwischen den Knien. Die Familie ruft den örtlichen Geschichtsverein. Eine archäologische Arbeitsgruppe hilft bei der Bergung der Knochen, zumindest bis die Blockhütte kommt, für die das Fundament an der Begräbnisstätte des Toten gedacht war. Die Füße können die Ausgräber nicht mehr rechtzeitig herausholen. Sie bleiben unter dem Boden der Hütte liegen.

Schnell wird klar, was die Bachmanns in ihrem Garten gefunden haben. Ihre Wohngegend ist als „Galgenberg" und „Galgenhügel" bekannt. Der deplatzierte Kopf ist der endgültige Beweis: Der Mensch aus dem Garten ist irgendwann zwischen 1256 und 1388 höchstwahrscheinlich durch das Schwert gestorben. Das Grundstück liegt offenbar auf einem ehemaligen Richtplatz.

Der Tote von Hessisch-Lichtenau hatte noch Glück. Wenn auch mit dem Kopf zwischen den Beinen, durfte er jahrhundertelang doch ordentlich arrangiert in der Erde ruhen. Was mit seinen Knochen geschehen soll, ist ungewiss. Kein Museum möchte sie haben. Und eine Wiederbestattung? Darf man die Gebeine eines mutmaßlichen Schwerverbrechers sieben Jahrhunderte nach seinem Tod letztendlich doch in geweihte Erde legen? Vorerst werden die Gebeine in einer Kiste verwahrt.

Und heute?
F. Freiburg (SPIEGEL Online 18.12.2007) berichtet: „Es kommt nicht häufig vor, dass Henker über ihre Arbeit sprechen. Jerry Givens, einstiger Chefvollstrecker des US-Bundesstaats Virginia, hat das nun in einem Interview mit dem Fernsehsender ABC News getan. ‚Jemandem das Leben zu nehmen, ist wahrlich keine angenehme Sache', sagte Givens. ‚Ich habe es nicht getan, um jemanden leiden zu sehen oder ihm Schmerzen zuzufügen.'" 62 Menschen hat er von 1982 bis 1999 im Namen des Staates hingerichtet, seit er als 30-jähriger Gefängnisaufseher von einem Vorgesetzten gefragt wurde, ob er die Aufgabe übernehmen wolle. „Es war hart", meint er rückblickend, „vom Gefängnisaufseher zum Henker zu werden." Und im Laufe der Zeit zum

erklärten Gegner der Todesstrafe: „Ein Mensch wird im Namen des amerikanischen Volkes verurteilt. Ihr alle verurteilt ihn zum Tode. Ihr gebt ihm einen Prozess, und dann schickt ihr ihn zu mir, damit ich ihn töte. Sollte sich nachher herausstellen, dass er unschuldig ist, seid nicht ihr diejenigen, die ihn umgebracht haben. Das war ich." Schließlich habe das Innocence Project bei mittlerweile mehr als 200 Fällen die Unschuld verurteilter Straftäter bewiesen – darunter waren auch mehrere Todeskandidaten. Seit Wiedereinführung der Todesstrafe 1976 sind in den USA 1400 Menschen hingerichtet worden.

Wen das Thema Todesstrafe kaltlässt, hat sich bewusst oder unbewusst für eine bestimmte Strategie entschieden. Sie lautet: „Amnestie durch Amnesie". Wer aber schweigt, macht sich zum Komplizen. Leute mit dem Alles-halb-so-schlimm-Gesicht stellen sich nur äußerst selten die Frage: Was habe ich mit einem in den USA hingerichteten Farbigen zu tun, der zudem ein Mörder war? Was mit der vor Jahrhunderten als „Hexe" verbrannten Frau? Es muss daran erinnert werden, dass es eine humane und humanisierende Solidarität mit den Opfern gibt, die alle Zeiten, Länder, Hautfarben, Religionen umfasst. Die „Vermenschlichung" der Vollstreckung der Todesstrafe sind nur Domestikationen: Die einst reißende Bestie wird jetzt als Haustier gehalten (K. Rossa). Doch „humaner Strafvollzug", „humane Exekution", „humane Kriegsführung" bleiben Tröstungen und Widersprüche in sich selbst, erst recht, wenn sie euphorisch begrüßt werden. Verteidiger der Todesstrafe führen immer wieder ein Argument ins Feld: die Zweckmäßigkeit. Sicherheitskräfte seien verpflichtet, Terroristen oder Rebellen auszuschalten, die das Leben Unschuldiger aufs Spiel setzen.

Ich kann keinen Unterschied zwischen mittelalterlichen Exekutionen und den Jahr für Jahr zigfach durchgeführten Hinrichtungen ausmachen: Während Motivation und Legitimation gleich blieben, wurden die Maschinen unter dem Vorwand der Humanisierung sogar noch verfeinert.

Von wegen „Mittelalter"! Als die Guillotine das Richtschwert ablöst, ist das nach Auffassung der Zeit ein Meilenstein der Humanität, doch damit wird nur eine Maschine angeblich zum humaneren Vollzug hin verbessert, an der grundsätzlichen Mentalität der Bestrafung ändert sich nichts. Und doch ist „das vorsätzliche, institutionalisierte

Töten von Staats wegen ... der denkbar größte Angriff auf die Würde des Menschen" (A. Goldberg, Oberster Gerichtshof der USA, 1976).

Eine „heilige Sache", die stets die eigene ist, erzeugt noch immer sehr verlässlich jenes gute Gewissen, das rücksichtslose Brutalität und gewissenlosen Terror erlaubt und sogar als Heldentat überhöht (H. Gundolf). Tötung wird heute in einem noch nie gekannten Maße praktiziert, das selbst die Jahrhunderte der Inquisition in den Schatten stellt. Und das, obwohl in der neueren Geschichte in großen Teilen der westlichen Welt die Todesstrafe geahndet und abgeschafft wurde.

Methoden und Maschinen

Um die Benutzung zu erleichtern, werden beim jeweiligen Stichwort zunächst die betreffende Maschine oder Methode sowie ihre eventuellen Folgen für Leib und Leben des Opfers beschrieben. Daran schließen sich (chronologisch geordnete) historische Beispiele für die Hinrichtungsart an; bei der Fülle des sich anbietenden Materials ist keine Vollständigkeit beabsichtigt. Die Übergänge zwischen Folter und Exekution verlaufen oft fließend.

Abschneiden des Kopfes

In Abhebung vom Abhacken geht der → Scharfrichter beim Abschneiden menschlicher Körperteile (Zunge, Ohren, Nasen, Lippen, Brüste, Finger, Füße) langsamer vor und verwendet dabei auch andere („schneidende") Instrumente.

Beispiele:

- Von einem chinesischen Henker wird berichtet, er habe von den Eltern des Opfers viel Geld erhalten, damit er ihrem Sohn sauber und schnell den Kopf abtrenne und ihm die übliche lange Folter erspare.
- Im Königreich Dahomey pflegten die Scharfrichter dem Opfer mit stumpfen Messern den Kopf abzuschneiden; waren sie bestochen, benutzten sie scharfe Klingen.

Abspritzen

Eine Bezeichnung aus dem Wörterbuch des Unmenschen für den folgenden Vorgang: Das Opfer nimmt auf einem Stuhl Platz, der Arm wird freigelegt und die Spritze gesetzt. Dabei wird Luft in die Vene gespritzt, bis eine Embolie eintritt. Auch Karbolsäure, Wasserstoff oder Phenol sowie bestimmte Alkaloide werden eingesetzt. Meist werden die benutzten Spritzen nicht gereinigt, die Nadeln nur selten ausgewechselt. Hin und wieder wird der Stoff direkt in das Herz des Opfers gespritzt, was in der Regel den sofortigen Tod zur Folge hat. Trifft die Spritze nicht direkt, kommt es zur Bewusstlosigkeit des Opfers; wird Benzin benutzt, tritt der Tod oft erst nach einer halben Stunde ein (→ Giftinjektion, Menschenversuche).

Beispiele:
- Dr. Eisele, Lagerarzt in Buchenwald, gab tuberkulosekranken Opfern intravenös oder durch Herzstich Evipan-Natrium-Injektionen.
- „Geisteskranke" und körperlich Missgebildete wurden im NS-Regime als „leere Menschenhülsen" und „Ballastexistenzen" zur „Euthanasie" freigegeben und zigtausendfach mit Veronal, Luminal, Morphium-Skopolamin, Morphium-Hydrochloricum sowie mit Phenol-Injektionen ermordet.
- Die Gedenkstätte des Vernichtungslagers Auschwitz zeigt eine rekonstruierte Krankenstation: Häftlinge wurden dort mit Phenolspritzen ins Herz getötet.

Andreaskreuz

Ein Kreuz in Form eines X, an dem der Apostel Andreas, Bruder des Petrus, im 1. Jahrhundert n. Chr. in Patras (Griechenland) gekreuzigt worden sein soll. Solche Kreuze wurden auch später bei Hinrichtungen verwendet.

Atemrohr

Beim Begraben wird dem Opfer, meist einer Frau (berichten mittelalterliche Rechtsbücher), zur Strafverschärfung ein Rohr in den Mund gesteckt, um die (tödliche) Folterstrafe (→ Lebendig begraben) und damit die Spannung der Zuschauer zu verlängern. Eine andere Deutung geht davon aus, dass das Atemrohr verwendet wurde, um die Seele des Opfers „ausfahren" zu lassen.

Aufessen

Der früher bei Naturvölkern verbreitete Brauch, Menschenfleisch (vor allem Herz, Geschlechtsteile, Blut) im Rahmen eines Bestattungsrituals, aus → Hunger (etwa nach Raubzügen oder → Menschenjagden zur Beschaffung von Fleisch) oder zur Übernahme der Lebenskraft eines manchmal eigens zu diesem Zweck gemästeten Opfers zu verzehren (magische *Anthropophagie*), wird bis in die jüngste Vergangenheit hinein auch als kannibalistische Foltermaßnahme angewandt: Zum einen werden Menschen gezwungen, das Fleisch anderer (beispielsweise der eigenen Kinder) oder eigene Körperteile aufzuessen, zum anderen verzehren die Folterer (oder Mörder) bisweilen Fleischteile ihrer noch lebenden oder bereits verstorbenen Opfer (→ Leichentortur).

In manchen Fällen bleibt die Beweislage für tatsächlich praktizierte → Menschenopfer und gar Kannibalismen sehr unsicher. Es handelt sich vielleicht um einen europäischen Mythos, eine Kannibalismuslegende. Sie wurde bewusst gepflegt und weithin verbreitet, weil sie den „zivilisierten" Europäern die Möglichkeit gab, Millionen Menschen, die als „Wilde" bewusst zu den Tieren gerechnet wurden, nicht nur auszurotten, sondern auch zu versklaven und zu verschleppen.

Beispiele:

- Nach der Heiligenlegende des Cyrill von Baalbek († um 364) wurde der erschlagene Märtyrer geschändet: Die Täter schnitten ihm die Leber heraus und aßen sie auf. Sie sollen zur Strafe mit der Zeit ihre Zähne, Zungen und Augen verloren haben.
- Am 25. Oktober 1440 wurde Gilles de Rais, Marschall von Frankreich, in Nantes verbrannt. Nach den Prozessunterlagen hat der als schlimmster Massenmörder aller Zeiten geltende Täter innerhalb von elf Jahren 558 Mädchen und junge Frauen verstümmeln und schlachten lassen, damit das Fleisch auf seinen Tisch gelangte.
- Im Kongo wurden vor Ankunft der Europäer Ehebrecher und Ehebrecherinnen zur Strafe des Aufessens verurteilt (Bericht des deutschen Reisenden P. Frassle).
- Berühmt für ihre Hinrichtungen waren die Batak auf Sumatra, die Spione und Verräter dazu verurteilten, aufgegessen zu werden. Die Verwandten der Opfer hatten bei der Exekution anwesend zu sein und mussten sogar Salz und Zitronensaft bereitstellen, die beim Verzehr der gerösteten Opfer gebraucht wurden.
- Auf dem Bismarck-Archipel (nordöstlich von Neuguinea) wurde das Opfer zunächst in einer heißen Quelle gesotten und dann verspeist.
- In Teilen Neuguineas hielt man einen Kriegsgefangenen eine Woche lang am Leben, während er langsam zerstückelt wurde und die Fleischteile aufgegessen wurden.
- Im Juli 1884 tötete der Kapitän eines im Südatlantik havarierten Schiffes, T. Dudley, der sich mit in ein Beiboot hatte retten können, den kranken Schiffsjungen R. Parker. Bis die drei Schiffbrüchigen

endlich gefunden wurden, lebten sie von Herz, Leber und Blut des Opfers.

- Während des Regimentes des A. Pavelic (1899–1959) kochten Mitglieder der Ustascha in Bergovici serbische Kinder und zwangen ihre Mütter, sie zu essen, bevor die Frauen selbst niedergemacht wurden.
- Zu Zeiten der Diktatur des R. L. Trujillo y Molina (ermordet 1961) in der Dominikanischen Republik mussten halbverhungerte Väter das Fleisch ihrer Kinder essen.
- Rotgardisten sollen in den 1960er- und 1970er-Jahren Fleischteile ihrer Opfer aufgegessen haben, um dem Vorsitzenden Mao ihr Klassenbewusstsein zu beweisen.
- Idi Amin, der ehemalige Diktator Ugandas, ließ 1973 seinen Außenminister M. Odanga ermorden. Bevor dessen Leiche in einen Fluss geworfen wurde, schnitt ihm Amin (nach einem alten Stammesritual) die Leber heraus und aß ein Stück davon. Dem Diktator werden auch weitere kannibalistische Praktiken nachgesagt, zumal er immer wieder befahl, ihn mit den Leichen von Folteropfern alleinzulassen. Wurden Leichen aufgefunden, waren sie manchmal grausam verstümmelt: Oft fehlten ihnen Nasen, Ohren, Lippen, Augen, der Penis, die Leber.
- 1978 wurde ein japanischer Bandenführer tot gehackt. Seine Mörder fanden zur Beseitigung der Fingerspitzen, die eine Identifizierung des Toten ermöglicht hätten (Fingerabdrücke), das folgende Rezept: Sie kochten aus seinen Händen eine Suppe und verspeisten sie gemeinsam.
- S. K. Doe, der (1990 ermordete) Präsident von Liberia, ließ während seiner Regierungszeit den gegen ihn putschenden General T. Quiwonkpa erschießen. Regierungssoldaten zerstückelten den Toten und aßen die Leichenteile auf.

Aufrollen

Moderne Methode des → Erstickens: Das Opfer wird so fest und eng in nasses Leinen eingewickelt (eingerollt), dass ihm das Atmen schwerfällt. Das Tuch zieht sich beim Trocknen immer enger zusammen, der Gefolterte wird eingeschnürt. Schließlich wird sein Brustkorb eingedrückt.

Aufschlitzen

Im schlimmsten Fall tödlich wirkendes Durchtrennen von menschlichem Gewebe mit Hilfe eines Schneidewerkzeugs (meist Messer, Säbel, → Bajonettieren) zum Zweck der Bestrafung und/oder Folterung. Aufgeschlitzt wurden vor allem Nasen, Ohren („Schlitzohr"), Wangen, Scheiden und Bäuche, letzteres zumeist bei Säuglingen und Schwangeren (→ Kaiserschnitt).

Beispiele:

- Assyrer wie Israeliten schlitzten die Bäuche schwangerer Frauen auf, vermutlich eine Maßnahme zur Vernichtung der männlichen Bevölkerung.
- Im nördlichen China gab es zu Zeiten, als die Große Mauer errichtet wurde, eigene Aufschlitzerbanden, die marodierend durch die Dörfer zogen, Frauen und Kinder, die nicht hatten rechtzeitig fliehen können, vergewaltigten, ihnen die Kehlen durchschnitten, um ihr Blut zu trinken und Schwangere aufschlitzten, um die ungeborenen Kinder → aufessen zu können.
- Nach der Legende wurden die hl. Symphorosa und ihre sieben Söhne um 310 grausam gefoltert; dem Sohn Stactäus wurde die Seite aufgeschnitten, Eugenius, der Jüngste, von oben nach unten gespalten (→ Spalten).
- Nachdem Jerusalem am 15./16. Juli 1099 gefallen war, schlitzten die siegreichen Kreuzritter sogar die Bäuche der ermordeten Muslime auf, um in ihren Därmen nach eventuell verschluckten Goldstücken zu suchen.
- Zwischen 1684 und 1687 galt für französische Soldaten die Vorschrift, einer Dirne („Trosshure"), die sich innerhalb einer Distanz von zwei Meilen zur Truppe blicken ließ, die Nase abzuschneiden und die Ohren aufzuschlitzen.
- In einem Dorf an der ungarischen Grenze wurde im Februar 1945 eine Dreizehnjährige von 16 sowjetischen Soldaten vergewaltigt, bevor der letzte Täter „sie mit einem Messer von den Geschlechtsteilen bis zum Nabel aufschlitzte".
- Beim My-Lai-Massaker, dem 1968 etwa 500 Menschen zum Opfer fielen, wurden Säuglinge und Kleinkinder von US-Soldaten aufgeschlitzt.

Aufspießen

Der Körper des Opfers wird mit Lanzen, Speeren oder anderen spießenden Geräten (→ Spießen) durchstochen und fast völlig bewegungsunfähig gemacht. Nicht selten werden dabei nicht der Hals oder der Leib aufgespießt, sondern der After, um das Opfer zu entehren und ihm vor dem Tod besondere Schmerzen zu bereiten.

Beispiele:

- Mouley Ismael, König von Marokko, ließ Anfang des 18. Jahrhunderts unter den Fenstern seines Palastes lange Stangen aufstellen, die mit spitzen, nach oben gerichteten Eisenstacheln versehen waren. Der König konnte mit ansehen, wie seine aufgespießten Opfer langsam gefoltert wurden und starben.
- Im spanischen Oropesa spielte der Mob während des Bürgerkriegs (1936–1939) mit einem Priester Stierkampf und spießte ihn mit Banderillas auf; das Opfer verblutete auf der Straße.

Aussetzen

Spezielle, auch als → Vernichtungsstrafe mögliche Form des → Ausweisens: Das Opfer wird, auch beim Vollzug einer Marinestraffolter, in einem Boot auf das offene Meer gerudert und dann, häufig nach Wegnahme der Ruder, auf dem Meer den Elementen Wasser und Wind (→ Elemententod) überlassen oder auf einer unbewohnten Insel ausgesetzt. Manchmal nimmt das Aussetzen den Charakter einer Zufallsstrafe an: Wird das Opfer auf dem Meer ausgesetzt und werden ihm die Ruder belassen, ist sein Tod (→ Ertränken) nicht sicher.

Beispiele:

- Bei Völkern, die am Meer oder an großen Flüssen lebten, kommt diese Strafe oft vor, so auch bei den Germanen.
- Der hl. Kreuzzugsprediger Johannes von Capestrano († 1456), „Geißel der Hebräer" und „Apostel Europas" genannt, schlug vor, alle Juden, die sich nicht bekehren ließen, auf Schiffe zu verfrachten und als Feinde des Glaubens auf hoher See auszusetzen.
- Romane wie „Robinson Crusoe" (1719/20) und Berichte über die Meuterei auf der Bounty (1789) erzählen vom Aussetzen von Seefahrern und vom Leben auf einer einsamen Insel.

Ausweiden

Häufig durchgeführte Exekutionsmethode, bei der der Bauch des Opfers geöffnet, ein Teil des Darms herausgezogen und an einer Trommel (→ Darmtrommel) befestigt wird. Der Rest der Eingeweide wird langsam aufgerollt; das Opfer ist während des größeren Teils der auch als Ausdärmen bezeichneten Exekution bei Bewusstsein.

Beispiele:

- Aufschlitzen und Ausweiden eines Menschen erinnern an Opferrituale; auch weissagten die Frauen der Kimbern aus den Eingeweiden geschlachteter Kriegsgefangener.
- Wikinger sollen einem christlichen Gefangenen einen „blutigen Adler" ins Fleisch geschnitten und durch diesen Einschnitt alle lebenswichtigen Teile herausgezogen haben, eine Verbindung von Opfer und Rache.
- Im Hochmittelalter stellt das Ausweiden die Strafe für Hochverrat, Diebstahl von Bienenstöcken und Baumfrevel dar; seit Beginn der Neuzeit wird sie nicht mehr verhängt.
- Bei den Tupinamba in Südamerika wurden hin und wieder Kinder aufgefordert, sich mit dem Blut des aufgeschnittenen Opfers einzureiben, in seinen Bauch zu greifen und die Eingeweide herauszuziehen. Die besten Stücke wurden an junge Krieger verteilt; wer kein Fleisch erlangen konnte, aß eine Suppe, die aus Knochen, Händen und Füßen des Opfers gekocht wurde.
- 1660 beschrieb S. Pepys in seinem Tagebuch, wie er in Charing Cross (London) das Hängen, Ausweiden und Vierteilen von Generalmajor Harrison beobachtete: „Man hackte ihn vor unser aller Augen in Stücke und zeigte seinen Kopf und sein Herz den Zuschauern, die sogleich in ein Freudengeschrei ausbrachen.

Ausweisen

Mit seiner Ausweisung wird das Opfer nach alter Ansicht zum Sündenbock und fluchbeladenen Monster (*Outlaw, exlex*), das sich nach dem frühen Aberglauben wie ein Wolf, das uralte Symbol für den flüchtigen Mörder, in den Wäldern herumtreiben muss und wegen seiner → Friedloslegung von jedermann gejagt und straffrei getötet werden darf. Wird ein Mensch ausgewiesen und damit (im Wald, hinter Bergen, in Wüsteneien, am jenseitigen Ufer eines Gewässers) zum unsichtbar Gemachten und nicht mehr Erinnerten (→ *damnatio memoriae*), beendet das die Unheilserwartung der Zurückgebliebenen und bannt die Gefahr, dass sich eine Gemeinschaft an ihm und seiner Missetat anstecken könnte. Auch Stadt-, Landes- und Gebietsgrenzen hatten daher eine Unheil abwehrende Kraft.

Beispiele:

- Die beiden spanischen Majestäten Ferdinand und Isabella erließen im März 1492 das Dekret, dass alle Juden innerhalb von vier Monaten Spanien zu verlassen hatten und sie getötet würden, falls man sie nach diesem Termin noch anträfe. Bis zu 800.000 Juden dürften damals ausgewiesen worden sein.
- Als Shakespeare sein Stück „Der Kaufmann von Venedig" schrieb (Hauptfigur: der Jude Shylock), waren alle Juden längst aus England ausgewiesen.
- 1517 wurden im Amt Mosbach einige Frauen der „Hexerei" bezichtigt und des Landes verwiesen.
- 1562 verwies eine kurpfälzische Polizeiordnung alle „Zauberer" des Landes.
- 1538 schrieb der Nürnberger Rat über die „Hexerei": „... auch wol dergleichen fall gehapt, haben bey irn gelerten theologen und juristen allmahl gefunden, dass es kein grund hab, sondern ein lauter wahn sey, darumb man anders nit gestraft, da inen das land verpoten ..."
- Im Februar 1630 wurde ein achtjähriges „Hexlein" aus Ahrweiler ausgewiesen.
- Der Henkersknecht D. Böckers aus Münster berichtete vom 18. März 1644 über die Ausweisung der A. Holthauß, Straßenjungen hätten die Frau mit Steinen und Kot beworfen und in ein Gewässer gestoßen, worin sie möglicherweise ertrunken sei. Die Frau selbst habe schon vorher mehrmals geäußert, es sei für sie, „ein armes altes Mensch", wohl das Beste, ertränkt (statt ausgewiesen) zu werden.
- Im März 1678 wurde H. Kutroffen aus dem Hohenloheschen wegen ungebührlichen Verhaltens für ein Jahr des Landes verwiesen.
- Am 26. Dezember 1766 erschienen zwei Polizisten im „Roten Och-

sen", einem Gasthaus in Wien, wo G. Casanova gerade gemeinsam mit seiner Geliebten frühstückte. Das Paar hatte zwar wohlweislich zwei Zimmer gemietet, doch die Nacht im selben Bett verbracht. Casanova wurde streng verhört, die Frau mit Ausweisung bedroht.

- Das Recht der Kolonie New Haven (Connecticut, USA) schrieb im 18. Jahrhundert die Verbannung von Quäkern und Priestern vor; sie durften nicht zurückkehren, ohne sich der Gefahr der Todesstrafe auszusetzen.

- Die brasilianische Kommission *Pastoral da Terra* berichtete, dass in den 1980er-Jahren Siedler und kleine Landbesitzer im Amazonasgebiet systematisch gefoltert wurden, um sie zum Verlassen des von ihnen genutzten Landes zu zwingen.

- Nach Angaben von *Amnesty International* wurden 1995 in Peking mehr als 50 Personen verhaftet, die eine Petition (Forderung nach Gesetzesreformen und Menschrechtsgarantien) unterzeichnet hatten. Einige von ihnen wurden unter Aufsicht gestellt, andere aus Peking ausgewiesen.

Aztekische Opfer

Die im 15. und 16. Jahrhundert zerfallende Religion der Azteken (in Zentralmexiko) kannte eine Vielzahl von Haupt- und Sondergottheiten, deren Geneigtheit sich das Volk durch Gebete, Selbstfoltern und Tänze, aber auch durch → Menschenopfer zu sichern glaubte. Historische Belege sind nach Ansicht von H.-T. Weyhofen umstritten; die Quellenlage bleibt dürftig. Meist werden unkritisch die tendenziösen Berichte spanischer Konquistadoren, als Tatsachenbelege übernommen. Seit H. Cortés 1522 die Legende vom Ritualmord an Kaiser Karl V. übermittelte, sind Berichte über Menschenopfer und Kannibalismen Topoi in den apologetischen Schriften, welche die Unterwerfung und Ausrottung der (mythologisch als „edel" wie als „fürchterlich" gedeuteten) „Wilden" dadurch zu legitimieren suchen, dass der Überlegenheitsanspruch der Sieger allen Indios das wahre (christliche) Menschsein abspricht. Noch hat sich selbst die Wissenschaft nicht von diesen Apologien des europäischen Denkens befreit. Archäologische Ausgrabungen belegen allerdings die Existenz von Menschenopfern in größerem Maßstab, wenn auch nicht immer in den unglaublichen, von den Eroberern überlieferten Zahlen.

21

Zeugnisse der Indio-Kulturen (Skulpturen, Fresken, Bilderhandschriften) wurden von den Besatzern als Darstellungen tatsächlich geschehener Foltern und Menschenopfer gedeutet. Dabei könnte es sich weniger um Wiedergaben praktizierter Rituale gehandelt haben, sondern um die Versinnbildlichung bestimmter Initiationsriten, in deren Mittelpunkt ein mystischer Tod stand. Institutionalisierte Massenopfer (→ Herz-Herausreißen) konnten in dem Umfang und der Häufigkeit, wie sie behauptet werden, aufgrund der Widersprüche in den Quellen nicht zweifelsfrei nachgewiesen werden.

Bärenpfahl

Eine angeblich geschätzte, nicht zur legitimierten römischen Folter zählende Methode: Das Opfer wird an einen Pfahl gebunden, dann werden seine Beine und sein Unterleib mit Honig bestrichen, um einem ausgehungerten Bären als Lockspeise zu dienen. Der Bär leckt den Honig auf, beginnt mit Krallen und Zähnen die Schenkel des Opfers zu zerfleischen und aus Hunger den Körper anzunagen, heraustretende Eingeweide zu verzehren, ja den Menschen von unten nach oben aufzufressen. Oft dauert es Tage, bis das Opfer den Qualen dieser → Tiertortur erliegt.

Bahrrecht (Bahrprobe)

Altgermanische, in Heldensagen (Nibelungen) und bei Shakespeare („Richard III." I, 2) bezeugte Form des → Gottesurteils (*ius cruentationis*), das bis in das mittelalterliche Prozessgeschehen hinein zur Erhebung eines Beweises diente, bevor es durch andere Beweisverfahren (Inquisitionsprozess, Indizienprozess) abgelöst wurde: Der Leichnam eines Menschen galt den früheren Menschen als etwas Geheimnisvolles, da sie sich fragten, wo die „Seele", die dem Menschen Kraft und Leben geschenkt hatte, in den ersten Stunden und Tagen nach dem Tod blieb. So gesehen, war die Einrichtung der Bahrprobe als eines zur Entlastung oder zur Belastung dienenden Vorgangs folgerichtig: Wer des Mordes oder Totschlags beschuldigt wurde oder wer seine Unschuld beweisen wollte, musste (oft nackt, um keine zauberischen Gegenstände in der Kleidung oder am Körper versteckt zu tragen) an die Bahre treten und den leblosen Körper mit der Hand berühren. Fing daraufhin die tödliche Wunde von Neuem an zu bluten oder lief der Körper an der berührten Stelle an, so galt das als Überführung des tatsächlichen Mörders oder Totschlägers: Das Blut des Leichnams war noch erregt, der Tote selbst hatte ein Urteil gesprochen, und das Gericht beugte sich dieser Majestät. Blutete die Wunde nicht, galt der Beschuldigte als freigesprochen: Gott hatte die Unschuld bezeugt.

Beispiele:

- 1503 wurde in Luzern der des Mords an seiner Ehefrau verdächtigte H. Spieß zunächst durch Aufziehen und Streckleiter schwer gefoltert, ohne dass er gestand. Dann wurde er auf den Friedhof geführt, auf dem seine Frau bereits 20 Tage zuvor bestattet wurde. Er musste mit zwei Fingern seiner rechten Hand die Brust der exhumierten Leiche berühren und die andere zum Schwur auf sein Herz legen. Als daraufhin die Wunden zu bluten begannen, galt er als überführt und wurde mit dem → Richtrad exekutiert.
- In Luzern erfolgte 1508 eine weitere Bahrprobe: Kirchendiebe, die einen Mann erschlagen hatten, sollen auf diese Weise überführt worden sein.
- Das Bahrrecht wurde 1639 in einer Landesordnung von Hessen-Darmstadt vorgeschrieben.
- Noch 1669 wurde die Bahrprobe in einem Mordfall aus Pommern auf Empfehlung der Juristenfakultät von Frankfurt a. O. genutzt.
- Erst um die Mitte des 18. Jahrhunderts wird das im Gegensatz zu anderen Gottesurteilen „wegen seiner ungewöhnlich deutlichen Sprache und Zuverlässigkeit" beibehaltene Bahrrecht in aller Stille (durch Nichtgebrauch) in Deutschland aufgehoben.

Bajonettieren

Das Bajonett, eine im Bedarfsfall auf den Gewehrlauf aufgesetzte Stoßwaffe, die sich von der französischen Stadt Bayonne (Herstellungsort) herleitet, eignet sich auch zum Versetzen von Stichen bei Folterungen und Exekutionen. Anweisungen für den Nahkampf lehren, dass der Soldat kräftige Stöße auf den Feind auszuführen hat. Im Weiterlaufen zieht der Soldat die Stichwaffe wieder aus dem Körper des Gegners heraus. Dieser ist, im Kampf wie bei Folterhandlungen, besonders gut an den folgenden Punkten zu treffen: Kopf, Schläfen, Genick, Nieren, Magengrube, Geschlechtsteile.

Beispiele:

- Während der Serbenverfolgung in Bosnien-Herzegowina wurden 1914 in Bulozi 17 Männer und Frauen mit dem Bajonett zerstückelt (→ Zerstückelung).
- Tata Ofusu, Mitglied einer linksgerichteten politischen Organisation, wurde im November 1982 in Ghana mit einem Bajonett gefoltert (*Amnesty International*).
- In Uganda erlitten in den 1980er-Jahren mehrere Häftlinge Stiche mit dem Bajonett und Schüsse in die Gliedmaßen.

Bannen

Häufig angedrohte und vollstreckte Form der magisch oder religiös begründeten Folter des → Ausweisens und/oder einer → *damnatio memoriae*. Das Opfer verliert seine Grundrechte in der (meist durch ihre Autoritäten) bannenden Gemeinschaft.

Baumbestattung

Form der → Leichentortur durch → Aufessen: Eine an einem Baum hängende Leiche wurde abgenommen, nach strengem Ritual geräuchert und verzehrt.

Beispiele:

- Die Angehörigen des bis ins frühe 19. Jahrhundert nachgewiesenen Geheimordens der Hamatsa (Nordwestküste des heutigen Kanada) verlangten von ihren Novizen, dass sie drei Monate lang allein in den Wäldern lebten, um den Geist der Gottheit in sich aufzunehmen. Dann bereitete man für die Mitglieder mit Hilfe der Baumbestattung ein besonderes Menschenmahl zu. Der Novize selbst musste jeden ihm zugeteilten Bissen schlucken, ohne zu kauen, und mit Salzwasser hinunterspülen. Diese Prozedur führte zum Erbrechen. Es war wichtig, dass alle Bissen, die gezählt waren, wieder zum Vorschein kamen. Blieben Unstimmigkeiten, wurden die Exkremente des Novizen untersucht; nichts von der Mahlzeit durfte in seinem Körper zurückbleiben.

Baumpressen

Eine bei den Irokesen angewandte Art der Folter und Exekution: Ein junger Baum wurde mit Keilen gespalten. Dann wurden die beiden Teile des Baumes mit den Keilen so fixiert, dass die Beine und/oder der Unterleib des Opfers zwischen sie gepresst werden konnten. Wurden die Keile wieder entfernt, schnellte der gespaltene Baumstamm in seine ursprüngliche Lage zurück und zerquetschte Gliedmaßen und Eingeweide des Gefolterten.

Baumrache

Wurde ein heiliger Baum geschändet, wurde der Täter zunächst an diesen Baum gebunden und sein Bauch aufgeschnitten. Dann wurde er von seinen Fesseln befreit und mit Geißelhieben so lange um den Baum getrieben, bis die Eingeweide aus dem Leib drangen und er starb. Zwar sollte nur so viel Darm aus dem Leib gewunden werden, wie nötig war, die beschädigte Baumstelle zuzudecken, doch führte die Baumrache, nicht zuletzt wegen der mangelhaften ärztlichen und chirurgischen Kenntnisse der alten Zeit, angeblich regelmäßig zum Tod. Ob diese Methode allerdings in heidnischer Zeit praktiziert wurde oder nur einer Gewaltfantasie eines späteren Autors entsprang, ist umstritten.

Beispiele:
- Bäume werden seit den ältesten Zeiten hoch geschätzt. In alten Mythen jagte der Wilde Jäger (Wotan) persönlich die Baumfrevler.
- Im alten Irland wurde mit dem Tode bestraft, wer einen Haselstrauch oder Apfelbaum vernichtete, da diese Gewächse als heilig galten.
- Ein Baumfrevel wurde lange Zeit auch durch → Enthaupten gesühnt: Wer heimlich und unberechtigterweise einen Baum gefällt hatte, wurde auf dem Baumstumpf geköpft. Der Kopf blieb anschließend liegen: Er gebührte dem Baumgeist als Opfer.
- Wer einen Baum verdarb, indem er die Rinde abschälte, sollte andernorts das → Ausweiden erdulden. In einigen Gegenden Deutschlands wurde der wegen „Baumverderben" oder Pflugraub Verurteilte wie beschrieben bestraft.
- In Großbritannien stand auf das Abholzen eines Baumes noch bis

1819 die Todesstrafe, und dies war keineswegs eine bloße Drohung. So wurde noch 1814 ein Mann hingerichtet, der unerlaubterweise einen Kirschbaum gefällt hatte.

Baumrindenexekution

Das Opfer wurde mit Riemen aus geschnittener Baumrinde, die mit Teer bestrichen waren, gebunden, dann wurden die Streifen angezündet.

Beispiele:

- 1649 eroberten die Irokesen das Fort St. Louis, töteten die darin verbliebenen Greise, Frauen und Kinder und folterten die beiden Missionare J. de Brébeuf und G. Lallemand. Nach dem Bericht einiger Huronen wurde Brébeuf die Unterlippe abgeschnitten, ihm ein glühendes Eisen in die Kehle gerammt und er dann mit Baumrinden gemartert, bevor man ihm eine Kette aus glühenden Beilen um den Hals hing und glühende Steine in die Achselhöhlen drückte. Schließlich wurden die beiden Opfer mit siedendem Wasser übergossen, Brébeuf Fleischstreifen aus dem Körper geschnitten, dann wurde er skalpiert und ihm das Herz herausgerissen. Lallemand wurde mit einer Axt erschlagen.

Bleitortur

Blei, ein metallisches, stark giftiges Element, hat einen Schmelzpunkt von 327,5 Grad Celsius und einen Siedepunkt von 1750 Grad Celsius. Es gehört wegen der weiten Verbreitung und der einfachen Gewinnung zu den ältesten bekannten Metallen (seit etwa 3000 v. Chr. im Nahen Osten) und wird wahrscheinlich schon seit alter Zeit auch zu Folter- und Exekutionszwecken benutzt.

Beispiele:

- Nach der Legende wurde die hl. Eulalia von Barcelona unter dem römischen Statthalter Dacian um 305 gefoltert, indem ihre Haut mit Kämmen zerrissen und geschmolzenes Blei über ihren Kopf und ihren Körper gegossen wurde.
- Der römische Kaiser Konstantin I. (um 280–337) verschärfte die früheren „heidnischen" Strafen für Sittlichkeitsvergehen extrem:

Im Falle eines Brautraubs wurden nicht nur der Entführer und die mit ihrer Zustimmung Entführte hingerichtet, sondern auch das Hauspersonal: Ammen wurde flüssiges Blei in den Mund gegossen, Sklaven wurden verbrannt.

- Im Mittelalter soll der Guss von flüssigem Blei in den aufgesperrten Mund des Opfers eine der grausamsten Formen der → Todesstrafe dargestellt haben. Nicht weniger grausam war das Eingießen von Blei in Nase, After oder Scheide oder das Einfüllen von heißem Blei in die dem Opfer angelegten eisernen Stiefel. Eine solche Folter verursachte jedenfalls bleibende Schädigungen, falls das Opfer sie überstand.

Braten

Langsam und grausam folterndes Versengen, Brennen und → Verbrennen von Körperteilen, das meist auf eigenen Bratrosten, in stark erhitzten metallenen Kesseln und Pfannen, mit zum Glühen gebrachten metallenen Geräten (→ glühendes Bett, glühender Panzer, glühende Platte, glühende Sturmhaube, glühender Stuhl, glühende Wiege, Röststier) oder durch partielle Einwirkung von elektrischem Strom vorgenommen wurde und schwere Verletzungen, ja den Tod des Opfers bewirkte.

Beispiele:

- Diodorus Siculus berichtete im 1. Jahrhundert v. Chr. von dem in Persien erfundenen und im alten Rom vielfach angewandten Tod auf dem glühenden Rost, den nach der Legende um 258 auch der hl. Laurentius erlitten haben soll.
- Der römische Statthalter Dacian ließ nach der Legende den hl. Vinzenz von Saragossa im Jahr 304 auf einen mit Spitzen versehenen glühenden Rost legen, mit Geißeln schlagen, mit glühendem Metall versengen und die Wunden mit Salz bestreuen.
- In China wurde die Folter gleichzeitig auf beiden Seiten vollzogen: Das Opfer wurde auf ein Bett aus glühendem Eisen gelegt und eine rotglühende Eisenplatte auf seinem Bauch und seiner Brust angebracht.
- Zar Iwan der Schreckliche (1530–1584) ließ seine Gefangenen angeblich in glühende Kessel werfen, auf Lanzen spießen und in Kohlenpfannen, die er selbst anschürte, lebendig braten.

- Die spanischen Konquistadoren banden im 16. Jahrhundert vor allem vornehme Indios auf Roste, die auf Gabeln befestigt waren. Dann wurde unter den Rosten ein schwaches Feuer entzündet, damit die Folter möglichst lange dauerte und die Opfer nicht sofort starben. Die Schreie der Gefolterten wurden meist durch Knebel erstickt, damit sie unter anderem nicht die Mittagsruhe der Befehlshaber störten.
- 1718 soll in Köln eine „Hexenkönigin" auf ein hohles Eisenpferd, unter dem ein Feuer unterhalten wurde, geschmiedet und drei Stunden lang gebraten worden sein.
- In der „amerikanischen Phase" des Vietnamkriegs (1960–1973) kam es zu Folterungen durch elektrisches Braten: Zwei Drähte wurden an den Daumen eines gefangenen Vietkong befestigt. Am anderen Ende des Kabels befand sich ein kleinerer Generator, der ansonsten Funkgeräte betrieb und von einem Soldaten angekurbelt wurde. Der Mechanismus erzeugte Strom, der dem Opfer Schläge versetzte und es verbrannte.

burking

Nach dem 1829 gehängten irischen Massenmörder W. Burke benannte Form des → Erstickens: Der Täter setzte oder kniete sich auf die Brust des (betäubten, schlafenden) Opfers und hielt ihm Mund und Nase zu. Das burking, ursprünglich eine Form des Mordens, wurde auch bei Folterungen verwandt: Je langsamer der Täter vorging und je sicherer er den Tod seines Opfers vermied, desto länger dauerte die beliebig zu wiederholende, schlimme Ängste auslösende Tortur.

Chinesische Folter

Das kaiserliche China kannte bis in das 20. Jahrhundert hinein viele ausgesuchte Folter- und Exekutionsmethoden, die freilich auf dieser terra incognita nicht in jedem Fall so ungewöhnlich und exzessiv waren, wie europäische Fantasien sie sich bis heute ausmalen (Abschneiden der Füße, Abschneiden des Kopfes, Abziehen der Haut, Amputation, Enthaupten, Ertränken, lebendig begraben, Tiertortur, Wassertropfentortur, Zerstückelung).

Beispiele:
- 1738 unternahm der spanische Dominikanermönch P. Sanz (1893 kanonisiert) zusammen mit vier Gefährten einen Missionsversuch in China. Er wurde gefangen genommen, grausam gefoltert und enthauptet. So sehr war er wegen seiner Tapferkeit bewundert, dass jeder Chinese der erste sein wollte, der die Hand in sein Blut tauchte
- Obwohl die Chinesen sonst beim Todesstreich zu fliehen suchten, weil sie fürchteten, die Seele des Opfers könne sich ihrer bemächtigen.
- Während des „Opiumkrieges" (1840–1842) wurden in China manche Opfer am Ufer des Meeres auf schwere rechteckige Steinplatten gelegt, festgebunden, mit den auf ihren Rücken gebundenen Platten aufgerichtet und ins Meer gestürzt, wo sie sofort in die Tiefe gezogen wurden.

condemnatio ad bestias

Altrömische Strafe (auch *condemnatio ad ludum venatorium*), welche die Verurteilten zu öffentlichen Tierkämpfen zwang, meist eine Verurteilung zum langsamen Zerfleischtwerden und damit zum Tod (→ Tiertortur) in der Arena (z. B. Kolosseum).

condemnatio ad gladium (ferrum)

Freiheits- und Körperstrafe (auch: *condemnatio ad ludum gladiatorium*), welche die Verurteilten in Rom zwang, im Rahmen öffentlicher Spiele Gladiatorenkämpfe (nicht nur mit dem Kurzschwert, *gladius*) auszuführen. Die Opfer starben dabei in aller Regel, weil sie ungeübt waren.

damnatio memoriae

Die auch posthum auszusprechende Verdammung des Andenkens an einen Menschen und/oder an sein Werk (oder seine Untat). Nicht nur die Vernichtung aller Spuren, sondern die Beherrschung und Auslöschung der Erinnerung ist die letzte Konsequenz jeder Vernichtungspolitik. Viele Hinrichtungsformen (→ Verbrennen, Wüstung) sind von dem Wunsch getragen, eine möglichst spurlose Beseitigung des Opfers zu erreichen, nicht zuletzt, um eigene Schuldgefühle (Tötungshemmung) zu verdrängen. Um Selbstvorwürfe zum Schweigen zu bringen, werden hin und wieder sogar alle Prozessakten vernichtet. Täter bezwecken häufig auch, das Idealziel einer spurlosen Folter zu erreichen und damit das Gedächtnis an eine Folterung (oder Exekution) zu löschen (→ Verscharren, Verschwinden lassen). Erst in jüngster Zeit versuchen Bürgerinitiativen, das Gedenken an die Opfer wachzurufen und gegen den Widerstand mancher Kreise durchzusetzen (z. B. durch Anbringen von Gedenktafeln, Benennen von Straßen). Maßnahmen der *damnatio memoriae* erschwerten und erschweren mehr oder weniger stark die Erforschung von Folter- und Exekutionsvorgängen und/oder die Zitation eventueller Schriftwerke des Opfers. Leben und Werke nicht weniger Opfer sind nur noch aus den oft schmähenden Berichten Dritter, nicht aber aus authentischen Quellen eigener Hand bekannt.

Beispiele:

• Schon im römischen Recht galt die *damnatio memoriae* Nebenstrafe bei Majestätsverbrechen (Hochverrat); sie bestand unter anderem darin, dass Statuen des betroffenen Staatsfeindes (darunter auch Kaiser) entfernt sowie seine Namen und Titel auf Inschriften und Urkunden getilgt wurden. So geschah es bei Nero († 68 u. Z.)

• Die altrömische Vorschrift, dass ein Leichnam beispielsweise nicht vom Kreuz genommen und beerdigt werden durfte, verfolgte in der frühen Vorstellungswelt den Zweck, dem Opfer den Zugang zum Totenreich zu verwehren, und bedeutete für einen Menschen die völlige Auflösung ins Nichts.

• Offizielle, aber sorgsam nachbearbeitete Papstlisten (*Liber Pontificalis*) straften bestimmte, später als lästig empfundene Amtsinhaber (Marcellinus, 296–304) jahrhundertelang mit einer *damnatio memoriae*.

• Der von christlichen Autoren als Apostat verleumdete, von Voltaire, Montesquieu und Goethe hochgeschätzte römische Kaiser Julian († 363) wurde noch im 4. Jahrhundert mit einer umfassenden *damnatio memoriae* gestraft: Alle Bilder, die ihn zeigen, ebenso alle noch so knappen Inschriften, die an seine Siege erinnerten, wurden vernichtet.

• Im Ketzerprozess des Mittelalters wurde der *damnatio memoriae* unter anderem dadurch Rechnung getragen, dass der gesamte schriftliche Nachlass des Verurteilten vernichtet und die Asche des verbrannten Opfers in Gewässer gestreut wurde, um eventuellen Anhängern die Möglichkeit zu nehmen, an Reliquien (Gedächtnisstücke) heranzukommen oder die als ketzerisch eingestuften Schriften weiter zu verbreiten.

- 1409 wurden zwei Papstfiguren in Pisa als „Ketzer" verbrannt (*executio in effigie*), um jedes Andenken auszulöschen.
- 1628 wurde die Asche der als „Hexe" verbrannten A. Ebert in Bamberg in die Luft gestreut.
- Nach der Hinrichtung der schottischen Königin Maria Stuart am 8. Februar 1587 wurden alle Gegenstände, die mit der Hingerichteten in Verbindung gebracht werden konnten, gescheuert, gewaschen oder vergraben, damit nicht die geringste Spur von Blut übrig blieb, die als Reliquie hätte verehrt werden können. Der Richtblock wurde verbrannt, der während der Exekution unter den Röcken versteckte kleine Hund der Königin mehrfach gebadet, der Schmuck, der dem Scharfrichter zustand, beschlagnahmt und der → Henkerslohn in bar beglichen.
- Zar Paul I. (1801 ermordet) ließ 1796, kurz nach seiner Inthronisation, den Leichnam des Fürsten G. Potemkin (1739–1791), des Liebhabers (und vermutlich späteren Ehemanns) seiner Mutter Katharina d. Gr., aus seinem Grab in Cherson holen, nach St. Petersburg bringen und in den Moika-Kanal werfen. Von hier aus sollte er in die Newa und weiter hinaus ins Meer geschwemmt werden, „damit keine Spur von ihm zurückbleiben konnte".
- Nach der 1635 in Münster/Westfalen als „Hexe" exekutierten G. Bünichmann wurde 1995 gegen erheblichen Widerstand eine Straße benannt.

Darmtrommel

Der Darm, zwischen Magenausgang und After in einen vorderen (Dünndarm) und einen hinteren (Dickdarm) Abschnitt gegliedert, erreicht bei Erwachsenen im natürlichen Spannungszustand die Länge von etwa drei Metern, völlig ausgedehnt um die acht Meter, also etwa das Siebenfache der Körpergröße. Die Möglichkeit, ihn nach Eröffnung des Unterleibs im Zuge eines → Ausweidens herauszulösen, zu dehnen und auf einer Trommel oder Winde aufzuwickeln, wurde als Basis einer (tödlichen) Folter genutzt.

Beispiele:
- Die Legende des Einsiedlers Erasmus († um 303) schildert, wie er gefoltert wurde, indem ihm ein Henkersknecht aus dem aufgeschnittenen Unterleib die Därme herausschälte, während ein zweiter sie auf eine Winde zog.

Diele

Die schlichteste, vermutlich auch älteste, bis zum 18. Jahrhundert vor allem bei der Exekution vornehmerer Bürger verwandte Vorform der → Guillotine. Dieses Brett (Dille, Planke, Hobel, Winbrechen-Diele, welsche Falle, Köpfgalgen) fiel in den Rillen (Nuten) zweier Pfosten nieder und traf den Nacken des liegenden oder knienden Opfers. Der Kopf ruhte dabei meist auf einem Block, wurde aber nur in den seltensten Fällen abgetrennt. Die Diele betäubte vielmehr durch einen Schlag in den Nacken. Der → Scharfrichter, der das → Enthaupten zu bewerkstelligen hatte, musste mit den Schlägen eines zweihändig geschwungenen Hammers das Brett mehr und mehr in den Nacken treiben, bis der Kopf des Opfers abgetrennt war. Zur Verbesserung dieser relativ unbeholfenen Köpfmaschine erhielt das Brett an der Unterkante einen eisernen Vorstoß – später eine Eisenschneide: das Grundprinzip des Fallbeils.

Beispiele:
- In den Statuten von Dendermonde (Flandern) von 1233 hieß es: „Wer eine Frau gewaltsam entehrt ..., dem soll der Hals mit einem asser (Brett), gemeinhin Planke genannt, abgestoßen werden."
- Die „gute Diele" Lübecks wurde nur bei „wohlhabenden Verbrechern" angewandt.
- Dielen dürften verbreitet gewesen sein: Noch heute vorkommende Familiennamen weisen auf sie hin: Dieler, Diller, Tiller.

Dschingis-Khan-Exekution

Der wegen seiner Grausamkeit berüchtigte mongolische Heerführer Dschingis Khan (1155–1227) ließ die Männer unterworfener Völker und Städte, die dem Angebot friedlicher Kapitulation nicht gefolgt waren, neben die Achsen hochrädriger Ochsenkarren stellen und abhacken, was über diese hinausragte.

Eisbad

Aussetzen eines nackten Menschen im Winter in einer mit kaltem (und langsam gefrierendem) Wasser gefüllten Wanne oder Übergießen des an einen Pfahl gebundenen oder am Boden liegenden Opfers mit eiskalten Wassergüssen.

Beispiele:

- Während des Spanischen Bürgerkriegs (1936–1939) wurden die „roten" Opfer in ein „Marienbad" mit Eiswasser getaucht.
- Im NS-Lager Dachau mussten völlig entkleidete und beim Morgenappell mit Wasser begossene Häftlinge stundenlang in der Winterkälte stehen.
- Opfer wurden auch mitten im Winter an einen Pfahl gebunden und so lang mit Wasser übergossen, bis sich eine Eisschicht um die Körper gebildet hatte. Der Tod trat als Folge der Kältefolter ein.

Eiserne Jungfrau

Ein von Mythen umwobenes, in seiner Faktizität umstrittenes (vielleicht auch völlig erdachtes) → Hinrichtungsgerät, das zur Folter und Exekution von Menschen benutzt worden sein soll. Es handelt sich um einen hölzernen oder metallenen Hohlkörper, meist in Frauengestalt, der mit nach innen stehenden Nägeln oder Dornen beschlagen war. Nach einer Überlieferung musste sich der Todeskandidat in die Figur stellen, worauf diese geschlossen wurde und sich die Spitzen in den Leib bohrten. Bei der sogenannten *Nürnberger Eisernen Jungfrau* fiel die Leiche danach durch eine Öffnung im Boden in den darunter liegenden Fluss. Diese Hinrichtungsart soll *Der → Jungfernkuss* geheißen haben und das gesamte Verfahren *Das heimliche Gericht*. Die erhaltenen Vorrichtungen wurden erst später mit Nägeln gespickt (oder mit → Bajonetten napoleonischer Zeit wie beim Nürnberger Exemplar).

Beispiele:

- Die sogenannte Eiserne Jungfrau gilt vor allem in der Populärkultur immer noch als Inbegriff mittelalterlicher Justiz. Ihr Mythos wird nach wie vor unreflektiert übernommen.

- Die berühmteste Eiserne Jungfrau wurde bis 1945 in Nürnberg gezeigt.
- Bei dem im Kriminalmuseum in Rothenburg o. d. Tauber ausgestellten Exemplar wurden die später angebrachten Nägel wieder entfernt.

Elektrischer Stuhl

Da weder → Guillotine noch → Galgen jenen schnellen, schmerzarmen Tod des Opfers garantierten, den „das schlechte Gewissen der Gesetzgeber" forderte (K. B. Leder), ging die Suche nach dem optimalen Exekutionsgerät weiter. In den USA wurde schließlich die Elektrizität eingesetzt, deren tödliche Wirkung früh bekannt war. Das seither zur Hinrichtung durch Stromstöße (*Elektrokution*) dienende Gerät, in Verbrecherkreisen „der Grill" genannt, besteht aus Holz (meist aus Eiche). Das Opfer wird an Armen, Beinen, Kopf und Brustkorb mit acht Lederriemen auf einem Stuhl mit Armstützen und einer hohen Rückenlehne festgeschnallt. Zuvor sind Kopf und rechtes Bein des Opfers rasiert worden; hier werden die durch eine Salzwasserlösung befeuchteten Elektroden (kupferne Platten und eine Haube) angebracht. In der Regel wird dem Opfer eine Mund und Augen, nicht aber die Nase bedeckende Ledermaske aufgesetzt, die auch die Stimme erstickt, oder aber das Opfer trägt eine Metallkappe, an der der Leitungsdraht befestigt ist. Die Lederkappe ist mit Riemen am Stuhl befestigt und soll den meist zwölf Augenzeugen der Exekution den Blick auf die schrecklichen Verzerrungen im Gesicht des Opfers ersparen. Mitunter wird dem Hinzurichtenden auch Baumwolle in den After gesteckt und eine Windel umgelegt, zumal die Stromstöße unwillkürliche Entleerungen von Blase und Darm bewirken können. Für die Folgen einer Einwirkung von elektrischem Strom ist die Dauer des Kontakts mit ausschlaggebend. In Verbindung mit dem Widerstand und der Stromstärke hat sie maßgeblichen Einfluss darauf, in welchem Umfang Energie verlorengeht und Joulesche Wärme gebildet wird. Starke Hitzeschädigungen des Körpergewebes, vor allem Verkohlungen (Karbonisationen; → Verbrennen), können dem Strom einen so beträchtlichen Widerstand entgegensetzen, dass der Stromfluss in den Körper unter Umständen gebremst wird.

Während der Hinrichtung steigt die Temperatur in den Kontaktelektroden so an, dass Kupfer geschmolzen würde. Im Gehirn erreicht sie fast 100 Grad Celsius. Das Opfer wirft sich nicht selten beim elektrischen Schlag mit Wucht gegen die Lederriemen, die es an den Stuhl fesseln. Das Gesicht wird vom Mund bis zur Kehle weinrot. Manchmal lässt sich feststellen, dass Rauch aufsteigt. Der Geruch des verbrannten Haares und Fleisches liegt im Raum. Nicht selten wird das Opfer eher gebraten und verbrannt als durch einen elektrischen Schlag getötet. Französische Journalisten haben von *la grillade sur la chaise* („Sitzgrillen") gesprochen. Da Blut ein guter Leiter ist und der Strom meist von Arm zu Arm oder von Arm zu Bein fließt, wird vor allem das Herz betroffen. Die häufigste Todesursache bei der Elektrokution ist der Herztod (Herzstillstand, Herzkammerflimmern, langsames Herzversagen) oder ein Hirnschlag. Das Gehirn kann beim Stromdurchfluss eine sehr hohe Temperatur erreichen, was zu einer zentralen Atemlähmung führt. Temperatur und Luftfeuchtigkeit am Tag und Ort der Hinrichtung spielen eine Rolle. Starkes Schwitzen des Opfers kann bewirken, dass der Strom nicht den Körper durchdringt, sondern dessen Oberfläche entlangläuft. Würden einem Menschen Stromstöße von etwa 100.000 Volt, 100 Ampère, versetzt, stürbe er in Sekunden, wäre aber völlig eingeschrumpft und verkohlt. In der Regel wird daher ein weniger hochgespannter Stromstoß etwa eine halbe Minute beibehalten, bevor er allmählich vermindert und danach wieder auf seine volle Kraft verstärkt wird. Diese Prozedur kann wiederholt werden. Im Allgemeinen ist es sehr schwierig, einen Menschen mit relativ niedrigen Spannungen, die seinen Körper nicht verunstalten, schnell und sicher zu töten. In der Regel wird nach etwa sieben Minuten der Tod durch Ärzte bestätigt. Eine sofortige Obduktion schließt sich an, die zwar nicht immer die genaue Todesursache feststellen kann, doch verhindert, „dass der Verurteilte ins Leben zurückkehrt". Bei der Exekution werden mehrere Stromstöße angewendet, wobei in den USA jeder Bundesstaat in einem eigenen *execution protocol* deren Anzahl, Dauer und Stärke festlegt. Beispiel Florida: 2,3 kV (9,5 A) für acht Sekunden, 1 kV (4 A) für 22 Sekunden und 2,3 kV (9,5 A) für acht Sekunden. Beispiel Virginia: 1,8 kV (7,5 A) für 30 Sekunden und 240 V (1,5 A) für 60 Sekunden; wird einmal wiederholt. Der Totenschein wird oft im Voraus ausgestellt; unter der

Rubrik Todesursache steht „gesetzliche Hinrichtung". Nur der Zeitpunkt des Todeseintritts muss nachgetragen werden. Ein Aufschub der Exekution kann jederzeit erwirkt werden. Es ist daher nicht ungewöhnlich, dass Gefangene mehrmals Vorbereitungen für ihre Hinrichtung (→ Henkersmahlzeit) erleben und die entsprechenden Ängste durchstehen müssen. Sobald der Strom fließt, verkrampfen alle Muskeln, der Körper wird gegen die Gurte geworfen, die Hände klammern sich an die Armlehnen des Stuhls oder ballen sich zu Fäusten, und der Kopf wird (soweit durch die Fixierung möglich) nach hinten überstreckt. Manche Verurteilten bluten aus der Nase, speicheln sich ein oder erbrechen Blut. Teilweise wurden die elektrischen Stühle an diese Bedingungen angepasst. In manchen Fällen platzen die Augen des Verurteilten aus ihren Höhlen. Nach einer anschließenden Abkühlphase von zumeist fünf Minuten wird der Körper des Verurteilten mit einem Stethoskop auf Herztöne abgehört. Der Tod tritt durch Atemlähmung und Herzstillstand ein. Es gibt zahlreiche Berichte darüber, dass die Körper der Verurteilten zu brennen begannen oder Transformatoren überhitzten, so dass die Exekutionen unterbrochen werden mussten. Selbst bei regulär verlaufenden Hinrichtungen können starke Verbrennungen an der Haut auftreten, so dass diese an den Kontaktstellen, zum Teil am Stuhl oder an den Elektroden, festbrennt.

Beispiele:
- T. A. Edison, Erfinder der Glühbirne, dürfte auch den elektrischen Stuhl entwickelt haben. 1886 rief das Parlament des Staates New York eine Kommission ins Leben, die eine „menschliche und bequeme" Art der Hinrichtung finden sollte. Man beauftragte Edison mit der Untersuchung einer einschlägigen Hinrichtungsmethode.
- Am 4. Juni 1888 unterzeichnete J. B. Hill, Gouverneur von New York, eine entsprechende Verordnung. Tierversuche folgten, die ergaben, dass ein Kalb oder Pferd bei Anwendung von 770 Volt Wechselstrom zuverlässig getötet werden konnte.
- (Zum Folgenden: Wikipedia „Elektrischer Stuhl", abgerufen am 10.4. 2017). Die elektrische Hinrichtung wurde am 1. Januar 1889 eingeführt. Diese gegenüber dem → Erhängen als „menschlicher" empfundene Todesart kam am 6. August 1890 im Auburn-Staats-

gefängnis erstmals bei dem wegen eines Axtmordes an seiner Freundin zum Tode verurteilten William Kemmler zum Einsatz. Er wurde auf dem präparierten Stuhl festgezurrt und mit jeweils einer Elektrode am Rücken und einer am Kopf verbunden (die Beinelektrode wurde erst später eingeführt). Zunächst wurde eine Spannung von 1000 Volt eingestellt. Nachdem der Strom eingeschaltet war, krampfte Kemmler unter starkem Zucken und wand sich vor Schmerzen. Nach 17 Sekunden wurde der Strom erstmals abgeschaltet. Zum Entsetzen der anwesenden Ärzte und Zeugen lebte Kemmler noch. Der Verurteilte röchelte, keuchte und erbrach sich. Man entschloss sich daher, die Spannung zu verdoppeln und auf 2000 Volt zu erhöhen. Erst als der Strom nach weiteren 70 Sekunden abgeschaltet wurde, war Kemmler tot. Ein der Hinrichtung als Zeuge beiwohnender Reporter der New Yorker Presse bezeichnete anschließend diese neue Hinrichtungsmethode als eine äußerst grausame und qualvolle Art, jemanden zu töten: „Ein entsetzliches Schauspiel – weit schlimmer als Hängen."

- Die erste Frau, die durch den elektrischen Stuhl hingerichtet wurde, war Martha M. Place am 20. März 1899. Das Todesurteil erfolgte wegen Mordes an ihrer Stieftochter Ida.
- Der berüchtigte Bankräuber Gordon Fawcett Hamby alias Jay B. Allen saß wegen Mordes (begangen im Dezember 1918 an zwei Brooklyner Bankangestellten) zum Tode verurteilt in Sing Sing. Am 29. Januar 1920 wurde Hamby auf dem elektrischen Stuhl hingerichtet, er verlangte und erhielt als → Henkersmahlzeit Rumpsteak mit Pilzen, Hummersalat, Erdbeeren und Mokka. Gut gelaunt meinte er zu seinen Wärtern gewandt, er brauche sich nicht den Kopf zu zerbrechen. Außerdem lachte er auf dem Weg zur Hinrichtung.
- Der erste elektrische Stuhl in Texas, wie in einigen anderen Staaten der USA Old Sparkey genannt, wurde 1924 von einem zum Tod verurteilten Häftling erbaut und war knapp 40 Jahre in Betrieb. Erst 1964 wurde er durch ein moderneres Modell ersetzt.
- 1946 versagte die Methode bei Willie Francis, der Berichten zufolge „Take it off! Let me breathe!" schrie („Hört auf! Lasst mich atmen!"). Darauf sollte ein Prozess vor dem US Supreme Court klären, ob Francis nun bereits hingerichtet sei oder nochmals exeku-

tiert werden müsse. Francis verlor den Prozess und wurde ein Jahr später bei seiner zweiten Hinrichtung getötet.

- Besonderes Aufsehen erregte der Prozess gegen die der Spionage beschuldigten Ethel und Julius Rosenberg, die am 19. Juni 1953 exekutiert wurden.
- Die erste Hinrichtung auf dem elektrischen Stuhl nach der Aussetzung der → Todesstrafe durch den Obersten Gerichtshof zwischen 1972 und 1976 fand am 25. Mai 1979 im Staat Florida statt.
- Der letzte Bundesstaat der USA mit dem elektrischen Stuhl als ausschließlicher Methode der Exekution war Nebraska. Allerdings wurde die Methode am 8. Februar 2008 vom obersten Gericht des Staates für verfassungswidrig erklärt, da sie eine besonders „grausame und ungewöhnliche" Hinrichtungsart sei. Das Gericht begründete weiter: „Es ist das Kennzeichen einer zivilisierten Gesellschaft, dass wir Grausamkeit bestrafen, ohne sie selbst anzuwenden". Gleichwohl setzen die Staaten Alabama, Florida, South Carolina und Virginia diese Methode noch immer ein, Arkansas und Oklahoma behalten sie sich vor für den Fall, dass gegenwärtig bevorzugte Alternativen für verfassungswidrig befunden werden. Ähnliches gilt für Tennessee. In Kentucky werden die Todeskandidaten nur noch mit der → Giftspritze exekutiert, allerdings können die Verurteilten auf eigenen Wunsch hin auch auf dem elektrischen Stuhl hingerichtet werden, sofern ihr Urteil noch vor dem Abschaffungsdatum ausgesprochen wurde.
- Als bislang letzter Verurteilter wurde der 42-jährige Robert Charles Gleason Jr. am 16. Januar 2013 in Jarratt/Virginia auf dem elektrischen Stuhl exekutiert.
- Schlimm gestaltete sich die Exekution des W. Taylor (27. Juli 1893, Auburn), da die Rückenlehne des Stuhls brach, der Delinquent daraufhin in einen Nebenraum getragen und mit Morphin und Chloroform behandelt werden musste, bevor 70 Minuten später, nach der Reparatur des Stuhles, die Hinrichtung fortgesetzt werden konnte. Nach anderen Quellen war Taylor bereits im Nebenraum verstorben, wurde aber erneut auf den elektrischen Stuhl gesetzt, wie das Gesetz es befahl.
- Bis 1906 wurden über 100 Mörder allein im Staat New York auf dem elektrischen Stuhl hingerichtet.

- Es wird von einem frühen Wettlauf der Hersteller um den besten elektrischen Stuhl berichtet, auch wird noch immer darüber gestritten, ob Gleich- oder Wechselstrom verwendet werden sollte.
- Nach einigen Quellen haben manche Opfer die Stromstöße, selbst wenn diese auf 1900 Volt verstärkt wurden, überlebt (M. Skiller am 25. Juni 1904, Ohio).
- Die Mörderin M. Farmer sollte im April 1929 in Auburn durch Elektrokution hingerichtet werden. Nachdem der Körper der Frau eine Minute lang von den Stromstößen durchgerüttelt worden war, drang unter der Maske ein Schrei hervor. Der Henker jagte daraufhin fünf Minuten lang Stromstöße von 2.000 Volt durch den Körper, doch die Frau lebte immer noch. Erst nachdem die Prozedur noch vier weitere Male wiederholt worden war, konnte der Tod festgestellt werden.
- Bei der Exekution von H. White in Columbus (Ohio) schlug das Herz nach dem ersten Stromstoß noch regelmäßig. Als daraufhin die Stromstärke verdreifacht wurde, „schlugen helle Flammen aus dem zuckenden Körper Whites hervor, und der Geruch verbrannten Fleisches füllte das Hinrichtungszimmer. Nach mehreren Sekunden wurde der Strom ausgeschaltet. Der Tod war nicht durch den elektrischen Schlag, sondern durch Verbrennung eingetreten" (L. Barring).
- Im April 1936 musste das Opfer in Huntington (Texas) stundenlang zusehen, wie die elektrische Apparatur repariert wurde. Der Verurteilte sprach von höherer Gewalt, doch die Exekution wurde vier Tage später vollzogen; 8.000 Unterschriften unter ein Gnadengesuch stimmten den Gouverneur nicht um.
- 1946 überlebte der 17-jährige W. Francis die Exekution auf dem elektrischen Stuhl; im folgenden Jahr wurde er trotz der ausgestandenen Folterqualen hingerichtet.
- Eine 1958 vom Allensbacher Institut für Demoskopie durchgeführte Umfrage ergab, dass sich 26 Prozent der befragten Befürworter der Todesstrafe für die Hinrichtung auf dem elektrischen Stuhl aussprachen.
- Am 24. Mai 1979 wurde J. Spenkelinks in Florida hingerichtet. Sein Sterben dauerte minutenlang. Die *Washington Post* schrieb dazu: „Das Versengen des Fleisches beim ersten Vollstoß, die schwarz

werdende Haut, dieses Schauspiel dient nicht der Abschreckung des Verbrechens, sondern unterhöhlt unsere besseren Werte."

- Bei einer Hinrichtung auf dem elektrischen Stuhl (April 1983, Alabama) musste J. L. Evans nach Angaben von *Amnesty International* innerhalb von 14 Minuten drei Stromstöße von jeweils 1900 Volt erleiden, bevor der Tod eintrat. Nach dem zweiten Stromstoß sprühten Funken an seiner linken Schläfe wie am linken Bein, und Rauch stieg auf. Der Anwalt des Opfers sagte nach der Hinrichtung, sein Mandant sei „im Namen der Rache, verschleiert als Gerechtigkeit, gefoltert worden".

- Augenzeugen einer Hinrichtung (Dezember 1984, Georgia) berichteten, dass A. O. Stephens den ersten, zwei Minuten dauernden Stromstoß überlebte und acht Minuten lang um Atem rang, bis der zweite Stromstoß zum Tode führte.

- Bei der Exekution des W. Vandiver (1985, Indiana) waren fünf Stromstöße notwendig, bis das Opfer nach 17 Minuten reiner Hinrichtungszeit für tot erklärt werden konnte.

- Nach dem Bericht eines US-Gefängnisgeistlichen, der an die 70 zum Tod verurteilte Männer auf ihrem letzten Weg zum Elektrischen Stuhl begleitet hat, bevorzugten gut Dreiviertel diesen Tod gegenüber einer lebenslangen Gefängnisstrafe.

- Zwischen 1977 und Oktober 1986 starben auf diese Weise in den USA 42 Gefangene.

- → Todeszellen liegen bisweilen so nahe am Exekutionsraum, dass die Mithäftlinge das Summen des elektrischen Stuhls hören können. Steht eine Hinrichtung bevor, wachen sie oft die Nacht hindurch und singen zu Ehren des Opfers.

- N. Ingram sollte am 6. April 1995 in Georgia exekutiert werden; er erfuhr von diesem Termin erst wenige Minuten zuvor. Dann wurde in letzter Minute ein Aufschub gewährt, dieser wieder aufgehoben und die Hinrichtung doch vollzogen.

- „Bei jeder Hinrichtung auf dem elektrischen Stuhl tritt unweigerlich der Tod ein. Aber es kann sehr lange dauern und vor allem mit den qualvollsten Schmerzen verbunden sein ... Diese Hinrichtungsmethode ist eine Form der Folter." (Minderheitsvotum Brennan, Oberster Gerichtshof der USA, 1985)

Elementartod

Meist tödlich wirkende Folter oder Straffolter, die das Opfer mit Hilfe der vier seit alters mit magischen und kultischen Bedeutungen behafteten und von frühen Philosophen (Thales, Anaximenos, Parmenides, Empedokles) bestimmten „Urstoffe" oder Elemente Erde, Wasser, Luft und Feuer quälte oder exekutierte, ohne dazu (in der Regel) eigens erfundene Folterwerkzeuge einzusetzen. Unter die Arten dieser häufig angewandten „natürlichen" Folter sind → Eisbad, Ersticken, Ertränken, Gottesurteil, lebendig begraben, Leichentortur und Verbrennen zu zählen. Vor allem das Feuer galt als unheimlichstes Element; es ist nicht zu berühren oder zu fassen, es bleibt unnahbar und züngelt doch lebendig. Wurde ein Mensch verbrannt, so war sein Leib unrettbar vernichtet (→ *damnatio memoriae*). Im aufsteigenden Rauch entschwebte seine Seele in unerreichbare Sphären (K. B. Leder). Seit die Folter- und Strafpraktiken mehr und mehr verherrschaftlicht und Exekutionen vor allem auf eine bestimmte Theatralik, Einschüchterung und moralische Erbauung angelegt wurden, wurden die auf natürliche Weise „reinigenden" Rituale der Elementenfolter nach R. van Dülmen als dysfunktional empfunden und durch abschreckendere Formen (→ Guillotine, Richtrad, Richtschwert) ersetzt.

Enthaupten (Köpfen)

Die vor allem vom 16. bis zum 18. Jahrhundert häufig anzutreffende, als nicht entehrend gedeutete, oft bei Adeligen angewandte, „ehrlichste" Enthauptung (zunächst durch den siegreichen Kläger mit Barte (Beil) und Schlegel) durch das → Richtschwert (später durch die → Guillotine) galt als „Richten mit blutiger Hand" und unterschied sich daher von einem → Elementartod. Sie brachte eine Durchtrennung des Nackenbandes (elastisches Bindegewebe) und eine – die sofortige Bewusstlosigkeit herbeiführende – → Zertrümmerung der Wirbelsäule mit sich und stellt eine gewaltsame Form der Verblutung dar; daher wurden lange keine Frauen geköpft, da Frauenblut magische Vorstellungen heraufbeschwor. Eine gewisse Ähnlichkeit mit dem → Erhängen bestand in der Tatsache, dass die Luftwege (plötzlich) abgesperrt wurden, während das Genick brach. Nach der alten Zwei-Teile-Lehre konnte nur der enthauptete Körper, neben dem der Kopf lag und bei dem „zwischen Haupt und Leib mag passieren frei ein Wagenrad", den sicheren Eintritt des Todes gewährleisten. Andererseits verbot das kaiserliche China die Bestattung des geköpften Opfers, da der Mensch nicht mehr unzerteilt war. Der Kopf wurde daher, vermutlich wie anderswo Folge einer uralten magischen Vorstellung von der Unheil abwehrenden Kraft dieses Körperteils, öffentlich zur Schau gestellt, der Rumpf verscharrt. Das Opfer musste sich oft auf den Boden oder auf einen Haufen Sand knien, hin und wieder wurde es auf einen eigenen Enthauptungsstuhl mit herzförmigem Ausschnitt gesetzt oder sein Kopf auf einen Richtblock gelegt.

Beispiele:
- Rom kannte die Enthauptung des vorher gegeißelten und auf die Erde gelegten Opfers durch das Beil, später durch das Schwert, als wichtigste Hinrichtungsart; sie wurde nach festem Ritual bei Bürgern und freien Nichtrömern, nicht aber bei Sklaven angewandt. Im Frühjahr 385 ließ der Usurpator Quintus Aurelius Maximus in Trier den gelehrten Laienchristen Priscillian (* um 345) und einige seiner Anhänger foltern, wegen angeblicher „Ketzerei" und Magie (*maleficium*) zum Tod verurteilen und enthaupten (*poena capitis*); die erste bekanntgewordene Hinrichtung von Christen durch Christen in der Kirchengeschichte.
- Papst Benedikt VIII. († 1024), der den Kirchenstaat konsolidierte und die Sarazenen in Italien bekriegte, nahm den mit Gold und Edelsteinen reich geschmückten Kopfputz einer sarazenischen Königin an sich, die auf seinen Befehl hin enthauptet worden war.
- Der Nürnberger Scharfrichter setzte 1580 durch, dass zum ersten Mal in der Geschichte der Stadt drei Kindsmörderinnen nicht durch Ertränken, sondern durch Enthaupten hingerichtet wurden.
- In Frankfurt am Main wurde erstmals 1618 eine Frau geköpft.
- Bei der Exekution des Comte de Chalais (1626) musste ein ungeschickter → Scharfrichter nicht weniger als 29 Streiche ausführen.
- Die schottische Königin Maria Stuart wurde am 8. Februar 1587 enthauptet; der Scharfrichter erwies sich als sehr ungeschickt.
- König Charles I. von England wurde am 30. Januar 1649 geköpft.
- Am 17. Oktober 1667 wurde die zwölfjährige A. Auver aus Ebersbach, die unter Folter einen „Hexenritt" gestanden hatte, enthauptet.

- Zar Peter d. Gr. (1672–1725) ließ dem Liebhaber seiner Frau den Kopf abtrennen und, in Alkohol konserviert, in einem Gefäß der Zarin ans Bett servieren. Seinerseits liebte er eine Frau so sehr, dass er ihren Kopf – er hatte sie enthaupten lassen, als sie ihn betrog – in einem Gefäß bis zu seinem Tode im Schlafzimmer aufbewahrte.
- Zwischen 1503 und 1743 fanden in Nürnberg 623 Enthauptungen statt; dieser Zahl standen im gleichen Zeitraum 295 Exekutionen durch Erhängen, 50 mit dem Richtrad, 27 durch Ertränken, acht durch Verbrennen gegenüber.
- Am 1. Juli 1766 wurde J.-F. Lefebvre de La Barre aufgrund eines in Abbéville wegen Gottlosigkeit (und des Besitzes von Büchern Voltaires) gesprochenen Urteils unter dem Beifall der Menge mit einem gezielten Schlag geköpft.
- Eine Konstruktionszeichnung aus dem 18. Jahrhundert gibt eine „Köpfmaschine" aus Paris wieder (Germanisches Nationalmuseum, Nürnberg).
- Artikel 3 des französischen Gesetzbuches von 1791 besagte: „Jedem zum Tode Verurteilten wird der Kopf abgehauen". Das bedeutete nach C. Foucault dreierlei: Den gleichen Tod für alle (unabhängig von Rang und Status des Opfers, Sanktion durch Strafen gleicher Art für Delikte gleicher Art), einen einzigen Tod für jeden Verurteilten (Verzicht auf die bisher einer Exekution vorausgehenden oder sie begleitenden Folterhandlungen), die nicht entehrende Form der Todesstrafe, die nur den Verurteilten traf und eine „Sippenhaft" für die Angehörigen ausschloss.
- In einem Rescript vom 3. März 1804 zur Preußischen Criminalordnung wurden alle „galvanischen und Reitzungsversuche mit dem Körper enthaupteter Personen und einzelner Teile desselben" verboten.
- An Legenden grenzende Berichte von Hinrichtungen teilen mit, dass Scharfrichter bei Massenhinrichtungen bis an die Knöchel im Blut gestanden seien, einer von ihnen sei so geschickt gewesen, 75 Opfer in nur einer Stunde zu köpfen (sechs dabei auf einmal), und sich 1897 in Nancy bei einer Hinrichtung aus dem durchtrennten Nacken des Opfers eine zwei Meter hohe Blutfontäne über den Scharfrichter ergossen habe.
- Alte Quellen sprechen auch davon, dass selbst abgeschlagene Köp-

fe noch Lebenszeichen von sich gaben und Scharfrichter soeben Enthauptete an der Hand nahmen und über Äcker führten, die auf diese Weise in den Besitz des Scharfrichters übergingen (Dresden 1647).

- Neuzeitliche Fotografien zeigen immer wieder Enthauptungen; auf einem Foto von 1903 sind drei türkische Offiziere in Mazedonien vor einem kleinen Tisch zu sehen, auf dem vier frisch abgeschlagene Köpfe „angerichtet" sind (*La vie illustrée*).
- Der (1945 hingerichtete) Franziskaner-Stipendiat P. Brzica soll in einer Nacht, am 29. August 1942, insgesamt 1.360 Serben mit Hilfe eines Spezialmessers geköpft haben.
- Portugiesische Soldaten enthaupteten während des Befreiungskampfes der FRELIMO in Mosambik (1964–1973) gefangene „Rebellen" und spielten anschließend mit den Köpfen.

Erdrosseln

Um den Hals des Opfers wurde ein Strick oder ein festes Band gelegt. Dann drehte der Täter mit Hilfe eines Stocks das Strangwerkzeug immer fester zusammen und lockerte sie wieder nach Bedarf, ohne den Gefolterten wirklich zu töten; der → Scharfrichter jedoch erdrosselte das Opfer. Die Erstickung erfolgte infolge von → Strangulation und Kompression der Halsweichteile. Der um den Hals gelegte → Strick wurde im Gegensatz zum → Erhängen nicht durch das Gewicht des Körpers zusammengezogen, sondern durch Wirkungsmechanismen, die außerhalb von ihm lagen und zur Folterung eingesetzt werden konnten. Erdrosseln in Form von Folter oder Hinrichtung war auch möglich, wenn sich der Täter auf beide Enden eines über den Hals des Opfers gelegten Stocks stellte und hin und her wippte, bis der Zweck der Folter erreicht oder das Opfer erdrosselt war. Der Ablauf des Erstickens vollzog sich ähnlich wie beim Erhängen, in der Regel aber langsamer, da unter anderem die wirksame Kraft beim Erdrosseln kaum einmal so zügig und konstant auftrat wie beim Erhängen (das drosselnde Band konnte von Fall zu Fall gelockert werden). Die Zufuhr von Blut zum Gehirn wurde nicht in jedem Fall plötzlich und perfekt gestoppt, zumal das Drosselwerkzeug tiefer als beim Erhängen, also unterhalb des Kehlkopfes oder auf ihm, zu liegen kam. Dadurch wurden zwar die Blut- und Schlagadern des Halses, nicht aber die in der Tiefe des Nackens gelegenen Wirbelschlagadern gedrosselt, so dass das Gehirn nur allmählich von der Sauerstoffzufuhr abgeschnitten wurde. Verletzungen des (höher gelegenen) Zungenbeines sowie der oberen Kehlkopfanteile (Kehlkopfhörner) sind selten, die der zum unteren Kehlkopfgerüst gehörenden Schildknorpel und der Ringknorpel häufig zu beobachten. In den Weichteilen des Halses kann es zu Blutungen der Schilddrüsenkapsel und der Muskulatur kommen. Oberhalb der Drosselebene (nachweisbare Einwirkung des Drosselbandes) finden sich fast immer Zeichen einer stärkeren Blutstauung (Blaufärbung, Dunsung des Gesichts) sowie punktförmige Stauungsblutungen in der Gesichtshaut, in den Augenbindehäuten und der Mundschleimhaut, Stauungsblutungen in der Kopfschwarte und der Knochenbeinhaut des Schädeldachs sowie eine stärkere Blutfülle im Gehirn.

Beispiele:
- Der römische (christliche) Kaiser Konstantin I. (um 280–337) ließ seinen Schwiegervater, Kaiser Maximian, im Jahr 310 erhängen und danach einer vollständigen → *damnatio memoriae* unterziehen, seine Schwäger Licinius und Bassianus erdrosseln, den Sohn des Licinius, Licinianus, auspeitschen und in Karthago totschlagen, seinen eigenen Sohn Crispinus wahrscheinlich vergiften.
- Derselbe Kaiser ersetzte die noch 320 bezeugte Todesstrafe (→ Kreuzigung) durch Erdrosseln am Galgen.
- Papst Benedikt VI. wurde im Juni 974 von einem wahrscheinlichen Sohn Papst Johannes' X. (928 ermordet), dem späteren Papst Bonifaz VII. (985 ermordet), ins Gefängnis geworfen und erdrosselt.
- Die hl. Godoleva wurde 1070 von zwei Mördern, die ihr Ehemann gedungen hatte, mit einer Seidenschnur erdrosselt.
- Auf den Westindischen Inseln wurde das Opfer an einen Pfahl gebunden und um seinen Hals eine Schlinge mit einem beweglichen Knoten gelegt. Der Vollstrecker band die Enden des Stricks um seinen Leib, klammerte sich dann an einem zweiten Pfahl fest und zog in mehreren Stößen den angespannten Strick zusammen.
- Bis 1603 war es im Osmanischen Reich üblich, dass der Thronerbe am Tag der Machtübernahme seine Brüder erdrosseln ließ, um

für die Zukunft jede Bedrohung seines Sultanats auszuschließen. So ließ der neue Sultan Muhammat III. noch 1595 seine 19 Brüder erdrosseln und zudem sieben schwangere Konkubinen seines Vaters Murad III. (1574–1595) umbringen. Sein Nachfolger Ahmad I. setzte dem schrecklichen Brauch ein Ende, ließ seine Brüder jedoch in Käfige sperren.

- Ustaschen unter A. Pavelic (1889–1959) erdrosselten 1941 P. Simonic, den 80-jährigen orthodoxen Metropoliten von Sarajewo.
- Am 28. April 1941 wurden bei Vukovar 180 serbische Opfer erdrosselt und in die Donau geworfen.

Erhängen

Häufige Form der Selbsttötung oder der als „Hinrichtung zu trockener Hand" gedeuteten entehrenden → Todesstrafe („*Hanging is the best*") durch Kompression der Halsschlagadern oder Genickbruch (→ Galgen, Henkersknoten, Strangulation, Strick). Typisches Erhängen liegt vor, wenn der Aufhängepunkt hinten in der Körpermittellinie liegt und der Körper frei hängt, atypisches, wenn der Aufhängepunkt seitlich oder vorn gelegen ist oder der Körper nur von einem Teil der Schlinge getragen wird. Das Opfer erstickt infolge einer Strangulation und Kompression der Halsweichteile. Der um den Hals gelegte Strang wird durch das Körpergewicht des (an Händen und Füßen gefesselten) Gehängten ruckartig zusammengezogen. Wirbelbrüche mit Zerreißungen des Rückenmarks, Abschnürung der Halsschlagadern und der Wirbelsäulenschlagadern sind die Folge. Eine sofortige und wegen der Unmöglichkeit, erneut zu atmen, irreversible Bewusstlosigkeit tritt ein, und die Blutzufuhr zum empfindlichen Großhirn wird plötzlich und vollkommen unterbrochen (anders beim → Erdrosseln), das Atemzentrum zerstört. Das Herz kann jedoch bis zu 20 Minuten weiterschlagen. Ein → Scharfrichter konnte daran schuld sein, dass der Genickbruch (Zerreißen des *ligamentum apicis dentis*) nicht sofort oder überhaupt nicht eintrat und der Erhängte ohnmächtig abgenommen wurde. Als ähnlicher Mangel bei der Exekution durch Erhängen galt, wenn der verwendete Strick riss, der Knoten um den Hals des Opfers nicht fachmännisch (vor der linken Seite des Unterkiefers nach der englischen Art einer *submental position*, oder nach amerikanischer Art in der *subaural position*, hinter dem linken Ohr) angebracht oder falsch geknüpft war und sich löste, die Fallhöhe nicht korrekt nach Größe und Gewicht des Delinquenten berechnet (Tabellenwerte) wurde oder die Falltür unter dem Hinzurichtenden sich nicht öffnete. Die Zeitspanne zwischen dem Betreten des Exekutionsraums und dem Auslösen des Hebels für die Falltür betrug durchschnittlich zehn Sekunden; der Eintritt des Todes sollte in der Regel nach etwa 17–19 Sekunden erfolgen. Erhängen konnte auch als Foltermaßnahme langsam durchgeführt werden, indem der Vorgang immer wieder unterbrochen und das Opfer wiederbelebt wurde. Auch das Erhängen an den Füßen, bei dem das Opfer noch lange lebte (es wird von einem Fall berichtet, da der Gehängte sieben Tage lebte), ist als Folter anzusprechen.

Beispiele:

- Das Alte Testament (Jos 10, 26) nennt das Erhängen als Nachstrafe und → Leichentortur; Rom führt die Strafe für Lebende ein.
- In germanischer Zeit und im frühesten Mittelalter wurden zusammengedrehte Eichenzweigen verwendet; das wenig elastische Material führte nur langsam und qualvoll zum Tod (K. B. Leder).
- Frauen wurden anfangs nur selten gehängt; auch die → Friedloslegung galt ihnen nicht.
- Unter den französischen Königen wurden sogar die Finanzminister gehängt; zwei von ihnen waren unschuldig, so der Minister Philipps des Schönen, der 1315 gehängt wurde, und J. de Beaune, Baron de Samblancay, den Franz I. 1527 hatte hängen lassen (→ Justizirrtum).
- 1438 soll nach einer Hinrichtung am Galgen der Erhängte wieder lebendig geworden sein; man nahm ihn ab und half ihm davon, „da er heilig ward am Galgen".
- Frauen haben nach älteren englischen Gerichtsquellen immer wieder darum gebeten, niedrig aufgehängt zu werden, damit es den Scharfrichtern und Zuschauern nicht möglich war, unter ihre Kleider („letztes Hemd") zu schauen.
- 1449 wurde in Paris erstmals eine Frau gehängt; ihr langes Gewand wurde vorher über den Knien zusammengebunden.
- Der gefürchtete Scharfrichter im Heer des Schwäbischen Bundes, Aichelin von Wiesensteig, erhängte nach ihrer Niederlage im Deut-

schen Bauernkrieg (1525) allein 1.200 Bauern und richtete in einem Monat 350 Männer mit dem Schwert.

- 1567 wurde in den Niederlanden eine Hochschwangere wegen ihres evangelischen Glaubens neben ihrem Ehemann erhängt. Vier Stunden nach ihrer Exekution gebar die am Galgen baumelnde Frau Zwillinge (*Nachrichtensammlung des J. J. Wick*, 1560–1567).

- Papst Pius V. († 1572) ließ, tief beleidigt, den Verfasser eines Spottverses hängen, der die neue Latrine des Lateranpalastes aufs Korn genommen hatte.

- Sixtus V. amnestierte bei seinem Regierungsantritt (1585) die vom Vorgänger überkommenen Verbrecher nicht, wie in Rom erwartet wurde, sondern ließ ihnen den Prozess machen und an die 500 von ihnen hängen, um im Kirchenstaat Ordnung zu schaffen.

- Am 2. April 1597 wurde der Alchimist J. Hanower (Honauer), der den württembergischen Herzog um zwei Tonnen Gold betrog, in einem vergoldeten Gewand an einem mit Goldflitter geschmückten Galgen erhängt.

- Berühmt wurde der Fall eines „Halbgehängten": Am 24. Dezember 1705 wurde der wegen Einbruchs zum Tode verurteilte Matrose J. Smith in Tyburn gehängt. Er baumelte bereits an die zehn Minuten am Galgen, als ein berittener Bote die Strafaussetzung meldete. Smith wurde vom Galgen genommen und wiederbelebt. Anschließend berichtete er über grellgrüne Lichterscheinungen, die er beim Erhängen geschaut habe.

- 1728 wurde M. Dickinson in Musselburgh (Schottland) wegen Kindesmords gehängt. Freunde nahmen das Opfer ab und legten es in einen Sarg. Zwei Meilen vor der Stadt bewegte sich plötzlich der Sargdeckel, die Gehängte setzte sich auf und erklärte sich nach einiger Zeit stark genug, um zu Fuß nach Hause zu gehen. Da das schottische Gesetz eine Wiederholung der Exekution untersagte, war sie frei.

- 1738 wurde der wegen Landesverrats, Betrugs und Unzucht verurteilte Süß Oppenheimer nicht nur an einem turmhohen Galgen, sondern in einem Käfig, der über den Galgen hinausragte, an der Galgensteige zu Stuttgart im Rahmen eines → Hinrichtungsfestes erhängt. Ein Stadtgeistlicher rief dem Sterbenden zu: „Fahr zur Höll, verstockter Schelm und Jud!"

- Am 26. April 1771 verbot der dänische König Christian VII. in den Herzogtümern Schleswig und Holstein das Hängen, wahrscheinlich (von Graf Struensee dazu ermutigt) als erster Fürst in Europa.
- 1786 wurde der irische Bettler, Räuber und Mörder *Billy the Bowl* festgenommen und gehängt. Sein Spitzname rührte daher, dass er, ohne Beine geboren, sich in einer hölzernen Schüssel fortbewegen musste.
- Noch im 19. Jahrhundert sind in Großbritannien Menschen gehängt worden, die einen erfolglosen Versuch zur Selbsttötung unternommen hatten.
- 1818 wurde der Räuber R. Johnston in Edinburgh gehängt, doch das Seil erwies sich als zu lang. Polizisten schnitten das halb strangulierte Opfer ab; ein Arzt belebte es wieder. Beim zweiten Versuch der Exekution konnte der Delinquent seine Hand befreien und an der Schlinge zerren. Der Todeskampf dauerte mehrere Minuten, und die Zuschauer waren nur mit Mühe daran zu hindern, Johnston vom Galgen zu holen.
- Am 26. Juli 1826 wurde der freidenkerische Lehrer C. Ripol nach einem zweijährigen Prozess in Valencia erhängt. Seine Leiche wurde, ein symbolisches → Verbrennen, in einen mit Flammenzungen bemalten Sarg gelegt und in ungeweihter Erde begraben.
- 1831 wurden in Großbritannien 52 Menschen gehängt. Der 14-jährige J. A. Bell, dessen Prozess wegen Mordes in Maidstone nur zwei Minuten dauerte, war das letzte Kind in England, das – vor einer Menge von 5.000 Zuschauern – gehängt wurde.
- Der *Capital Punishment Amendment Act* von 1868 verlangte eine gerichtliche Untersuchung des Opfers innerhalb von 24 Stunden nach der Exekution; dabei konnte eine Obduktion angeordnet werden.
- Am 12. April 1880 wurde in Raab der Mörder Takacs erhängt, doch als er nach zehn Minuten abgenommen wurde, um in einem Spital obduziert zu werden, erlangte er wieder das Bewusstsein und verstarb erst drei Tage später an den Folgen der Exekution.
- 20 zumeist junge Aktivisten der Sozialdemokratischen Huntschak-Partei wurden am 15. Juni 1915 im Konstantinopeler Stadtteil Sultanbayezid durch Erhängen hingerichtet.
- Am 29. März 1933 wurde das Erhängen von der NS-Justiz „für be-

sonders verkommene Verbrecher" in das deutsche Strafrecht eingeführt.

- Die Sowjetunion erlaubte die Hinrichtungsmethode, die als erniedrigende Strafart nicht mehr vollzogen worden war, während des Zweiten Weltkrieges wieder.
- Der englische Henker J. Ellis nannte das Erhängen in einem Interview eine im Vergleich mit dem → Elektrischen Stuhl humane Methode, die „ganz englisch, wie Cricket, Plumpudding und Worcestersauce" sei.
- Die 11 Hauptkriegsverbrecher, die am 16. Oktober 1946 in Nürnberg starben, wurden von H. Woods, dem Henker der US-Army, erhängt.
- 1948 richtete der englische Scharfrichter A. Pierrepoint an einem einzigen Tag in Hameln 27 NS-Kriegsverbrecher am Galgen.
- Drogenhändler werden im Iran noch immer durch Erhängen exekutiert.

Erschießen

Die neben dem → Erhängen heute am häufigsten (in Form einer → Hinrichtung zu gesamter Hand) vor allem in der Militärstrafgerichtsbarkeit (Fahnenflucht, Spionage) verwandte Art der Exekution einer › Todesstrafe. Das meist vor einer Wand oder Mauer (als Kugelfang) an einen Pfahl gebundene oder (infolge eines vorausgegangenen oder befürchteten Zusammenbruchs) auf ein „Kollaps-Brett" gefesselte und aufrecht gestellte Opfer soll durch das von einer Schusswaffe (u. a. Gewehr, Pistole, Revolver) durch einen Lauf getriebene Geschoss spezifische Verletzungen erleiden, die seinen sofortigen Tod herbeiführen (→ Genickschuss, Schuss ins Herz). Doch selbst wenn mehrere Vollstrecker feuern, ist die Möglichkeit von Fehlschüssen nicht ausgeschlossen. Die durchschnittlich 10 bis 12 Mitglieder eines Erschießungskommandos (*Peloton*) werden daher angehalten, auf den Rumpf des Opfers zu zielen, da dieser relativ leicht zu treffen ist. Hin und wieder wird auch in der Herzgegend des Opfers ein Tuchfleck angebracht, um das Zielen zu erleichtern. Um Schuldgefühle zu mindern, sind manchmal Gewehre mit Platzpatronen versehen, so dass kein Mitglied des Kommandos weiß, wer den tödlichen Schuss abgegeben hat. Ist das Opfer nicht tödlich getroffen, wird in der Regel ein „Gnadenschuss" (aus der Offizierspistole) abgefeuert, der es tötet. Dann ist es ungewöhnlich, dass das Kommando mehrmals antritt, um die Exekution zu wiederholen. Schusswunden (*vulnera scopetaria*) lösen anfangs nur unbedeutenden Schmerz aus und bluten wenig, wenn das Geschoss keine größere Schlagader verletzt. Geschosse, die auf die Brust des Opfers auftreffen, laufen nach Durchbohrung der Haut oft auf einer Rippe um den Brustkorb und noch weiter (Konturschüsse). Manche Geschosse treten auch wieder aus, nachdem sie unter der Haut laufen, ohne in die Tiefe zu dringen (Haarseilschuss). Meist aber bleiben die Geschosse, die nach dem Abfeuern oft durch Luftwiderstände abgelenkt und nach unten gedrückt werden, im Körper des Opfers stecken. Es kann mehrere Minuten dauern, bis das Opfer den Schusswunden erliegt. 1953 kam der Bericht einer königlich-britischen Kommission zu dem Schluss, dass bei dieser Hinrichtungsart „die wichtigste Voraussetzung für eine effiziente Methode, die Gewissheit des sofortigen Todes, nicht gegeben ist."

Beispiele:

- In Rom wurden straffällig gewordene Soldaten meist durch die eigene Legion hingerichtet; eine Anzahl von Bogenschützen hatte das an eine Säule gebundene Opfer mit Pfeilen zu erschießen.
- Erste, freilich noch sehr ungenaue Handfeuerwaffen finden sich bereits im 15. Jahrhundert. Erschießungskommandos tauchen erst viel später auf. Die Exekution durch Erschießen hieß nach dem frühen Militärgewehr, der Arkebuse, noch im 18. Jahrhundert „Arkebusieren".
- 1809 wurden nach einem Bericht von G. W. Böhmer in Kassel an die 50 Fehlschüsse auf ein Opfer abgegeben, bevor ein neues Kommando die Exekution vollstreckte.
- Während des Ersten Weltkriegs wurden Spione in den Verliesen des Towers von London erschossen. Acht Männer vollzogen an den auf einen Stuhl gefesselten Opfern die Strafe.
- Im US-Bundesstaat Utah besteht seit 1851 die wahrscheinlich weltweit einmalige Regelung, dass die Opfer zwischen Erhängen, Enthaupten und Erschießen wählen können; bisher entschieden sich die meisten für das Erschießen (K. B. Leder).

- Persien kannte nach einem Bericht von F. Nicolay als Militärstrafe noch 1909 sogar das Erschießen mit einer Kanone, die auf das Opfer (Djahl Agha) gerichtet wurde und deren Kugel ihn förmlich in Stücke zerriss.
- Während des Ersten Weltkriegs wurden 150 Todesurteile gegen deutsche Soldaten verhängt, davon 48 vollstreckt. In dieser Zeit wurden 3.080 englische, um die 1.600 französische und 754 österreichische Soldaten zum Tode verurteilt.
- Zwischen 1920 und 1923 wurden die auf Erschießen lautenden Todesurteile zunächst durch Soldaten des Reichsheeres, dann durch die Landespolizei vollstreckt. Dies hatte „in einer die Bevölkerung möglichst wenig in Mitleidenschaft ziehenden Weise" stattzufinden.
- Bereits in den Auseinandersetzungen zwischen Rechten und Linken vor dem Beginn des Spanischen Bürgerkriegs (1936–1939) war Erschießen fast zum Volkssport geworden. Selbst Kinder spielten mit Holzgewehren Exekutionen nach; sie hatten diese mit eigenen Augen gesehen.
- Der Schriftsteller G. Bernanos bezifferte die Zahl der Erschießungen in den ersten sieben Monaten des Bürgerkriegs allein auf Mallorca auf über 3.000, und A. de Saint-Exupéry (1900–1944) schrieb 1936 über die Verhältnisse in Spanien: „Hier erschießt man Menschen wie man Wälder abholzt ... Du wirst gefangen genommen. Dann wirst du erschossen. Der Grund: Deine Gedanken waren nicht unsere Gedanken."
- In Spanien wurden Frauen von Todeskandidaten vor deren Augen grausam gefoltert, bevor auch sie von den Anhängern der Rechten erschossen wurden.
- In Mostar (Herzegowina) wurden 1941 von der Ustascha Hunderte von Serben zur Neretva getrieben, mit Draht aneinandergebunden, erschossen und in den Fluss geworfen.
- Am 10. Juni 1942 wurden 172 Männer des tschechischen Dorfs Lidice als Vergeltung für die Ermordung von R. Heydrich, des stellvertretenden Reichsprotektors von Böhmen und Mähren (4. Juni 1942), erschossen, 195 Frauen in das Konzentrationslager Ravensbrück, die Kinder in das Konzentrationslager Gneisenau deportiert.
- Allein in Frankreich wurden im Zweiten Weltkrieg von Deutschen 29.660 Geiseln erschossen.

- An einem einzigen Tag, dem 3. November 1943, wurden im Konzentrationslager Majdanek 18.000 Juden erschossen. Die Erschießungsgräben sind teilweise freigelegt.
- Am 24. März 1944 wurden als Vergeltung für ein Partisanenattentat in Rom, dem 31 deutsche Polizeisoldaten und mehrere Frauen und Kinder zum Opfer fielen, 320 italienische Geiseln, alles Zivilisten, in den römischen *Fosse Ardeatine* erschossen.
- Während des Zweiten Weltkriegs wurden insgesamt 49 auf Erschießen lautende Todesurteile gegen Angehörige der US-Army verhängt; nur ein einziges wurde am 31. Januar 1945 gegen E. D. Slovik, den ersten seit 1864 wegen Desertion hingerichteten amerikanischen Soldaten, auch vollstreckt, zumal der Oberkommandierende D. D. Eisenhower das Todesurteil bestätigt hatte. Der Frau des Opfers wurde vom Tod ihres Mannes „auf dem europäischen Kriegsschauplatz" erzählt.
- 1951 wurde E. Mares in Utah exekutiert. Da die Treffer nicht tödlich waren, verblutete das Opfer langsam.
- Thailand ernannte 1970 einen einzigen Mann, Pathom Kruapeng, einen gläubigen Buddhisten, zum Vollstrecker. Er begleitete jede Exekution mit einem Ritual, bat das Opfer um Vergebung, opferte einen Stein und eine gelbe Blume. Der Delinquent wurde hinter einem Vorhang an einen Stuhl gebunden, seine Arme wurden ausgestreckt an einen hohen Pfahl gefesselt. In der einen Hand hielt er Räucherstäbchen, in der anderen Blumen. Der Vollstrecker feuerte dann mit einem Automatikgewehr durch den Vorhang auf das Opfer, bis ein Beobachter eine rote Flagge schwenkte und den Tod anzeigte.
- Der spanische Diktator Franco, der die meisten Todesurteile in der spanischen Geschichte verhängen ließ, befahl noch im Herbst 1975, wenige Wochen vor seinem Tod, fünf politische Gegner an einem Tag zu erschießen.
- In der „amerikanischen Phase" des Vietnamkriegs (1960–1973) wurden Tausende von vietnamesischen Zivilisten (auch Frauen und Kinder) und Kriegsgefangene (teils mit auf den Rücken gebundenen Händen) von Angehörigen der US-Army während des Vollzugs von Straffoltern erschossen.
- Am 17. Januar 1977 wurde der auf einen Stuhl gefesselte G. Gil-

more von Freiwilligen in einem Gefängnis zu Utah erschossen; der Schriftsteller N. Mailer hat über die aufsehenerregende Exekution geschrieben.

- Die chilenische Militärjunta versuchte nach dem Putsch gegen S. Allende (1973), mit Massenerschießungen in Fußballstadien und Arenen sowie Folterungen innenpolitische Gegner auszuschalten.
- Allein in Anleang wurden 1979 während des Schreckensregimes der Roten Khmer (Kambodscha) 26.000 Menschen erschossen und mit Planierraupen in einem 80 Meter langen und acht Meter breiten Grab verscharrt.
- In der ehemaligen DDR wurde bis 1967 zur Vollstreckung der → Todesstrafe das Fallbeil (→ Guillotine) eingesetzt, danach der „unerwartete Nahschuss", ein als humanere Methode gedeuteter Schuss in den Kopf. Die Vollstreckungen wurden gegenüber den Angehörigen meist als Tod durch Herzversagen kaschiert. Die Leichen der Opfer wurden eingeäschert und anonym bestattet. In einigen Fällen erfolgte eine → *damnatio memoriae*: Der Name des Opfers wurde ausgelöscht, und selbst Hinterbliebene (Witwen, Kinder) mussten eine neue Identität annehmen (Namensänderung, Korrektur von Geburtsurkunden, Zeugnissen u. ä.).
- Noch 1989 wurde in 86 Staaten der Erde die Todesstrafe durch Erschießen vollstreckt.
- Am Weihnachtstag 1989 wurden der rumänische Diktator N. Ceausescu und seine Frau nach 22 Jahren Gewaltherrschaft wegen Verbrechen gegen das rumänische Volk öffentlich erschossen. Die Bilder von dieser Exekution gingen um die Welt.
- Am 9. Januar 1993 sind im chinesischen Kanton 45 Männer und Frauen im Verlauf einer Massenexekution erschossen worden.
- Die Zahl der Schusswaffen beläuft sich in den USA auf etwa 220 Millionen. Nach Hochrechnungen der Bundesbehörden bringen um die 100.000 Schüler eine Schusswaffe mit in den Unterricht. Durchschnittlich wird in den USA alle zwei Minuten ein Kind oder ein Jugendlicher erschossen, unzählige andere Opfer werden, auch in Form einer psychischen Folter, jeden Tag mit Schusswaffen bedroht.
- Das Büro des polizeilichen Ombudsmanns von Sao Paulo (Brasilien) stellte 2000 in einer Untersuchung über den Einsatz tödlicher

Gewalt durch die Polizei fest, dass 56 Prozent der Todesopfer keine Vorstrafen hatten, 54 Prozent Farbige waren und 51 Prozent der Opfer in den Rücken geschossen worden waren (Bericht *Amnesty International* 2001).

- Am 19. Oktober 2000 wurden zwei Armeeangehörige in Burundi wenige Stunden nach ihrer Verurteilung zum Tode durch ein Erschießungskommando exekutiert.

Ersticken

Eine meist langsam erfolgende Prozedur und damit auch eine wirkliche Folter, die den Tod infolge eines mangelnden Sauerstoffangebots an die lebenswichtigen Organe, vor allem an das Gehirn, mit sich bringen kann. Die Erstickfolter, die neuerdings auch mit Hilfe von Wassergüssen (etwa in die Nase bei geknebeltem Mund) oder mit Hilfe einer Gasmaske durchgeführt wird, lässt sich vom Folterpersonal willkürlich regulieren, in einzelnen Phasen abbrechen und wieder aufnehmen. Wird feuchtes Stroh verbrannt, kann das Opfer mit Hilfe des aufsteigenden Rauchs geradezu genüsslich erstickt und damit exekutiert werden. Beim äußeren Ersticken ist die Zufuhr von Luft über die Atemwege ins Blut (physiologischer Gasaustausch der Gewebe) behindert. Zu den äußeren Formen des Erstickens gehören → Erhängen, → Erdrosseln, → Erwürgen, → Ertränken, Knebelung, Fremdkörper in den Luftwegen, zu den inneren Formen Herzversagen, Lungenembolie, akute Anämie, Kohlenmonoxid-Vergiftung, bestimmte Vergiftungen (→ Gaskammer, Zyanide). Prinzipielle Unterschiede zwischen den Hauptformen bestehen nicht, da die (mechanisch wirkende) äußere Erstickung eine innere zur Folge hat. Der Mangel an Sauerstoff stellt in jedem Fall die Todesursache dar. Der Ablauf des Erstickens lässt verschiedene Phasen erkennen. Zuerst beantwortet der menschliche Organismus die einsetzende Erstickung mit physiologischen Gegenreaktionen; so reagiert er auf den Kohlesäureüberschuss durch Erregung des Atemzentrums mit Steigerung der Atembewegung und Erhöhung des Gefäßtonus. Dann folgt eine zentrale Reizung, die bald in allgemeine Lähmung übergeht, womit das Sterben eingeleitet wird. Während dieser Phase kommt es zunächst zu reversiblen, dann zu irreversiblen Schädigungen von Organen (Hirnzellen, Herz). Bei akuter Unterbrechung der Sauerstoffzufuhr verbraucht die Hirnzelle ihren Sauerstoffvorrat in einer knappen Minute. Die Herztätigkeit kann den Atemstillstand noch um etwa zehn Minuten überdauern.

Beispiele:

- Ein Sohn des Pharao Ramses III. (ermordet um 1155 v. Chr.) wurde wegen des mutmaßlichen Verrats an seinem Vater lebendig in Binden eingewickelt wie eine Mumie und erstickte daran.
- In China war es üblich, die Opfer in einen Bambuskasten einzuschließen und mit Rauchgasen zu ersticken.
- In Rom wurden Vestalinnen, die ihr Gelübde der Jungfräulichkeit gebrochen hatten, der Erstickfolter unterzogen.
- Die hll. Märtyrerinnen Sophia und Quirilla sperrte man nach der Legende wegen ihrer Weigerung, den römischen Göttern zu opfern, in einen Raum ein, in den heißer Dampf eingeleitet wurde, um sie zu ersticken.
- Die hl. Cäcilia sollte (zwischen 180 und 230) in einer Badestube mit heißem Dampf erstickt werden, überlebte diese Folter jedoch und wurde am nächsten Tag enthauptet.
- Die Mutter der hl. Afra und drei ihrer Mägde wurden um 304 in ein Gewölbe eingeschlossen und durch Rauch erstickt.
- Papst Johannes X. wurde in der Engelsburg eingekerkert und 929 mit einem Kissen erstickt.
- Im Verlauf der Folterung einer „Hexe" wurden hin und wieder auch Stücke von Tierhäuten angebrannt und dem Opfer vor den Mund gehalten, damit es durch den aufsteigenden Qualm zu Erstickungsanfällen komme.
- Angehörige der SS trieben am 10. Juni 1944 die Frauen und Kinder von Oradour-sur-Glane in die Dorfkirche und sperrten sie dort ein. Gegen 17 Uhr wurde auf der Kommunionbank ein Erstickungsgerät aufgestellt; es bestand aus einer Art Kiste, aus der brennende Zündschnüre herausragten. Nach kurzer Zeit traten bei den 642 Opfern Erstickungsanfälle auf.
- Vom NS-Regime zum Tod bestimmte Lagerhäftlinge wurden in einen Bus gesetzt, in den Schläuche eingeführt waren, durch die während der Fahrt Kohlenmonoxid in das Innere eindringen konnte. Der Fahrer des Busses, in den die Opfer unter dem Vorwand,

sie würden in ein anderes Lager verlegt, eingestiegen waren, wurde durch eine hermetisch schließende Glaswand vor den tödlich wirkenden Gasen geschützt. Die Häftlinge jedoch waren nach etwa einer Viertelstunde erstickt.

- Nach einer Mitteilung von *Amnesty International* sollen der ehemalige Gewerkschaftsführer Siddo Hassane und ein anderer Häftling 1982 in einer engen, mangelhaft belüfteten Zelle im Tillaberry-Gefängnis (Niger) erstickt sein.
- Auch bei den Transporten von Gefangenen in ein Spezialgefängnis sind in Nigeria (März 1980) 47 Menschen erstickt, die mit 20 weiteren Häftlingen in ein für nicht mehr als 20 Personen bestimmtes Lastfahrzeug gepfercht worden waren.
- Während der Militärdiktatur in Argentinien (1976–1983) wurden den Opfern Plastiktüten über den Kopf gezogen, die erst kurz vor dem Ersticken abgenommen wurden – oder auch nicht.
- Nach den Berichten von *Amnesty International* erfolgten im Jahr 2000 die folgenden Erstickfoltern: Am 12. November erstickten in einer Zelle der Polizeistation von Pointe-Noire (Kongo) 13 Häftlinge, mindestens 80 Opfer erlagen in Mosambik (Montepuez, Provinz Cabo Delgado) der Erstickfolter (an die 100 Häftlinge waren in eine nur 21 qm große Zelle gesperrt worden), in Myanmar (Birma) wurden Opfer einem Beinahe-Ersticken unterzogen, in Örebro (Schweden) erlitt der unter Diebstahlsverdacht festgenommene 35-jährige P. Anderson im Polizeigewahrsam am 3. November vermutlich den Erstickungstod.

Ertränken

Das Opfer, häufig eine Frau, wurde mit zusammengebundenen Armen und Beinen (in einem Sack, → Säcken, oder einem Fass) von einer Brücke ins Wasser geworfen und damit dem → Elementetod mit erheblich magischen Anteilen (Abwaschen der Schuld, Abwehr und Befriedigung von bösen Wassergeistern) und Zufälligkeiten unterzogen, die sie in die Nähe eines → Gottesurteils rückten (R. van Dülmen). Ist das Gewässer nicht tief genug (etwa bei der Verwendung von hölzernen Zubern), drückte der Scharfrichter den Körper der Wehrlosen mit einer Stange unter. Als Reflex auf den Kältereiz des Wassers kommt es zu tiefem Einatmen (Aspiration) und zur Luftüberfüllung

der Lungen, als Abwehr gegen das Eindringen von Wasser in die Luftwege wird unter Wasser der Atem für etwa eine Minute angehalten. Die
Folge ist Lufthunger, der anschließend tiefe und krampfhafte Atembewegungen auslöst und den Vorgang des Ertrinkens einleitet. Größere Wassermengen werden eingeatmet, und es kommt zur Bewusstlosigkeit. Anschließend folgen Erstickungskrämpfe, in den Atemwe-
gen werden Luft und Wasser durch krampfartige Atembewegungen
zu Schaum vermischt, Luftblasen steigen an die Wasseroberfläche.
Zuletzt setzt eine Lähmung ein, tiefe (letzte) Atemzüge folgen vor
dem Ersticken. Der Vorgang des Ertrinkens kann, den besonderen
Umständen entsprechend, länger oder kürzer dauern. Körperliche
Erschöpfung (etwa nach Folter) verkürzt das Ertrinken, und der Tod
wird an der „Ertrinkungslunge", an den Flüssigkeitsmengen im Ma-
gen-Darm-Kanal, an typischen Wasserbestandteilen im Körper und
Hautveränderungen festgestellt.

Beispiele:
- Nach seiner Heiligenlegende wurde Bischof Clemens I. von Rom
  um 100 mit einem Anker um den Hals ins Meer geworfen.
- Der fränkische König Lothar I. lässt 834 die Schwester Herzog
  Bernhards von Septimanien, die Nonne Gerberga, in ein Weinfass
  stecken und in der Saône ertränken.
- Der hl. Johannes Nepomuk (um 1350–1393), der das Beichtge-
  heimnis nicht brechen wollte, wurde unter König Wenzel gefoltert,
  dann an Händen und Füßen gefesselt, geknebelt und in der Moldau
  ertränkt.
- Die schöne Augsburgerin A. Bernauer, Tochter eines „unehrlichen"
  Baders und wahrscheinlich seit 1432 heimliche Gemahlin des Her-
  zogs Albrecht III. von Bayern-München, wurde am 12. Oktober
  1435 auf Befehl von Albrechts Vater, der keine erbberechtigten En-
  kel zu bekommen fürchtete, ohne Gerichtsurteil in Straubing als
  „Hexe" ertränkt. Sie soll zunächst entkommen und an das Donau-
  ufer gelangt sein, dann aber wurde sie von einem Knecht ergriffen,
  der ihre langen blonden Haare um eine Stange wickelte und ihren
  Kopf so lange unter Wasser hielt, bis sie tot war. Noch immer wird
  alljährlich eine damals gestiftete Seelenmesse für diese Frau gelesen.
- Brücken, von denen die Opfer ins Wasser gestürzt wurden, sind aus

Dresden, Ulm, Basel und Frankfurt a. M. bekannt.
- 1568 wurde eine Frau, die gleichgeschlechtlich verkehrt hatte, in Genf ertränkt.
- Das älteste Preßburger Gerichtsprotokoll von 1518 gibt einen einzigen Fall der Hinrichtung durch die Ertränkfolter wieder. Es ging um eine Diebin, die wegen der von ihr verübten Straftaten äußerst streng bestraft wurde. Sie hatte in der St.-Martins-Kirche ein Priestergewand, in der St.-Michael-Kirche zwei liturgische Becher und Geld entwendet. Ihre Taten galten als Kirchenraub, und die Frau wurde in die Donau gestoßen.
- Am 10. März 1528 wurde der Täufer B. Hubmaier in Wien verbrannt; seine Frau wurde drei Tage später in der Donau ertränkt.
- Der Täufer F. Manz wurde am 5. Januar 1527 in Zürich zum Tod verurteilt und in der Limmat ertränkt.
- „Ketzer" wurden hin und wieder auch in Fässern voll Jauche und Urin ertränkt.
- Die Spanier warfen bei der Heimkehr nach Spanien so viele Indios von ihren Schiffen ins Meer, dass Dutzende von Leichen im Wasser trieben und sich nachfolgende Schiffe „ohne Kompass und Seekarte" an ihnen orientieren konnten.
- Erst 1740 ersetzte Friedrich II. von Preußen die Ertränkfolter als Strafe für Kindsmord durch → Enthaupten.
- Während der Religionskriege und im Verlauf der Französischen Revolution kam es wiederholt zu den *noyades*, Massenertränkungen, seit 1793 vor allem in der Loire (→ Republikanische Hochzeit).
- 1905 ertränkten russische Soldaten zahlreiche Chinesen, die mit ihren Zöpfen aneinandergebunden waren, im Amur.
- 1942 wurden in Dezevci, Zigrovci und Skendrovci (Bosnien) 30 Opfer in einer orthodoxen Kirche eingeschlossen und verbrannt, etwa 600 in Dorfbrunnen ertränkt.

Erwürgen

Würgende Hände oder Maschinen (→ Garrotte) erzeugen Hautveränderungen im Bereich des Halses (Würgemale). Bezeichnend sind neben unregelmäßigen Hautabschürfungen und blutunterlaufenen Stellen die durch die Fingernägel hervorgerufenen halbmond- oder kommaförmigen Male. Der Tod des Opfers tritt durch → Ersticken oder Zerstörung der Wirbelsäule im Nackenbereich (Genickbruch) ein.

Beispiele:

• Nach dem Spanischen Bürgerkrieg (1936–1939) sprachen kirchliche Stellen davon, dass im Verlauf der Auseinandersetzungen über 6800 Angehörige geistlicher Berufe ermordet worden waren; Nonnen wurden vergewaltigt, Priester u. a. mit Rosenkränzen erwürgt.

• An den Folgen von Würgegriffen durch Polizeibeamte starben zwischen 1975 und 1982 in Los Angeles 16 Menschen, 12 davon schwarzer Hautfarbe. Der Polizeichef erklärte diese Zahl damit, dass „die Halsadern von Schwarzen nicht so flexibel sind wie die von normalen Menschen".

Exekution mithilfe von Elefanten

Eine bis ins 18. Jahrhundert übliche Strafe für schwere Verbrechen in Süd- und Südostasien, insbesondere Indien. Ähnlich dem Einsatz von Pferden zum → Vierteilen wurden die Elefanten meist speziell trainiert, um ihre Opfer nicht nur zu zertrampeln, sondern auch gezielt zu foltern, z. B. durch das Zerquetschen oder Abreißen einzelner Gliedmaßen (Wikipedia, „Exekution durch Elefanten", abgerufen am 10.4.2017).

Fass

Meist tödlich (→ Ertränken) ausgehende Wasserfolter, bei der das Opfer, oft eine Frau, in ein Fass gebunden und in ein Gewässer gestoßen wurde.

Beispiele:

• Die mittelalterliche Reichsstadt Ulm brachte auf den Fässern, in denen die Opfer ihrer Justiz gebunden hockten, die Inschrift „Laßt furt fahren" an. Damit waren andere gewarnt, ein solches Fass, das die Donau hinab trieb, nicht herauszufischen. Die Opfer starben früher oder später im Wasser.

Fesseln mit Eingeweiden

Die Tatsache, dass der menschliche Darm zu einer Länge von etwa acht Metern ausgezogen werden kann, ein relativ zähes Gewebe aufweist und sich zum Aufrollen eignet, bildete die Grundlage für eine spezielle Folter- und Exekutionsmethode: Das Opfer konnte nicht nur ausgeweidet und sein Darm auf eine → Darmtrommel gewickelt, sondern auch mit den eigenen, aus dem geöffneten Leib herausgeschälten Eingeweiden gefesselt werden. Der Tod des schlimmste Schmerzen erleidenden Opfers trat trotz schwerer Bauchwunden und immensen Blutverlustes nicht sofort ein.

Beispiele:

• Berberkrieger eroberten 1921 während ihres Aufstands gegen die spanische Kolonialmacht die Festung Igueribén, die von 800 Mann verteidigt worden war. Die Sieger schnitten manchen Spaniern die Bäuche auf, weideten sie aus und fesselten sie mit ihren eigenen Eingeweiden. Dann überließen sie das Schlachtfeld den Geiern, die fraßen, bis sie nicht mehr fliegen konnten.

Feuer

Seit alters sind zahlreiche Methoden dieses → Elementtodes überliefert, die dem angeblich magisch reinigenden, alle Dämonen beherrschenden Feuer eine über Leben und Tod des Opfers entscheidende Rolle beim Vorgang des → Verbrennens zuwiesen (→ Braten). Kein anderes Element konnte nach uralter Vorstellung den bösen Zauber und die magischen Kräfte einer „Hexe", eines „Ketzers" oder Zauberers so zuverlässig und für immer bannen, ja zerstören.

Beispiele:

• Die Skythen füllten einen Ochsenkarren mit Brennmaterial, warfen die gefesselten und geknebelten Opfer darauf, steckten Karren und Menschen an und jagten die Ochsen, die bald selbst voller Brandwunden waren, davon.
• Die Gallier schlossen Wahrsager, deren Prophezeiung nicht eintraf, in einen großen Weidenkorb, den die Flammen nur langsam ansengten. Das Opfer erlitt daher fürs Erste nur Brandwunden und erlag dem Brand erst, nachdem der Korb lichterloh brannte.

- In Rom wurde das Opfer barfuß über glühende Kohlen getrieben oder auf einen Bock gebunden, unter den Gefäße mit → glühender Kohle gestellt wurden (*tormentum ignis*). Mit der Zeit löste sich das gebratene Fleisch mehr und mehr von den Knochen.
- 1240 ordnete eine Synode in Melun (Frankreich) an, alle Höhlen auszuräuchern, in denen „Ketzer" Zuflucht gefunden hatten.
- Die Spanische Inquisition benutzte neben dem Scheiterhaufen, der vieltausendfach entzündet wurde, begehbare Öfen oder aus Gips gefertigte Behältnisse, in denen die Opfer versengt und verbrannt wurden. Anderen Opfern wurden die Fußsohlen mit Öl oder Fett eingerieben und am Feuer langsam geschmort.
- Mittelalterliche Scharfrichter nutzten „Schwefelfedern", die in den Achselhöhlen abgebrannt wurden, warfen brennende Holzstückchen auf den Leib oder legten ein in Brand gesetztes Strohbündel auf den Rücken des Opfers.
- Zur Zeit der spanischen *Conquista* wurde ein königlicher Indio, der seine (vermeintlichen) Schätze nicht preisgeben wollte, auf die Erde geworfen, dann wurden seine Hände an einen Pfahl und seine Füße in den Stock gebunden. Schließlich hielten die Täter ihm einen glühenden Brand dicht an die Fußsohlen. Diese wurden von Zeit zu Zeit mit einem in Öl getauchten Weihwedel benetzt, damit die Haut richtig knusprig gebraten werde.
- Der Attentäter F. R. Damiens, wurde 1757 im Zuge seiner öffentlichen Hinrichtung gefoltert und sein Arm, mit dem er ein kleines Messer gegen König Louis XV. geführt hatte, so auf einen Block gebunden, dass sein Handgelenk über die letzte Planke hinausreichte. Die bläuliche Flamme aus der Kohlenpfanne, die ein Folterknecht herbeigetragen hatte, berührte das Fleisch und verbrannte langsam die Hand. Der Schmerz des Opfers zeigte sich im Knirschen und Klappern der Zähne.
- Bei europäischen Judenpogromen wurden die Opfer über Jahrhunderte hinweg in große Gruben getrieben, die mit brennbarem Material gefüllt waren, oder (bis ins 20. Jahrhundert) in ihren Häusern und Synagogen eingeschlossen, bevor diese in Brand gesetzt wurden.
- Während des Ersten Weltkriegs (1914–1918) gossen Chinesen nach einem Bericht von J. Avalon einem Opfer zwei Liter Petroleum in

den Mund und führten eine lange Zündschnur bis in seinen Magen. Kaum war das Petroleum entzündet, explodierte der Mann in einer riesigen Feuergarbe.

- In Auschwitz stießen Beamte jüdische Häftlinge in Gräben, die mit brennendem Petroleum gefüllt waren.
- 1965 wurde der nigerianische König Adesanya von Putschisten in Petroleum getaucht und angezündet (*Times*, 14.12.1965).
- Der kurdische Anwalt Hüseyin Yildrim berichtete über seine Feuerfolter im Oktober 1981 im türkischen Militärgefängnis Diyarbakir: „Außer einer Hose, einer Unterhose und einem Oberhemd wurden alle meine Kleider und meine Decke mit einer Schere zerschnitten und aufeinander gestapelt. Ich kann nicht sagen, was die Soldaten auf diesen Stapel schütteten, aber ich habe plötzlich gesehen, dass er brannte. Sie umwickelten meinen Kopf, dann warfen sie mich in das Kleiderfeuer. Ich bemühte mich, aus dem Feuer herauszukommen, doch jedes Mal, wenn es mir gelang, warfen sie mich unter Schlägen wieder in das Feuer zurück."

Fluten

Eine Art des → Elemententodes, die das Wasser des Meeres oder eines Flusses dazu nutzte, einen Menschen zu martern oder mit dem Tod durch langsam vorgenommenes → Ertränken zu bestrafen. Die auch als „in die Nordsee führen" bezeichnete Form des → Aussetzens und damit der möglichen, nicht sicheren → Todesstrafe gleicht einem Orakel: Das Opfer wurde an einen Pfahl gebunden, der sich an der Flutgrenze befand, und war damit einer grausam ängstigenden Zufallsstrafe ausgesetzt, deren Folgen von dem jeweiligen Tidenhub abhängig waren.

Beispiele:
- Bei Friesen und Angelsachsen wurden Menschen an der Flutgrenze des Meeres angepflockt. Stieg das Wasser, gerieten sie mehr und mehr in Todesangst und starben schließlich einen langsamen Tod.
- Ein Fischdieb wurde in eine Reuse gesetzt und diese an einen Pfahl gebunden, an eine Stelle, wo die Flut nach aller Erfahrung besonders hoch und stark war. Fiel der Tidenhub besonders gering aus, war das Opfer gerettet, andernfalls stieg das Wasser über seinen Kopf.

• In London wurden aufgegriffene Piraten an einem eigenen Exekutionsplatz der Flutfolter ausgesetzt: In einem ummauerten Rund am Ufer der Themse angekettet, mussten sie warten, bis drei Flutperioden vergingen und sie das Wasser erreichte oder verschonte.

Folter der hundert Teile (*leng tsch'e*)

Schon im 17. Jahrhundert bekannte und noch im 20. Jahrhundert unter den chinesischen Foltern der Mandschu-Dynastie verwandte Form der folternden Exekution: Das zur Verlängerung der Qualen mit Opium betäubte Opfer wurde im Rahmen einer Schaufolter so langsam wie möglich zerschnitten und aufgetrennt (→ Tranchieren).

Beispiele:

• Es gibt noch fotografische Aufnahmen einer Folterhandlung, die am 10. April 1905 an Fu Tschou Li, dem Mörder eines Prinzen, vorgenommen wurde. Das Opfer war zunächst zum Tod durch → Verbrennen verurteilt worden, doch der Kaiser, dem das Verbrennen eine zu grausame Strafe erschien, hatte es zum *leng tsch'e* begnadigt, dem langsamen Zerstückeln. Die Fotos zeigen verschiedene Stadien dieser → Zerstückelung: Das an Pfähle gebundene splitternackte Opfer wurde vor einer sehr interessierten und offenbar kenntnisreichen Zuschauermenge von dick wattierten Henkern Stück um Stück (Brust, Schenkel, Knieamputation) zerlegt. Der mutmaßliche Augenzeuge L. Carpeaux berichtete 1913 von der Folterung Fu Tschou Lis: „Ich konnte von meinem Platz aus gut sehen, wie der Scharfrichter das Messer in die Hand nahm. Der Verurteilte hatte den Stahl, der seine linke Brust zerschnitt, unmittelbar vor Augen. Er windet sich unter Schmerzen, öffnet den Mund zum Schrei, doch der Scharfrichter durchtrennt ihm mit einem schnellen Schnitt die Stimmbänder ... Dann ist die rechte Brustseite an der Reihe; sie wird mit einem raschen Schnitt abgetrennt. Mit einem neuen Messer tranchiert der Scharfrichter langsam den Bizeps, dann reißt er, während sich das Opfer windet, die Muskelmasse des Schenkels los und wirft sie in den blutbefleckten Korb. Jetzt wird der rechte Ellenbogen angegriffen, zwei Knechte brechen den vorderen Arm und der heftige Schmerz lässt den Unglücklichen wieder für einige Augenblicke zu einem grässlichen Bewusstsein erwachen ..."

Forschung an Hingerichteten

Nach dem Biologiehistoriker M. Hagner wurde die Konjunktur galvanischer Experimente wesentlich durch die Etablierung der → Guillotine beeinflusst. Die Guillotine löste eine Debatte aus, da unklar war, ob der abgetrennte Kopf noch zu Bewusstsein und Schmerzempfinden fähig sei. Die galvanische Forschung schien nicht nur einen experimentellen Zugang zu diesem Thema zu erlauben, sondern weckte auch Zweifel an der Behauptung, die Guillotine erspare dem Opfer alle Schmerzen.

So heißt es in einem Bericht zur Untersuchung von Hingerichteten aus Mainz im Jahre 1803: Die „Hirnhälften [wurden] bis zum größten Umkreise des Marks weggenommen. Die negative Kette wurde auf die eine, die positive auf die andere Hirnhälfte angebracht, und die große Flasche entladen. Auf die ersten Schläge entstanden starke Bewegungen in den Muskeln der Nase, des Mundes und der Backen. Auf die folgenden Schläge sah man mehrmals Bewegungen in den Muskeln des ganzen Gesichts."

Solche Beobachtungen wurden kontrovers diskutiert, 1803 galvanische Experimente an Hingerichteten in Preußen weitgehend verboten. Schließlich wurden zunehmend moralische Bedenken gegen die galvanische Forschung geäußert. So erklärte der Arzt und Sozialhygieniker Christoph Wilhelm Hufeland (1762–1836), dass die Reizung eines enthaupteten Kopfs vermutlich zu Empfindungen, Bewusstsein und Schmerzen führe. Es sei unmoralisch und ungesetzlich, einen Menschen nach seinem Tod auf eine solche Weise zu martern (→ Leichentortur). Solche Ansichten führten zu einer zunehmenden Kritik der Praxis des Guillotinierens, für eine „humane Hinrichtung" sei eine schnelle Zerstörung des Gehirns notwendig, da nur so lang anhaltende Schmerzen vermieden werden könnten (Wikipedia, „Galvanismus", abgerufen am 5.4.2017).

Frage der Ehre

Verschiedene Methoden der → Hinrichtung wurden schon früh gesellschaftlich unterschiedlich bewertet. Während einige die Opfer bewusst erniedrigen sollten, galten andere wie das → Erschießen beim Militär als ehrenhaft. Solche Begriffe von Ehre stehen auch hinter freiwilligen → Selbsttötungen von zum Tode Verurteilten. Aufgrund der symbolischen Verknüpfung der Todesart mit der endgültigen Bewertung des Hinzurichtenden schrieben Gesetze meist vor, welche Hinrichtungsmethode auf welches Verbrechen stand und wie ein Todesurteil vollstreckt werden musste. Zugrunde lag der Gedanke, ein „niederes" Verbrechen mit einer „niederen" Hinrichtungsform, eine als weniger gravierend erachtete Straftat mit einer vermeintlich „würdevollen" Tötungsart zu vergelten (Zum Ganzen: Wikipedia, „Hinrichtung", abgerufen am 6.4.2017).

Beispiele:
• Im „Dritten Reich" war für bestimmte Straftaten das → Erhängen als eine besonders entehrende Hinrichtungsart vorgesehen, zum Beispiel für KZ-Häftlinge, „Verräter" und Verschwörer wie die Attentäter des 20. Juli 1944.

Friedloslegung

Früh ritualisierte, im Mittelalter abschwächend von „Acht und Bann" abgelöste Form des → Ausweisens und des Verbannens mit meist tödlichem Ausgang: Das Opfer wurde, wie in der Foltermentalität des Mensch-Unmensch-Denkens später im Falle von „Ketzern", „Hexen", Juden, Slawen geläufig, zunächst als ein außerhalb der menschlichen Art stehendes Wesen definiert, das u. a. wegen seines als Selbstausschluss aus der Gemeinschaft („soziale Selbsttötung") gedeuteten Vergehens als Untermensch anzusehen war. Das Vorgehen lullte die Aggressionshemmung ein, der Widerstand gegen den Aggressionstrieb wurde weitgehend aufgegeben, er konnte sich austoben (K. B. Leder). Mit der Friedloslegung, der mehr und mehr institutionalisierten Vertreibung eines Opfers aus der Schutz, Sicherheit und Recht verbürgenden Gemeinschaft und dessen „in-Wald-und-Wüste-Schicken", wurde der für vogelfrei Erklärte, dessen Habe an die Erben fiel, dessen Frau Witwe, dessen Kinder Waisen waren, zum fluchbeladenen *Outlaw (exlex)*. Jedermann konnte ihn guten Gewissens, straf- und bußlos töten „wie einen reißenden Wolf". Die meisten Vertriebenen brauchten jedoch nicht getötet zu werden: Die klimatischen Verhältnisse, die Unmöglichkeit, selbst für den Lebensunterhalt zu sorgen und auf eine Ernte zu warten, die Trennung von der schützenden Familie und Sippe sorgten von allein für den Untergang.

Galgen

Vorrichtung zur Vollstreckung der → Todesstrafe durch → Erhängen ("Richten mit trockener Hand"), ein seit dem Frühmittelalter verbreitetes Gerät, auch in Form des "Kniegalgens", der einem von einem Baumstamm wegragenden Ast ähnelte. Das Wort kommt vom Althochdeutschen *galgo* = Stange, Pfahl, Ast. In frühester Zeit bestand der Galgen wahrscheinlich aus einem Baum, der jederzeit zur Verfügung stand, zweckdienliche Äste aufwies und nicht erst gezimmert werden musste. Das Opfer war damit leicht aus dem Weg zu schaffen, es hing in der Luft und brauchte nicht begraben zu werden, es lag nicht in einem Gesträuch, wo es Tiere angelockt hätte. Die aufkommenden Städte setzten mit der Zeit alles daran, eigene Galgen (am besten auf Hügeln vor der Stadt) als Zeichen ihrer Gerichtsbarkeit aufzurichten. Schließlich bestand der Galgen, ein sichtbares Zeichen der Hochgerichtsbarkeit (daher auf Anhöhen, "Galgenbergen" oder an Wegkreuzungen befindlich), aus einem Querbalken, der auf zwei Stützen (Säulen) ruhte; daneben fanden sich andere Konstruktionen in Form einfacher Winkelhölzer oder an Mauern befestigter Galgen sowie der "dreischläfrige" Galgen (drei jeweils um die drei Meter lange Querbalken auf drei Säulen; ähnlich in Tyborn (London), wo 24 Menschen auf einmal gehenkt werden konnten) oder der mehrstöckige Galgen (am obersten, als "höchster Galgen" gerichtet zu werden, galt als Strafverschärfung). Der über die Stütze hinausragende Teil des Querbalkens war der "äußerste Galgen"; an ihm wurden Juden gehenkt. Der Galgen, "wohl das verhassteste Symbol obrigkeitlicher Macht über Leben und Tod" (L. Barring), wurde ungleich populärer als Fallbeil oder → Richtrad, zumal er, auch wenn niemand hinzurichten war, als Mahnmal weithin sichtbar aufragte. Der jahrhundertelang mit als schimpflichste Hinrichtungsart geltende langsame Tod durch Erhängen, bei dem ein Mensch "für den Wind" gehängt wurde, damit er "am Galgen reite", gab das Opfer allen Augen preis. Selbst bei der Exekution durch das Rad hatte ein Mensch nicht so lange und so öffentlich zu leiden; jede Regung des gehängten Körpers bis in die Agonie hinein blieb sichtbar, und auch der Leichnam, der lange am Galgen gelassen wurde, blieb Objekt für Wind, Tiere und Schaulustige (→ Leichentortur). Der → Scharfrichter befestigte die Schlinge (meist aus einem Hanfseil) am Galgenring und legte sie um den Hals des Verurteilten. Nachdem das Hängen an Bäumen nicht mehr häufig geübt wurde, stellte man zunächst Leitern an die Galgen, auf denen der Delinquent (und manchmal auch der Scharfrichter auf einer zweiten Leiter) nach oben stiegen und die dann umgestürzt wurden. Der Fall des Opfers war jedoch meist sehr kurz, so dass im Gegensatz zur Methode des → *long drop* nur selten ein Bruch des Genicks eintrat. Doch zog sich die Schlinge durch das Gewicht des Körpers zusammen und verschloss Luftröhre und Blutgefäße. Die Leitern wurden im 17. Jahrhundert durch „Armesünderkarren" ersetzt, die von Pferden durch die Zuschauermenge gezogen wurden. Der Vollstrecker musste, nachdem er dem gefesselten Opfer bereits auf dem Karren den Strang um den Hals gelegt und diesen am Querbalken des Galgens befestigt hatte, nur noch die Pferde antreiben, die im plötzlichen Galopp den Wagen unter dem Opfer wegzogen. Einen ähnlichen Verlust der Sicherheit am Boden bewirkte das Erhängen vom Pferde aus im „Wilden Westen", wo das Pferd, auf dem das Opfer saß, auf einen Schlag hin plötzlich wegzugaloppieren begann und der Delinquent in der Luft baumelte. Seit dem 18. Jahrhundert wurde das Gesicht des Opfers mit einer Kapuze bedeckt; so ist es noch heute in manchen Ländern üblich. Der Leichnam wurde so lange am Galgen hängengelassen, bis er herunterfiel (Leichentortur). Es war kein Zufall, dass sich der Galgen häufig vor den Stadtmauern befand. Jeder Reisende, der die Stadttore passierte, wusste, dass in der Stadt Ordnung und Ruhe herrschten. Diese Warnung bekräftigte die Sitte, die Leichen der Erhängten bis zur nächsten Hinrichtung hängen zu lassen. Der von den zerfallenden Körpern ausgehende Gestank wurde bei entsprechendem Wind bis in die Städte getragen.

Beispiele:
- Im 13. Jahrhundert erhielt Paris sein erstes Hochgericht. König Ludwig IX. († 1270) ließ reihenweise Diebe, Räuber und Mörder hängen.
- 1314 wurde der hölzerne Galgen durch eine Konstruktion aus zehn Meter hohen steinernen Pfeilern ersetzt, die auf halber Höhe und am oberen Ende Querbalken aus Holz aufwiesen. Menschen, die gehängt worden oder durch → Selbsttötung aus dem Leben geschieden waren, wurden in Gruben rings um den Galgenberg verscharrt;

der einzige Friedhof der Stadt für diesen Personenkreis. Bei Bauarbeiten wurden 1954 noch zwei Pfeiler dieses auf einem gemauerten Sockel stehenden früheren Pariser Galgens und zahlreiche Gebeine entdeckt.

- Da der Galgen der Stadt Paris häufig „überbelegt" war, musste ein zweiter Galgen, *le Gibet de Montigny*, eingesetzt werden.
- Eine eigene Abteilung der Stadtwache von Paris hatte dafür zu sorgen, dass die Leichen der Gehängten nicht gestohlen und bestattet oder aus Aberglauben zerlegt oder für anatomische Studien benutzt wurden; der Medizin an der Universität Paris standen pro Jahr nur zwei Leichen zu.
- Kaum hatte Kaiser Sigismund der Stadt Gersau (Vierwaldstättersee) 1433 den Blutbann verliehen, wurde ein Galgen errichtet, dessen dritter Pfeiler im See stand.
- Weigerten sich Handwerker, dem als „unehrliches Gewerbe" geltenden Scharfrichteramt zuzuarbeiten und Holz für den Galgen zu schlagen, musste diese Arbeit von Ortsfremden, Gefangenen u. ä. getan oder gemeinschaftlich verrichtet werden, eine Art Vorbereitung zur → Hinrichtung mit gesamter Hand; hin und wieder hatte das Oberhaupt der Kommune den ersten Axthieb zu führen (z. B. 1712 in Aulendorf).
- 1497 sah ein Reisender auf Rhodos einen Galgen, an dem 94 Türken hingen.
- Die religiöse Revolution des englischen Königs Heinrich VIII. begann 1533 damit, dass sie für das Verbrechen der Homosexualität, das dem Hochverrat gleichgesetzt wurde, den Tod am Galgen vorsah.
- Im Juli 1594 wurde ein älterer Bürger in Paris gehängt und verbrannt, der seine Stieftochter missbraucht hatte; dasselbe Schicksal ereilte einen Mann im Juli 1610, der „seine drei Töchter gezwungen" hatte.
- 1550 beschloss das Pariser Parlament, dass der Zusatz von Wasser zum Wein („Pantschen") mit dem Tod am Galgen zu bestrafen ist.
- Zar Peter d. Gr. (1672–1725), der als Kind das Blutbad der Strelitzen, der Palastgarde, hatte miterleben müssen (→ Zerstückelung), warf Jahre später die Strelitzen blutig nieder: Mehr als tausend wurden auf dem Roten Platz hingerichtet, in Preobaschenski wurden über

hundert über einem offenen Graben geköpft. Der Zar beteiligte sich selbst an der Exekution. Drei Strelitzen wurden an einem Galgen gehenkt, der direkt vor dem Fenster Sofias, der aufrührerischen Halbschwester des Zaren, aufgestellt war, und dort hängen gelassen.

- 1752 verfügte der badische Markgraf Karl Friedrich für die Pfalz als Strafe für alle Weinverfälschungen (etwa mit Mineralien) den Tod durch den Strang.
- 1777 wurde J. Vetter im Zuchthaus Buchloe mit Hilfe einer eigens konstruierten „Hängemaschine" hingerichtet.
- 1804 wurde an dem (heute als dem besterhaltenen Deutschlands geltenden) dreischläfrigen Galgen bei Beerfelden (Odenwaldkreis) eine Zigeunerin gehängt, die zwei Brote und ein Huhn gestohlen hatte.
- Kempten versteigerte im Januar 1814 gleich vier Galgen „gegen bare Bezahlung auf Abbruch".
- 1833 wurde in England ein neunjähriges Kind zum Galgen verurteilt, weil es eine Glasscheibe zerbrochen und für zwei Groschen Farbe entwendet hatte.
- Der zweite Galgen von New York, an dem Seeleute gehängt wurden, stand noch im 19. Jahrhundert an der Stelle, an der sich heute die Freiheitsstatue befindet.
- Am 19. April 1928 war Benton Schauplatz des letzten öffentlichen Hängens im Staat Illinois. Das nicht mehr eingesetzte → Hinrichtungsgerät ist heute im *County Jail Museum* der Stadt ausgestellt.
- Das neu gegründete Deutsche Reich ersetzte das Erhängen 1871 durch das → Enthaupten, das seit dem Mittelalter adeligen Delinquenten vorbehalten war. Im sogenannten Dritten Reich wurden schon 1933 Hinrichtungen am Galgen als weitere Exekutionsart wieder eingeführt. Von 1942–1945 wurden zahlreiche Verurteilte gehängt, unter ihnen viele Widerstandskämpfer gegen die Hitler-Diktatur. Dabei wurde keine Falltür verwendet. Ein berüchtigtes Gefängnis, in dem Verurteilte am Galgen exekutiert wurden, war die Hinrichtungsstätte Plötzensee.

Garrotte (Garotte)

In ihrer Frühform ein aufrecht stehendes Vierkantholz mit einer Bohrung in Halshöhe, durch die beide Enden eines → Stricks gesteckt und hinten zusammengeknotet wurden. Die entstandene Schlinge wurde dem Opfer um den Hals gelegt und durch die hintere Öffnung ein derber Stock gesteckt, mit dem der Scharfrichter den Strick nach Art eines Knebels immer enger drehte. Hierdurch wurden, anders als beim → Erhängen, nicht die großen Halsschlagadern abgeschnürt, sondern es wurde die Luftröhre des Opfers zusammengepresst, der Tod trat langsam ein (→ Ersticken). Mechanisiertere Geräte verwendeten eiserne Halsbänder oder zwei gegeneinander wirkende Ringe sowie schwere Drehschrauben mit eisernen Flügeln. Beim (schnellen) Drehen der Schrauben verengte sich die Schlinge und zerquetschte relativ schnell Luftröhre und Kehlkopf oder renkte die Wirbelsäule aus, wodurch der Tod eintrat. Neuere Ausführungen („Würgeschere", „Würgemesser", „katalanische Garrotte") glichen einer getarnten → Guillotine, denn ihre Schraube drückte auf eine schmale, durch einen Balken geführte Klinge. Damit verengte sich das Halsband wie bei der üblichen („spanischen") Garrotte, doch gleichzeitig drang das Messer vor, zerschnitt das Rückenmark zwischen zwei Halswirbeln und führte augenblicklich zum Tod. Garotten (Würgeisen, Würgeschraube) sind auch als Foltergeräte eingesetzt worden, zumal sie den Tätern erlaubten, beim Opfer nach Belieben Erstickungsanfälle auszulösen und, nach dem Wiederaufdrehen der Schraube, den Vorgang beliebig zu wiederholen.

Beispiele:
- Am 17. Dezember 1595 wurden im Zuge eines Inquisitionsverfahrens in Lima (Peru) drei Opfer mit einem Würgeisen hingerichtet, am 21. Dezember 1625 zwei Menschen lebendig verbrannt, zwei weitere erdrosselt.
- Der Jesuit G. Malagrida (73) wurde am 21. September 1671 in Lissabon auf öffentlichem Platz mit der Garrotte erwürgt, sein Leichnam verbrannt.
- F. Goya gibt in seinen „Desastres de la guerra" einen Garrottierten wieder, der auf einem Schemel sitzt, an einen Pfahl gebunden ist, in den Händen ein Kreuz hält und so erwürgt wird.
- In Deutschland wurde die Garrotte nicht verwandt, in Portugal (Kolonien) war sie bis zur Abschaffung der Todesstrafe 1842, in Spanien bis zum Tod Francos (1975) in Gebrauch, dort wurden bis

1974 Todesurteile durch die Garrotte vollstreckt. 1978 wurde die →
Todesstrafe in Spanien abgeschafft. Bolivien, Kuba, die Philippinen
(noch um 1925) und Puerto Rica (bis 1902) kannten das Gerät.

- Am 13. August 1963 verurteilte ein Militärgericht zwei 30-Jährige
  zum Tode durch die Garrotte, die in Madrid Bombenanschläge verübt hatten.
- Auch Mafiaorganisationen (besonders die sizilianische Cosa Nost-
  ra) benutzten die Garrotte. Mit ihr konnte der Täter das Opfer von
  hinten → erdrosseln, ohne dass es laute Geräusche von sich gab.
- Nach *Amnesty International* sind auf geheimen Friedhöfen (1982,
  Guatemala) Leichen von Opfern aufgefunden worden, die während
  großer Demonstrationen, zu Hause oder auf offener Straße verhaftet worden waren. Häufig waren ihre Hände gefesselt, ihre Hälse
  von einer primitiven Garrotte (einer Schnur um den Hals, die durch
  Drehen eines Stockes zugezogen wurde) eingeschnürt.

Gas

Einsatz von bestimmten (reizenden) Gasen, die bei den Opfern akute
Beeinträchtigungen, aber auch Dauerschädigungen, ja den Tod herbeiführen können.

Beispiele:
- In der „amerikanischen Phase" des Vietnamkriegs (1960–1973) wurden Nervengase (V-Agens) verwendet und aus Hubschraubern so
  gut wie unkontrolliert und kaum dosiert auf die Erde gesprüht; solche Anwendungen führten zu Brustschmerzen, Lähmungserschei-
  nungen, Atembeschwerden, Nasenbluten, Erbrechen, aber auch
  zu Dauerschäden. Sie hatten manchmal auch tödliche Folgen. Ein
  Tropfen von einem dieser Gase auf der Haut eines Menschen konnte ohne Schmerzempfindung oder ein sonstiges Warnzeichen resor-
  biert werden und den Tod verursachen. Da die Gase nicht sonderlich
  flüchtig sind, konnten sie beispielsweise an Waldwegen auf Blättern
  angebracht werden, um dort vorbeiziehende Truppen zu schädigen.
- Vergasungen wurden auch mit Hilfe von Autoabgasen vorgenommen. Um solche Aktionen möglichst schnell zu beenden, gaben
  die Fahrer meist Vollgas, und die Opfer starben keinen Einschläferungstod, sondern erstickten (→ Ersticken). Auch wurde versucht,

die Vietcong mit Hilfe von Rauchgeneratoren, die mit Dieselmotoren angetrieben wurden, auszuräuchern. (In Deutschland hergestellte) Kampfstoffe bis hin zum Zyklon B wurden ebenfalls eingesetzt.

Gaskammer (Einzelexekution)

Quasioffizielle Bezeichnung für den Raum, in dem die Hinrichtung (in einigen Staaten der USA) durch Zyanide stattfindet. Zyanide sind meist farblose, hochgiftige Salze der Blausäure, die u. a. zur (massenhaften) Ermordung von Menschen (→ Vergasen) verwendet wurden. Bereits 1924 wurde im US-Staat Nevada die erste Gaskammer (Carson City) eingerichtet, ein Vorbild für künftige Exekutionsstätten; Gefängnisdirektoren überzeugten sich schnell von der Wirksamkeit der Methode. Am 27. August 1937 wurde die Gaskammer in Kalifornien gesetzlich eingeführt – als eine humane Art der Exekution, die das bisher übliche, aber nicht zuverlässige → Erhängen ablösen sollte. Schließlich wurde unter enthusiastischer Zustimmung der Medien eine Kammer im kalifornischen Staatsgefängnis St. Quentin installiert und ihre Wirkung, jetzt zum Entsetzen der anwesenden Journalisten, an Schweinen erprobt. 1938 kostete eine Gaskammer bereits über 5000 $, ihr Einbau weitere 10.000 $. Heute sind die Kosten auf über 500.000 $ anzusetzen. Bis 1972 wurde in acht Bundesstaaten der USA diese Form der Hinrichtung gewählt. Die Gaskammer in St. Quentin ist ein kahler, achteckiger Raum mit Fenstern (für die Beobachtung der Exekution durch Beamte, den Arzt und die Zeugen), in dessen Mitte zwei Sessel für die Verurteilten stehen (Möglichkeit zur Doppelhinrichtung). Die Lieferfirma gibt die für den reibungslosen Ablauf einer Exekution erforderlichen Utensilien bei (Gummihandschuhe, Messgeräte, Gasmasken, Ketten, Handtücher, Seife, Zangen, Scheren, Sicherungen). Hinzu kommen die notwendigen Chemikalien, meist Natriumzyanid, ein Salz der Blausäure, das am schnellsten wirkende Gift, das zum Sekundentod durch inneres → Ersticken führt. Das benötigte Natriumzyanid wird vom → Scharfrichter in aller Regel in einem Ein-Pfund-Gazebeutel an der Unterseite des Hinrichtungsstuhles an einem Haken angebracht und sorgfältig über einem im Boden eingelassenen Behälter (kleine Ausschachtung) aufgehängt. Nach der sorgfältigen Untersuchung der Kammer auf undichte Stellen wird der Todeskandidat aus seiner Zelle geholt und auf dem Stuhl der Gaskammer festgeschnallt. Das zuvor mit einem Riemen an seiner Brust befestigte Stethoskop wird durch ein Verbindungskabel an ein Klappenventil außerhalb der Kammer angeschlossen; der anwesende Arzt kann auf diese Weise von außen den Herzschlag des Opfers kontrollieren und den genauen Zeitpunkt des Todes feststellen. Jetzt werden die Luftdruckverhältnisse in der Kammer reguliert (Absaugen einer bestimmten Luftmenge, um für die größtmögliche Wirkung des Giftgases zu sorgen), und die Ventile an den Zuleitungsrohren geöffnet, damit schweflige Säure (aus einem Vorraum) in den genannten Behälter fließen kann. Auf ein Zeichen des Gefängnisdirektors betätigt der Henker einen Hebel, der den mit Natriumzyanid gefüllten Beutel in die schweflige Säure absenkt. Die Verbindung der chemischen Substanzen entwickelt hochgiftige Dämpfe, die aufsteigen, vom Opfer – dem angeraten wird, tiefe Atemzüge zu machen – eingeatmet werden, heftige Zuckungen bewirken und sekundenschnell zu tiefer Bewusstlosigkeit und zum Tod durch Unterbindung der Sauerstoffversorgung des Körpers führen; bereits das Einatmen von 60 Milligramm wirkt tödlich. Ist die Konzentration der Blausäure in der Atemluft jedoch zu niedrig oder atmet das Opfer nicht tief durch, kommt es zu Angstgefühlen, Schwindel, Erbrechen, Atemnot, bis die Bewusstlosigkeit und der Tod eintreten. Damit bleibt auch diese Methode der Exekution von Unwägbarkeiten, ja Zufälligkeiten belastet. Die entscheidende Frage, ob die letzten Augenblicke des Opfers möglichst frei von Schmerz bleiben, kann jedenfalls nicht mit absoluter Sicherheit bejaht werden. Nach etwa 30 Minuten wird das Giftgas abgesaugt und durch einen hohen Kamin ins Freie geleitet. Gleichzeitig flutet frisches Wasser in die Aushebungen im Boden der Kammer und spült die Reste der Säure weg, eine weitere halbe Stunde darauf betritt → Justizpersonal den Raum, reinigt die Leiche von eventuellen Giftgasspuren und bringt den toten Körper weg.

Beispiele:
- Am 3. Juni 1955 sollte Barbara Graham, eine Mörderin, die stets ihre Schuld bestritten hatte, in der Gaskammer von St. Quentin hingerichtet werden. Sie war bereits auf dem Stuhl festgeschnallt, als die Nachricht vom Aufschub der Exekution eintraf. Als sie wie-

der losgebunden wurde, brach sie ohnmächtig zusammen. Noch während sich der Arzt um sie kümmerte, kam der anderslautende Befehl, der ihre sofortige Hinrichtung anordnete. Sie brach erneut zusammen, erlitt einen Schreikrampf, sprach von wahrhafter Folter und beteuerte immer wieder ihre Unschuld. Doch sie wurde in die Gaskammer zurückgebracht – und erfuhr erneut einen Aufschub. Ein Gericht beriet zwanzig Minuten lang über einen weiteren Antrag (Berufung) und lehnte ihn ab. Zum dritten Mal wurde die Frau in die Gaskammer verbracht und exekutiert.

- In St. Quentin starb am 2. Mai 1960 C. W. Chessman, der seine Unschuld beteuerte hatte und durch seinen zwölfjährigen Kampf aus der → Todeszelle gegen das Urteil (wegen Entführung) und die angesetzten Hinrichtungstermine international bekannt wurde. Während der Exekution soll im Übrigen die telefonische Nachricht von einem Aufschub eingetroffen sein, doch man habe entschieden, dass die Vollstreckung bereits zu weit fortgeschritten sei und nicht mehr gestoppt werden könne. Das amtliche Exekutions-Protokoll berichtete über die Vorgänge: „Um 10.03 Uhr fielen die Zyanidkapseln in den Säuretank. Tödliche Blausäuredämpfe stiegen hoch. Caryl Chessman atmete zwanzig Sekunden lang ruhig. Dann starrte er zur Decke. Um 10.05 Uhr begann er zu keuchen. Eine Minute später trat ihm Schweiß auf die Stirn. Speichel tropfte aus seinem Mund. Er fiel nach vorn in die Gurte, weinte, sein Körper bäumte sich auf. Um 10.12 Uhr war er tot."

- Bei einer Exekution (1983, Mississippi) wurde J. L. Gray acht Minuten lang von Krämpfen geschüttelt. Einige Augenzeugen berichteten sogar, der Hingerichtete habe noch gelebt, als sie aufgefordert worden seien, den Zeugenraum zu verlassen.

- Der frühere Scharfrichter von New York berichtete von einem Verurteilten, der sich minutenlang bei vollem Bewusstsein gegen das tödliche Gas wehrte. Ein Journalist, der als Augenzeuge fungierte, behauptete, sich mit dem Delinquenten durch das Fenster noch vier Minuten durch das Fenster in Lippensprache verständigt zu haben, nachdem das Natriumzyanid bereits in die Säure getaucht war.

- Nach Aussage eines US-Gefängnisgeistlichen, der 52 Exekutionen beiwohnte, ist die Hinrichtung in der Gaskammer weit grausamer als das → Erhängen.

- Ein junger Mann, der seine Freundin und die gemeinsamen Kinder getötet hatte und wegen Mordes verurteilt worden war, sollte am 6. Juni 1991 in Phoenix (Arizona) durch Zyanid hingerichtet werden. Die Exekution wurde jedoch untersagt, weil das aus der Gaskammer entweichende Zyanid die Umwelt in nicht zu verantwortender Weise belaste, ja gefährde.
- Am 21. April 1992 wurde der wegen Doppelmords verurteilte A. Harris in St. Quentin hingerichtet. Die Kammer war grell erleuchtet, Videoaufnahmen wurden gemacht. Harris folgte dem Rat, tief einzuatmen.

Gaskammern (Massenmord)

Es handelte sich um Einrichtungen in sechs → Tötungsanstalten, mehreren Konzentrationslagern und in Vernichtungslagern, in denen während des Dritten Reichs Menschen ermordet wurden. Das zur Tötung verwandte Kohlenstoffmonoxid wurde direkt aus Gasflaschen eingeleitet oder durch Kfz-Motoren produziert, deren Abgase eingeleitet wurden. Dabei setzte man auch → Gaswagen als fahrbare Gaskammern ein. Für die Vergiftung mit Blausäure fand vor allem Zyklon B Verwendung. (Wikipedia, „Gaskammern (Massenmord)", abgerufen am 22.4.2017, auf den ich mich auch im Folgenden stütze.)

Beispiele:
- Im Oktober 1939 wurden in Posen in einer provisorischen Kammer erstmals „Probevergasungen" durchgeführt, bei denen eine unbekannte Anzahl von psychisch Kranken ermordet wurde. Wahrscheinlich am 13. Dezember 1939 wohnte der SS-Reichsführer H. Himmler dem → Vergasen bei.
- Die Gaskammer wurde im November und Dezember 1939 benutzt. Schätzungsweise sind in Posen bis zu 400 psychisch Kranke ermordet worden.
- Im Januar 1940 wurde in Anwesenheit ausgewählter Ärzte erprobt, wie die Opfer am zweckmäßigsten zu töten waren. Während bei einer kleineren Gruppe → Giftinjektionen mit *Morphium-Scopolamin* in letaler Dosis durchgeführt wurden, wurden andere psychisch erkrankte Personen in einer dazu hergerichteten Gaskammer ermordet.

- In Brandenburg wurde die Gaskammer als Inhalationsraum bezeichnet, später als Baderaum getarnt und mit gekachelten Wänden und Duschattrappen ausgestattet. Dicht über dem Fußboden der Gaskammer war ein mehrfach durchbohrtes Rohr verlegt. Die Gasflaschen standen im Nebenraum; die Ventile wurden stets von einem Arzt bedient. Über die Wirkungsweise des Gases gab es widersprüchliche Aussagen. Während mehrere Mittäter als Zeugen vor Gericht behaupteten, dass die Opfer binnen 3 bis 15 Minuten sanft eingeschlafen seien, wollen andere bei den Menschen Atemnot und Krämpfe beobachtet haben.
- Ab September 1940 wurden auch die offiziell als arbeitsfähig eingestuften jüdischen Heilanstaltsinsassen nach Brandenburg geschafft und getötet. Als die „Euthanasieaktion" in der Bevölkerung gerüchteweise bekannt wurde und Beunruhigung auslöste, stellte das Regime am 24. August 1941 die Vergasungen ein. Insgeheim gingen die Massentötungen jedoch andernorts in sehr vielen Heilanstalten weiter, indem man den Opfern ausreichende Nahrung vorenthielt (→ Hunger) oder ihnen Medikamente in letaler Dosis verabreichte.
- Für Brandenburg wurden insgesamt 8.989 Opfer genannt. In Grafeneck waren in zehn Monaten 9.839 Tötungen durch Gas nachzuweisen. In Hadamar, das die Nachfolge von Grafeneck übernahm, wurden mindestens 10.072 Menschen in der Gaskammer umgebracht. Für Bernburg wurden 9.385 Opfer genannt, die in der Gaskammer ermordet wurden, für Hartheim wurde eine Gesamtzahl von 18.269 Toten angegeben. In Sonnenstein, wo auch viele sowjetische Kriegsgefangene untergebracht waren, sind 13.720 Menschen umgebracht worden.
- Für die Vergasungen in Auschwitz wurde ausschließlich das blausäurehaltige Zyklon B benutzt. Der dem Mittel ursprünglich beigefügte Warn- und Riechstoff wurde vom Hersteller aufgrund kriegsbedingten Mangels reduziert und entfiel spätestens ab Juni 1944 ganz.
- Eine erste Massenvergasung fand in Auschwitz I (Stammlager) statt. Ende des Jahres 1941, möglicherweise sogar schon Anfang September, wurden etwa 250 Kranke und 600 sowjetische Kommissare und Offiziere vergast.

- Der Leichenkeller des Krematoriums im Stammlager, der über eine Entlüftungsanlage verfügte, wurde schließlich zu einer Gaskammer umgerüstet, indem man drei Einschüttöffnungen in die Decke schlug. Dort wurden noch im Dezember 1941 etwa 900 sowjetische Kriegsgefangene durch Gas ermordet.
- In Auschwitz-Birkenau gab es in sechs verschiedenen Gebäuden Gaskammern, die jedoch nicht alle zum gleichen Zeitpunkt benutzbar waren.
- Es sind Empfangsbestätigungen für *gasdichte Türen* oder Bestellungen von *Gasprüfgeräten für Cyanwasserstoff* erhalten.
- Die Krematorien II und III waren weitgehend baugleich und hatten nach Angaben der SS-Zentralbauleitung eine Kapazität von je 1440 Leichenverbrennungen in 24 Stunden.
- Im Kellergeschoss befanden sich ein Auskleideraum sowie eine beheiz- und belüftbare Gaskammer. Ende 1943 wurden die etwa 210 Quadratmeter großen Gaskammern geteilt, so dass nun 500 bis 700 Erwachsene und Kinder eines Transports auf etwa 100 Quadratmetern zusammengedrängt und getötet werden konnten. Dazu wurde Zyklon B in eine aus Drahtgitter bestehende Vorrichtung geschüttet und in eine Drahtgittersäule abgelassen. Der Tod trat nach Zeugenaussagen binnen 5 bis 15 Minuten ein. Nach 30 bis 40 Minuten Lüftungszeit mussten Häftlinge des sogenannten Sonderkommandos die Ermordeten herauszerren, ihnen die Goldzähne ausreißen und die Leichen mit einem Lastenaufzug zu den Öfen transportieren.
- Zuerst wurden Frauen und Kinder in den vorgeblichen Duschraum geführt, danach die Männer hineingedrängt. Um die Opfer zu täuschen und eine Panik zu verhindern, die den reibungslosen Ablauf des Massenmordes gestört hätte, waren mehrsprachige Schilder wie „Zum Bade" und „Zur Desinfektion" angebracht.
- Beim Bau des Vernichtungslagers Belzec, der am 1. November 1941 begann, wurde eine Baracke mit drei Gaskammern eingeplant. Diese Baracke war 12 Meter lang und 8 Meter breit. Von einem Korridor aus gelangte man durch eine Tür in eine der Kammern, die eine zweite Tür an der Außenwand besaß. Diese schlug nach außen auf. Alle Türen waren dicht mit Gummi beschlagen und aus starkem Holz gefertigt. Die Zwischenräume der doppelschaligen Bretterwand waren mit Sand gefüllt. Im Inneren waren die Wände

mit Pappe beschlagen, der Fußboden und die Seitenwände wurden bis zu einer Höhe von 1,10 Meter mit Zinkblech verkleidet. Auch hier waren zur Täuschung der Opfer Brausedüsen angebracht, verlief knapp über dem Fußboden ein Rohr, aus dem Gas eingeleitet werden konnte. Ende Februar 1942 wurden diese Gaskammern erprobt, indem man drei Transporte mit jeweils 400 bis 600 Juden ermordete. Der organisierte fabrikmäßige Massenmord setzte mit einem Transport am 17. März 1942 ein. Während dieser Großaktion, die vier Wochen dauerte, wurden in Belzec 80.000 Juden umgebracht. Weitere 16.000 Juden wurden bis Mitte Juni 1942 ermordet; dann erfolgte ein Umbau der Gaskammern. Das Holzgebäude wurde abgerissen und an seiner Stelle ein festes Gebäude von 24 Meter Länge und 10 Meter Breite gebaut. Es enthielt sechs Gaskammern unterschiedlicher Größe, die kaum höher als 2 Meter waren. Diese neuen Gaskammern konnten 1500 Menschen fassen. Die Vernichtungsaktion endete in Belzec Anfang Dezember 1942. Bis März 1943 wurden Leichen exhumiert und verbrannt, die Gebäude abgerissen, das Gelände planiert und dort ein landwirtschaftlicher Betrieb eingerichtet. 1943 wurde die Zahl der in Belzec ermordeten Juden mit 434.508 angegeben.

- Im März 1942 begann der Bau des Vernichtungslagers Sobibor; es war Ende April einsatzbereit. Die ersten Gaskammern befanden sich in einem festen Ziegelsteingebäude mit Betonfundament. Innen gab es drei Gaskammern von je 16 Quadratmeter Größe. Die Angaben der später vor Gericht stehenden Täter über das Fassungsvermögen sind widersprüchlich und reichen von 40 bis über 150 Menschen, die in eine Kammer gepfercht werden konnten. Gegenüber dem Eingang befand sich eine zweite Tür, aus der man die Leichen herauszerrte. Sie wurden auf Loren geladen und in riesige Gruben geworfen. Ab Herbst 1942 wurden die Leichen in Gruben auf Rosten aus Eisenbahnschienen verbrannt. Die Schätzungen der Gesamtzahl der Opfer liegen zwischen 150.000 und 250.000.
- Mit der Errichtung eines dritten Vernichtungslagers wurde Ende Mai 1942 in Treblinka begonnen. Die Mordaktionen liefen im Juli 1942 an, obwohl das Lager noch nicht in allen Teilen fertig war. Die Gaskammern befanden sich in einem massiven Ziegelbau. Anfangs waren drei Gaskammern in Betrieb, von denen jede 4 mal 4 Meter

groß und 2,60 Meter hoch war. Die Wände waren bis zu einer bestimmten Höhe weiß verkachelt; Wasserleitungen und Duschköpfe erweckten den Anschein eines Bades. Wie in Sobibor gab es zwei schwere Türen in jeder Kammer. In einem angebauten Raum stand ein Verbrennungsmotor, dessen giftige Abgase in die Gaskammern geleitet wurden. Die erste große Vernichtungsaktion in Treblinka dauerte vom 23. Juli bis 28. August 1942. Dabei wurden 268.000 Juden ermordet. Da die Gaskammern nicht ausreichten, wurden auch Erschießungen (→ Erschießen) durchgeführt. Zum Ausheben von Leichengruben wurden Bagger eingesetzt. Ab Frühjahr 1943 wurden die Leichen exhumiert und unter freiem Himmel verbrannt.

- Am 2. August 1943 kam es zu einem Aufstand der jüdischen Häftlinge. Bis dahin waren dort nach realistischen Schätzungen weit mehr als 800.000 Menschen umgebracht worden.

- Majdanek diente nicht ausschließlich als Vernichtungslager und kann wegen seiner Doppelfunktion mit Auschwitz verglichen werden. Im August oder Oktober 1942 (das Datum ist umstritten) wurden in einer Holzbaracke im Kriegsgefangenenlager Lublin zwei provisorische Gaskammern eingerichtet, die später durch einen gemauerten Bau ersetzt wurden. Dieser besaß drei (nach manchen Angaben auch vier) unterschiedlich große Kammern mit einem Fassungsvermögen von 150 bis 300 Personen. Wie viele der Gaskammern für die Ermordung von Menschen benutzt wurden und wie viele Personen dort getötet worden sind, ist nicht genau festzustellen. Majdanek erhielt nachweislich Lieferungen von 7711 kg Zyklon B, doch kann daraus nicht unmittelbar auf die Zahl der ermordeten Menschen geschlossen werden. Erste Zahlenangaben nach der Befreiung im Jahre 1944 nannten 1.700.000 Opfer. Spätere Schätzungen gingen von insgesamt 235.000 Opfern (davon 110.000 Juden) aus. Neue Forschungsergebnisse von 2006 reduzieren die Gesamtzahl aller derjenigen, die in Majdanek ums Leben kamen, auf 78.000, darunter 59.000 Juden.

- Im Herbst 1941 wurde im Hauptlager des Konzentrationslagers Mauthausen mit dem Bau einer Gaskammer begonnen, die im Keller des Lagergefängnisses lag. Der als Brausebad getarnte Raum war circa 3,90 Meter lang und 3,60 Meter breit. Die Schalter für Licht und Ventilation befanden sich außerhalb des Raumes. Vergasungen fanden in Mauthausen zwischen März 1942 und dem 28. April 1945 statt. Danach wurden Teile der Einrichtung entfernt. Keiner der SS-Führer, die nach dem Krieg zur Verantwortung gezogen wurden, bestritt, dass in dieser Gaskammer Menschen umgebracht worden sind. Die Zahl der dort vergasten Opfer lässt sich nicht genau ermitteln; nach einem Gerichtsurteil kann eine Mindestzahl von 3455 Menschen als sicher gelten.

- Die Forschung konnte durch neu entdeckte Aktenbestände der KZ-Kommandantur von Sachsenhausen und vor allem aus russischen Archiven manche Widersprüchlichkeit aufklären und Fehler bereinigen. Im Sommer 1943 wurde im Krematoriumsgebäude des Konzentrationslagers Sachsenhausen eine Gaskammer installiert, die spätestens im Frühherbst 1943 erprobt wurde. Funktionsweise und Ausstattung der Gaskammer weichen deutlich von denen ab, die mittels Kohlenmonoxidgas oder dem Präparat Zyklon B töteten, so dass von einer „Neuentwicklung" gesprochen werden kann. Möglicherweise sollten beginnende Lieferprobleme und Engpässe für Zyklon B überbrückt werden. Verwendet wurde flüssige Blausäure, eine Mischung aus 90 % Zyankohlenäther und 10 % Chlorkohlenäther. Die Glasampulle konnte durch einen außen angebrachten Dorn zerstört und das vorgewärmte Gas mit Saug- und Druckventilatoren in die Gaskammer geleitet werden. Offenbar wurde die Gaskammer eher selten eingesetzt. Nur wenige Aktionen sind nachweisbar, wie zum Beispiel die Vergasung von 27 Ostarbeiterinnen Anfang Februar 1945. Vielfach nennen Zeugen eine Gesamtzahl von 4.000 Opfern. Es fehlt jedoch an Unterlagen, die Forschung konnte die Zahlenangabe bislang nicht verifizieren. Die Gaskammer in Sachsenhausen wurde nicht systematisch und regelmäßig eingesetzt; die meisten Opfer wurden in einer Sandgrube oder einer → Genickschussanlage erschossen.
- Im Zuge der Evakuierungs- und Tarnungsmaßnahmen wurden die Apparaturen im Frühjahr 1945 abgebaut und versteckt. Die Gaskammer wurde zu einem normalen Duschraum umgerüstet und im Erschießungsraum die Schießscharte zugemauert.
- In Ravensbrück wurde die Gaskammer im Februar 1945 in einem Schuppen neben dem Krematorium eingerichtet. Ihre Größe wurde mit 9 Meter mal 4,5 Meter angegeben, andere nannten die Maße 6

Meter mal 4 Meter. Zum Einsatz kam Zyklon B. Am 23. April 1945 wurde der Schuppen abgerissen. Die Zahl der Opfer wird auf 2.300 bis 2.400 geschätzt.

- Im Konzentrationslager Stutthof, 1942 ungefähr 40 Kilometer von Danzig entfernt, wurden eine ursprünglich als Kleiderentlausungsanlage vorgesehene Gaskammer, später dann ein umgebauter Eisenbahnwaggon zur Tötung von einigen hundert (andere Quellen: 1300) Opfern verwendet.
- Wahrscheinlich im Oktober 1942 wurden 197 sowjetische Offiziere aus Fallingbostel und drei weiteren Lagern nach Neuengamme geschafft und dort im Arrestbunker durch Zyklon B getötet. Zu diesem Zweck wurden Stahlklappen an den Fenstern angebracht, die Zugangstür verstärkt und im Dach sechs Rohre installiert und eine Heizspirale nebst Ventilator angeschlossen. Ein zweiter Transport mit 251 überwiegend kriegsversehrten Kriegsgefangenen wurde im November 1942 auf dieselbe Art umgebracht. Außerdem sind in Neuengamme mehr als eintausend entkräftete Häftlinge durch Phenolspritzen getötet worden (→ Giftinjektion).

Gaswagen

Begriff aus dem Wörterbuch des Unmenschen für „fahrbare, mobile Gaskammern". Die Wagen verfügten über Kastenaufbauten mit dicht schließender Flügeltür am Heck, am Auspuff war ein Abgasschlauch angebracht, der Kastenanbau war innen mit Blech verkleidet. Ein anfangs angebrachtes kleines Sichtfenster wurde bei späteren Versionen weggelassen. Weitere technische Abänderungsvorschläge zur „Optimierung" der Exekutionen wurden nicht umgesetzt. Je nach Größe der wie Möbelwagen aussehenden LKWs wurden 25 bis 50 Opfer zum Einsteigen genötigt. Der Motor wurde für wenigstens zehn Minuten betrieben. Während dieser Zeit waren oft Schreie und Klopfen der eingeschlossenen Menschen zu hören, die in Todesangst zur fest verriegelten Tür drängten. Um die Aktion möglichst schnell zu beenden, gaben die Fahrer durchweg Vollgas. Durch diese Maßnahme erlitten die zu Exekutierenden den Erstickungstod (→ Ersticken) und nicht den Einschläferungstod.

Beispiele:

- Kurz nach der Besetzung Polens waren die dortigen Heil- und Pflegeanstalten nach Menschen durchkämmt worden, die Nationalsozialisten als „lebensunwert" erachteten. Die Opfer wurden meist erschossen (→ Erschießen). Fast zum selben Zeitpunkt mit den Probevergasungen vom Januar 1940 in Brandenburg/Havel wurde in Ostpreußen und Polen ein LKW mit Anhänger als mobile Gaskammer eingesetzt. Es handelte sich um einen durch die Aufschrift „Kaiser's Kaffee Geschäft" getarnten Anhänger, in den reines Kohlenstoffmonoxid aus einigen in der Zugmaschine mitgeführten Stahlflaschen eingeleitet wurde. Dieses Gespann wurde von Januar 1940 bis Juli 1941 eingesetzt.
- Am 3. November 1941 wurden im Konzentrationslager Sachsenhausen in einem Gaswagen 30 sowjetische Kriegsgefangene „probeweise" mit Motorabgasen getötet. Neue Forschungsergebnisse erlauben „mit hoher Wahrscheinlichkeit" die Annahme, dass dieser umgebaute Opel-Blitz-LKW mehrfach eingesetzt und auch ein größeres Modell der Marke Saurer in Sachsenhausen erprobt wurde.
- Im Herbst 1941 wurden Tötungsversuche mit Autoabgasen durchgeführt, um die Erschießungskommandos künftig von ihren blutigen Mordtaten entlasten zu können.
- Seit Dezember 1941 waren Gaswagen in Chelmo/Kulmhof stationiert, aber auch in Riga und im Wartheland. In den drei in Kulmhof verwendeten Gaswagen sind 97.000 Juden getötet worden. In dem größten LKW wurden allein im Januar 1942 über 10.000 Opfer ermordet. Quellen gehen von einer Gesamtzahl in Höhe von 150.000 Personen aus.
- 1942 wurde ein Gaswagen aus Berlin zum Einsatz in das besetzte Serbien beordert.
- Zwischen März und Juni 1942 wurden 7.500 Juden, Roma und Sinti auf der Fahrt mitten durch Belgrad ermordet. Nach diesem Einsatz wurde der Gaswagen per Bahn nach Berlin überstellt und nach einer Überholung anschließend in Weißrussland eingesetzt.
- 1942/1943 wurden Gaswagen in Kiew für die → Hinrichtung von Häftlingen – vor allem von Juden – verwendet.

Genickschuss

Hin und wieder als Gnadenerweis erscheinende Form des → Erschießens, bei der das Opfer in der Regel sofort tödlich wirkende Schussverletzungen durch die im Nacken aufgesetzte Schusswaffe (Pistole, Revolver, Gewehr mit kurzem Lauf) erleidet. Die Verletzungen beschädigen das die Atem- und Herztätigkeit steuernde verlängerte Mark unter dem Kleinhirn, das ins Rückenmark übergeht, sowie Nerven- und Blutbahnen. Ähnliche Verletzungen werden durch einen Genickstich oder durch → Erhängen bewirkt. Werden diese Exekutionen nicht „fachmännisch" ausgeführt, kann das Opfer sie schwerverletzt überleben.

Beispiele:

- Am 29. November 1941 wurden in einem Wald bei Riga 10.000 Männer, Frauen und Kinder, meist deutsche und lettische Juden, durch leitende Angehörige der deutschen Schutzpolizei erschossen; einer der Täter berichtete im späteren Prozess (1972/1973) auch von Gnaden- und Genickschüssen.
- Im nationalsozialistischen Vernichtungslager Majdanek (Polen) wurden an einem einzigen Tag, dem „Erntefest", 18.400 Opfer durch Schüsse in den Hinterkopf ermordet.
- Die Gedenkstätte im Konzentrationslager Buchenwald hat im Lagermuseum den Schützenraum einer → Genickschussanlage rekonstruiert.
- Im Lager Mauthausen fand sich eine „Genickschussecke", in der ein Größenmessgerät mit einem Schlitz im Kopfbrett stand, durch den der Todesschuss abgefeuert wurde.
- Am 26. Juni 1981 wurde in der DDR in der Hinrichtungsstätte im Gefängnis an der Alfred-Kästner-Straße, Leipzig, der 39-jährige Stasi-Hauptmann W. Teske, dem Flucht in den Westen und Mitnahme von Akten vorgeworfen wurde, durch den „unerwarteten Nahschuss" hingerichtet. Dabei verkündete der Staatsanwalt dem Ahnungslosen die beiden Sätze: „Das Gnadengesuch ist abgelehnt. Ihre Hinrichtung steht unmittelbar bevor." Daraufhin trat der letzte deutsche → Henker, H. Lorenz, von hinten heran und erschoss Teske mit einer Armeepistole. Lorenz hat auf diese Weise etwa zwanzig Hinrichtungen vollstreckt und wurde später zum Major befördert

(Wikipedia, „Hinrichtung", abgerufen am 12.4.2017).

- Heimlich in Kabul (Afghanistan) gemachte Fernsehbilder (18.9.2001, ZDF) zeigen, dass die Taliban ein Fußballstadion zur öffentlichen Richtstätte umfunktioniert hatten: Die Opfer wurden in das vollbesetzte Stadion gefahren und mussten sich am Strafraum hinknien. Dort empfing beispielsweise eine verschleierte, ahnungslose Frau den Genickschuss.

Genickschussanlage

Eine speziell im sogenannten Dritten Reich verwendete Vorrichtung zur überraschenden Exekution. Das Opfer wurde unter einem Vorwand so platziert, dass aus dem Nachbarraum ein tödlicher Schuss abgegeben werden konnte. Teilweise waren Genickschussanlagen als an der Wand angebrachte Messlatten oder medizinische Instrumente getarnt. Bekannt sind derartige Anlagen aus Konzentrationslagern (Buchenwald, Flossenbürg, Mauthausen, Sachsenhausen, Stutthof), wobei die Anlagen nicht nur zur Vollstreckung offizieller Todesurteile (→ Todesstrafe), sondern auch zur unauffälligen Ermordung großer Opfergruppen dienten (Zum Ganzen: Wikipedia, „Genickschussanlage", abgerufen am 11.4.2017).

Beispiele:

- In Buchenwald wurden ab 1941 vor allem sowjetische Kriegsgefangene unter Nutzung der dortigen Genickschussanlage hinterrücks ermordet. Zum Zweck der Exekution aus anderen Sammellagern überstellte Häftlinge wurden unter dem Vorwand einer ärztlichen Untersuchung in einen ehemaligen Pferdestall überstellt. Nachdem sie sich entkleidet hatten, wurden sie einzeln in einen Raum geführt, der als Untersuchungszimmer eingerichtet war. Der Boden war rot gestrichen, um Blutspuren zu kaschieren, die Argwohn beim eintretenden Häftling hätten hervorrufen können. Anschließend wurde das Opfer zur „Vermessung" vor einer Wand mit Messlatte platziert und dann durch den Schlitz in der Messlatte erschossen
- Die zur umgehenden Ermordung bestimmten und in das Lager überstellten Kriegsgefangenen wurden in den Lagerlisten generell nicht registriert, weswegen weder Namen, noch Ankunft oder Tod der Betroffenen dokumentiert sind. Angaben über die Anzahl der

getöteten sowjetischen Kriegsgefangenen differieren daher sehr und reichen von 800 bis zu über 8.000 Opfern.

Giftinjektion (Giftbeibringung, Giftspritze)

Gifte sind in der Natur vorkommende (Giftpflanzen, Giftpilze, Gifttiere) oder künstlich hergestellte organische und anorganische Stoffe, die nach dem Eindringen in den menschlichen Organismus zu spezifischen Erkrankungen (Vergiftung), vorübergehenden oder bleibenden Schädigungen oder zum Tod führen. Nach dem hauptsächlichen Angriffspunkt eines Gifts wird von Atem-, Enzym-, Blut-, Kapillar-, Herz-, Muskel-, Leber- und Nervengiften gesprochen. Die Grenze zwischen Gift und Arzneimittel ist häufig fließend, und die Wirkung eines Gifts hängt u. a. (allergische Reaktionen, Giftempfindlichkeit, Giftresistenz des Körpers) von der Dosis ab, die dem Körper zugeführt wird; so gesehen finden sich auch Wasser-, Kochsalz-, Sauerstoff-, Eiweiß-, Vitaminvergiftungen. Die sogenannte Giftspritze stellt eine Form der Vollstreckung der →Todesstrafe dar, bei der dem Verurteilten ein tödliches Gift oder Medikamente in tödlicher Dosis injiziert werden. Sie wird seit den 1980er-Jahren in zunehmendem Maße eingesetzt und soll als humane Form der → Hinrichtung an die Stelle des → elektrischen Stuhls, des → Galgens, des Erschießens, der → Gaskammer treten. Sie wurde zuerst in den USA eingeführt und wird hauptsächlich dort angewandt. Bei der Exekution durch eine Injektion von Giften (letale Injektion) wird das Opfer (so in Texas) vor Zeugen und Beamten in einem eigenen Hinrichtungsraum neben der → Todeszelle auf einem (fahrbaren) Bett festgebunden, die Vene seines rechten Armes freigelegt und mit einer an einem Schlauch befestigten Kanüle versehen. Medizinische Assistenten, hinter einer Wand verborgen, betätigen je einen Knopf, der Computer bestimmt, welcher der beiden Knöpfe den Giftzufluss auslöst, und die Substanz (Überdosis von einem schnell wirkenden Betäubungsmittel und einem chemischen Lähmungsmittel; Thiopental-Natrium, Pancuriombromid, Kaliumchlorid) gelangt durch Schlauch und Kanüle in den Arm. Nach einigen Berichten soll zusätzlich eine Substanz harmlos, die zweite tödlich sein, so dass die beiden Assistenten ebenfalls nicht wissen, wer von ihnen den Tod des Opfers herbeiführt. Sind die Venen eines Hinzurichtenden nur schwer zu finden (Drogenabhängige), verstopft sich die Kanüle oder wehrt sich der Gefangene, besteht die Gefahr, dass das Gift in eine Arterie oder in Muskelgewebe gelangt, was äußerst schmerzhafte Folgen haben kann. Um geeignete Einstichstellen (in unteren Gewebsschichten) zu finden, werden manchmal kleinere chirurgische Eingriffe vorgenommen. Im Vergleich zur Einrichtung einer → Gaskammer gilt die Exekution durch Giftbeibringung als etwa zehnmal preiswerter. 1985 entschied der Oberste Bundesgerichtshof der USA, die Vollstreckung der Todesstrafe durch eine Giftinjektion werde trotz der Fälle nicht verboten, in denen der Tod nur langsam und schmerzhaft eingetreten sei. Hätte es noch eines Beweises bedurft, dass gerade Hinrichtungen Folterhandlungen sind, wäre er durch dieses Urteil erbracht. Beschränkt sich das Interesse auf die Methoden einzelner Exekutionen, wird häufig übersehen, dass die staatlich legitimierten Massenvernichtungsmittel der Moderne u. a. Giftbeibringungen beinhalten, die, wie in den Kriegen der jüngsten Vergangenheit, zigtausend Opfer fordern und zu tausendfachen, schweren Gesundheitsschädigungen führen.

Beispiele:

- Pflanzliche Gifte wurden schon früh als Pfeilgifte und Zaubermittel verwendet.
- Im antiken Athen wurden zum Tod Verurteilte mit dem → Schierlingsbecher exekutiert, auch China kannte den Giftbecher. Noch heute erfolgen Hinrichtungen in manchen Ländern in Form einer Giftbeibringung.
- Während der „amerikanischen Phase" des Vietnamkriegs warfen US-Piloten 1966 über der Provinz Ben Tre Plastikbeutel mit vergifteten Süßigkeiten ab; 20 Kinder starben.
- Die in Vietnam durch Gift verseuchten Flächen (Reisfelder) zählten 1962 um die 11.000 Hektar, drei Jahre später waren bereits 700.000 Hektar verseucht. Dem 1965 ausgedehnten Giftkrieg fielen Tausende Menschen zum Opfer, 150.000 erlitten schwere gesundheitliche Schäden.
- In Texas wurde am 29. August 1977 der → elektrische Stuhl abgeschafft und stattdessen „die intravenöse Injektion einer Substanz, die den Tod des Verurteilten herbeiführt" vorgeschrieben. Um welche Substanz es sich dabei handeln sollte, wurde nicht festgelegt.

Seither haben in diesem Bundesstaat, nicht zuletzt unter dem Gouverneur G. W. Bush, zahlreiche Exekutionen durch die Giftinjektion stattgefunden. Inzwischen sehen fast 20 Bundesstaaten der USA die Giftinjektion als einzige oder als eine mögliche Exekutionsart vor.

- Am 7. Dezember 1982 fand in Huntsville (Texas) die erste Exekution (an C. Brookes) durch intravenöse Injektion von Pentothal (*drug injection*) statt. R. Gray, der medizinische Direktor der texanischen Gefängnisverwaltung, der die Hinrichtung durchführte, wurde unter Verweis auf seinen Hippokratischen Eid von der *American Medical Association* getadelt.
- Über eine Exekution durch Injektion eines tödlichen Giftes (1984, Texas) schrieb „Newsweek", es habe mindestens zehn Minuten bis zum Eintritt des Todes gedauert. In dieser Zeit sei das Opfer J. Autry bei Bewusstsein geblieben, habe sich bewegt und über Schmerzen geklagt.
- Im November 1984 wurde M. V. Barfield in Washington hingerichtet, seit 22 Jahren wieder der erste Fall einer Exekution einer Frau in den USA.
- Bei einer Exekution (1985, Huntsville) soll es 40 Minuten gedauert haben, bis die Injektionsnadel in eine Armvene des Opfers (S. Morin) eingeführt werden konnte.
- 1998 sollte M. M. Martinez Coronado in Guatemala durch eine Giftinjektion hingerichtet werden, doch konnte zunächst keine geeignete Vene gefunden werden. Als schließlich eine gefunden wurde, fiel die Kanüle nach einigen Sekunden wieder heraus. Es dauerte insgesamt 18 Minuten, bis der Tod des Opfers eintrat.
- Am 24. Februar 1999 wurde nach einem jahrelangen juristischen Tauziehen der Deutsche K. LaGrand in einem texanischen Gefängnis durch Giftinjektion hingerichtet.
- Im Januar 2000 wurde A. Bartolome als siebter Todeskandidat seit der Wiederaufnahme von Hinrichtungen auf den Philippinen (1999) mit der Giftspritze exekutiert.
- Im Oktober 2001 wurde in Huntsville ein 33-jähriger Mörder mit der Giftspritze getötet. Er hatte die Tat mit 17 Jahren begangen und 15 Jahre in der Todeszelle zugebracht. Es handelte sich um die 14. Hinrichtung, die 2001 in Texas durchgeführt wurde.
- Im November 2001 wurde ein 45-jähriger, wegen Mordes verurteil-

ter Mann in New Mexico durch Giftinjektion hingerichtet. Es war die erste Exekution in diesem US-Bundesstaat seit 1960.

- In Oklahoma wurde im Dezember 2001 eine 61-Jährige wegen eines Mordes, den sie 1982 beging, mit der Giftspritze exekutiert; es war die dritte Hinrichtung einer Frau in diesem Jahr in dem US-Bundesstaat.
- Im Dezember 2001 wurde V. E. Cooks 14 Jahre nach einem von ihm bis zuletzt geleugneten Mord in Texas hingerichtet, im Mai 2002 ein Raubmörder, der zur Tatzeit erst 17 Jahre alt gewesen war. Auch in der Folgezeit starben immer wieder Menschen in texanischen Gefängnissen durch Exekution mit der Giftspritze.
- In neueren Publikationen werden die Fragen der Rechtmäßigkeit und moralischer Aspekte der Beteiligung der Ärzteschaft an der Hinrichtung durch Giftspritzen diskutiert. Eine aktive Mitwirkung von Ärzten, etwa durch das Legen eines venösen Zugangs, ist durch die ethischen Richtlinien der *American Medical Association* untersagt.
- Im Mai 2016 gab der Pharma-Konzern Pfizer als letzte von 25 Pharmafirmen, deren Substanzen in den USA als Gift für die Todesstrafe verwendet werden, bekannt, den Verkauf zu diesem Zweck einzustellen.
- Die USA werden sich einen zentralen Wirkstoff für die Hinrichtungsspritze künftig nicht mehr in der EU beschaffen können. Nach Informationen der „Süddeutschen Zeitung" wird eine Ausfuhr von Thiopental-Natrium nur noch mit einer Sondergenehmigung möglich sein. Nun steht die US-Justiz vor einem großen Problem (*Süddeutsche Zeitung*, 12.12.2011).
- Informationen über die letale Injektion in der Volksrepublik China unterliegen der staatlichen Geheimhaltung. Die schmerzlose Todesspritze wird von Teilen der Justiz als „ein zu einfacher Tod" für Verbrecher kritisiert. In Verbindung mit den neu eingesetzten mobilen → Hinrichtungsbussen der chinesischen Schnellgerichte wird die Zahl der Hinrichtungen nach Befürchtungen von *Amnesty International* jedoch noch ansteigen (Zum Ganzen: Wikipedia „Letale Injektion", abgerufen am 30.3.2017).
- Die USA sind das letzte westliche Land, das die Todesstrafe praktiziert. Bei den meisten US-Hinrichtungen werden drei Substanzen injiziert: Midazolam, um das Bewusstsein zu nehmen; Vecuroni-

umbromid, um die Muskeln zu lähmen; Kaliumchlorid, das zum Herzstillstand führt. Doch seit Jahren häufen sich die Probleme mit Midazolam: Etliche Todeskandidaten blieben bei Bewusstsein und starben qualvoll – einer sogar erst nach einem Todeskampf von fast einer Dreiviertelstunde. Hersteller der Gifte versuchen neuerdings auch wegen der schlechten Publicity, Justizbehörden von der Verwendung abzuhalten. Eine mit Rücksicht auf das Verfallsdatum (!) von Midazolam geplante „Fließbandhinrichtung" im US-Bundesstaat Arkansas wurde im April 2017 gerichtlich gestoppt. Mehrere der betroffenen Delinquenten gelten im Übrigen als geistig behindert (*SPIEGEL Online* 15.4.2017).

- In der EU gilt ein Exportverbot für Produkte, die für Hinrichtungen oder zur Folter verwendet werden können.

Glühende Kohle

Eine Form der Feuerfolter, bei der ein nachhaltig brennendes Folterwerkzeug eingesetzt wurde: Mit Hilfe glühender Kohlen, über die das Opfer schreiten musste (→ Gottesurteil), oder metallener, mit glühender Kohle gefüllter Pfannen, die dem Gefolterten auf den Leib gesetzt wurden, oder durch die Brandfolter von Haut und Körperteilen wurde einem Menschen erhebliche Schmerzen und zum Teil tödliche Verletzungen zugefügt.

Beispiele:
- Unter Zar Peter d. Gr. (1672–1725) wurde dem Opfer eine glühende Kohle in das Ohr gedrückt.
- Während der nationalsozialistischen Besatzung Warschaus wurden Häftlinge im Pawiak-Gefängnis zwischen 1941 und 1944 gezwungen, auf glühender Kohle und Asche Turnübungen zu machen.
- *Amnesty International* berichtete, dass im März 1982 in Mauretanien insgesamt 150 mutmaßliche Anhänger der Ba'ath-Partei in polizeilichen Gewahrsam genommen, heftig geschlagen oder an den Füßen aufgehängt wurden. Einigen sollen auf Polizeistationen der Hauptstadt Nouakchott mit glühenden Kohlen Brandwunden beigebracht worden sein.

Glühende Platten

Beispiele:

- Nach der Legende wurde der hl. Laurentius mit glühenden Platten gefoltert, bevor er auf einem Rost zu Tode gebrannt wurde.
- Der hl. Diakon Sanctus wurde, so die Legende, im Jahr 177 jeder Art von Tortur unterzogen, dann wurden auf die empfindlichsten Körperteile glühende Eisenplatten gelegt und mit Gewichten beschwert, bis sein Körper eine einzige Wunde bildete.
- Der Bischof von Vita, Panpinianus, wurde unter dem für seine Grausamkeit berüchtigten Vandalenkönig Geiserich († 477) mit glühendem Blech zu Tode gefoltert.

Glühende Statue

Beispiele:

- Bei den Phöniziern wie bei den Karthagern sollen → Menschenopfer, speziell Kinderopfer, nach den (umstrittenen) Berichten antiker Autoren allgemein üblich gewesen sein. Die Opfer wurden dem Baal oder dem → Moloch, in Karthago auch dem Kronos dargebracht. In Karthago wurde diesem angeblich eine eherne Statue errichtet, die glühend gemacht werden konnte, bevor man Kinder in sie steckte.

Glühende Sturmhaube

Beispiele:

- Die Legende des Papstes Clemens I. berichtet, dass die Römer den Märtyrer eine glühende eiserne Sturmhaube aufsetzten, bevor er im Meer ertränkt wurde.

Glühende Zange

Eine zum Glühen gebrachte Zange, die häufig unter Berufung auf die „Constitutio Criminalis Carolina" (1532) dazu verwandt wurde, das Opfer vor der Hinrichtung an empfindlichen Körperstellen mit eigenen „Griffen" zu kneifen und zu zwicken oder es zu töten (→ Herz-Herausreißen).

Beispiele:

- 1307 wurden in Vercelli drei Opfer nach monatelanger Folter „auf langsamem Feuer" verbrannt. Eines von ihnen war vorher auf einer

Armesünderkarre durch die Straßen geführt und sein Fleisch mit glühenden Zangen Stück um Stück zerrissen worden.

- In Würzburg wurde ein „Hostienschänder" 1448 siebenmal mit glühenden Zangen gezwickt und danach verbrannt.
- J. von Hartlieb schrieb 1458 in seinem „Puch aller verpotten Kunst, Unglaubens und der Zauberey": „… die heilige Kirche hat gesagt, man soll Zauberer und Abgötter mit glühenden Zangen und Kauppen ohne Gnade und Barmherzigkeit zerreißen."
- Als 1527 ein Täuferprozess in Vorderösterreich M. Sattler zum Tode verurteilte, verfügte der Urteilsspruch, dass man ihn „dem hencker in die haend soll geben, der sol ihn füren auff den platz vnd jm die zung abschneiden, darnach auff eyn wagen schmiden, vnnd alda zweimal mit glühenden zangen seinen leip reissen, nach mals, so mann ihn für daz thor bringet, der massen fünff griff geben. Ist also beschehen, darnach wie eyn ketzer zu pulver geprennt." Das Urteil wurde am 21. Mai 1527 zu Rottenburg a. N. vollstreckt.
- Im Lauf der Hinrichtung von J. van Leiden, B. Knipperdolling und B. Krechting wurden diese Täuferführer 1536 auf einer vor dem Rathaus der Stadt Münster errichteten Schaubühne an Halseisen angeschmiedet und mit glühenden Zangen „an allen fleischigten und ädrigten Teilen" ihrer Körper gefoltert, „dass von einem jeden Ort, der von der Zange berührt wurde, die Flamme herausgelodert, und ein solcher Gestank entstanden ist, dass beinahe alle auf dem Markte stunden, solchen Gerucht in ihren Nasen nicht ertragen konnten". Anschließend wurden den Opfern mit einer glühenden Zange die Zungen herausgerissen.
- 1587 wurde die Hebamme W. Haußmann in Dillingen auf dem Weg zum Richtplatz fünfmal mit glühenden Zangen gezwickt.
- Um 1600 wurde dem Fuldaer Hexenrichter B. Roß vorgehalten, er habe die Schöffen, die eine Frau gegen seinen Rat nicht zur Folter mit der Glühzange verurteilten, angefahren und gesagt, er lasse die Hexe dennoch zwicken.
- In Cham wurde 1612 U. Zanner „auf dem Schaiterhaufen verbrennt … nach vorher mit einer glühenden Zange gegebenen Zwicks."
- 1627 fand in Marktheidenfeld ein Prozess gegen 16 „Hexen" statt. Einige von ihnen wurden unter Berufung auf die „Carolina" (§ 109) mit glühenden Zangen gezwickt.

- 1654 wurde H. Beschoren in Lemgo auf dem Weg zur Hinrichtung dreimal mit der glühenden Zange gefoltert.
- 1663 verlangte der Esslinger Hexenrichter D. Hauff, dass eine Frau mit glühenden Zangen in die Brüste gezwickt werde.

Glühender Panzer

Beispiele: Dem hl. Erasmus wurde, wie seine Legende erzählt, um 303 ein glühender Panzer umgelegt, bevor ihm die Folterknechte den Bauch aufschlitzten und seine Gedärme mit einer Schiffswinde aus dem Leib drehten.

Glühender Schürhaken

Beispiele:

- Ein Spezialfall des → Pfählens berichtet davon, dass die Exekutoren ihrem wahrscheinlich homosexuellen Opfer, dem englischen König Edward II., im September 1327 mit einem glühenden Schürhaken vom After her die Eingeweide durchbohrten. Der Haken steckte in einem Kuhhorn, um wenig Spuren zu hinterlassen. Der Leichnam wurde – ohne sichtbare Verletzungen aufzuweisen – dem Volk gezeigt und in Ehren begraben.

Glühender Stuhl (Thron)

Beispiele:

- Die hl. Blandina wurde, der Legende nach, um 177 in Lyon auf einen glühenden eisernen Stuhl gesetzt und geröstet, so dass das → Braten ihres Körpers sie „in Fettdampf hüllte", dann, halb verbrannt, in ein Netz gewickelt, einem wilden Stier vorgeworfen und schließlich enthauptet.
- 1514 wurde der ungarische Bauernaufstand niedergeschlagen und sein Anführer György Dózsas auf dem glühenden Thron gemartert.

Gnadengesuch

Die sogenannte Gnadenbefugnis bezeichnet die Vollmacht, Gnadenerweise zu erteilen, also rechtskräftig verhängte Strafen (besonders die → Todesstrafe) zu erlassen, umzuwandeln, zu ermäßigen oder auszusetzen (Amnestie). Die Begnadigung ist meistens Befugnis von Staatsoberhäuptern. In dieser Praxis hat sich ein Rest des mittelalterlichen Gerechtigkeitsverständnisses erhalten, nach dem Autoritäten geltende Regeln außer Kraft setzen können. Der Begriff der Gnade impliziert, dass ein Verurteilter kein Recht auf Gnade hat. Der „Gnadenherr" kann ohne Angabe von Gründen über ein Gnadengesuch entscheiden. Gegen die Ablehnung ist kein Rechtsbehelf möglich. Im Rechtsstaat existiert freilich ein Recht auf Anhörung und Prüfung des Gnadengesuchs.

Beispiele:
- George Ryan, Gouverneur von Illinois, begnadigte im Januar 2003 – wenige Tage vor Ende seiner Amtszeit – alle in seinem Bundesstaat zum Tode Verurteilten.
- Laut einer Studie wurden Weiße vom US-Präsidenten G. W. Bush deutlich häufiger begnadigt als Schwarze (dpa 5. 12. 2011).
- Begnadigung bedeutet nicht immer Freilassung. So wurde der Deutsche Dieter Riechmann, inhaftiert seit 1987 und 22 Jahre lang in einer → Todeszelle, 2010 begnadigt
- zu lebenslanger Haft (Zum Ganzen: Wikipedia, „Gnadenbefugnis", abgerufen am 3.3.2017).

Gnadenerweis

Da die Täter vor oder während einer Folter- und Exekutionshandlung absolute Gewalt über ihre Opfer ausübten, blieb letzteren – und ihren Verwandten und Freunden (auch: → Heiratsgnade) – nur die (geringe) Chance, sich durch Bitten um Barmherzigkeit zu bemühen (→ Gnadengesuch) und einen entsprechenden Gnadenerweis zu erlangen, der (selten) in einer vollständigen Begnadigung bestand. Auch im Wege eines Justizprivilegs war es bestimmten (adligen, wohlhabenden) Opfern möglich, der geplanten und oft schon eingeleiteten Folter zu entgehen. Als Gnadenerweis galt es auch, wenn ein Mensch in seinen eigenen Kleidern, sogar in seinem Festtagsgewand, hingerichtet wurde.

Beispiele:
- Nach alter Tradition durften Schwangere nicht gefoltert werden, damit der Leibesfrucht kein Schaden zugefügt werde. So verschoben die Obrigkeiten die Folter gewöhnlich bis zu sechs Wochen nach

der Niederkunft einer Frau, damit dem Kind auch die Muttermilch nicht entzogen wurde (H.-J. Wolf).

- Das „Brüsteweisen", wahrscheinlich ein „formalisiertes Stillanbieten" (H. P. Duerr) und keine aggressive Geste, sollte (und soll) bei einigen afrikanischen Stämmen die drohende Gefahr abwenden, indem die Frauen dem Feind in Aussicht stellten, dass er gesäugt und damit beruhigt sowie zu einer Art Gnadenerweis aufgefordert wurde.
- 1578 sollte ein Bauer wegen Totschlags in Nürnberg zum Tode verurteilt und hingerichtet werden. Auf „grosse Fürbitt von stattlichen persohnen", besonders des damaligen Kaplans von St. Sebald, wurde er nur des Landes verwiesen.
- 1608 hatte ein Dieb in Nürnberg den Tod durch den Strang zu befürchten. Darauf erschienen vor Gericht Vertreter von fünf Gemeinden, ein Pfarrer, die Eltern und Freunde, und wegen seiner Jugend begnadigte ihn der Rat der Stadt „aus Mitleid".
- Als 1725 im schweizerischen Zug ein Landmann zum Tod verurteilt worden war, erreichte ein großes Aufgebot von Fürbittern, darunter 70 Elternpaare, deren Kindespate der Verurteilte war, auf Knien eine Begnadigung.
- Das „Gnadebitten" wurde nach W. Schild von adeligen Damen und Herren bald wie ein Sport betrieben, so dass es untersagt wurde.
- Manche hochgestellte Frauen, vor allem Äbtissinnen, besaßen zeitweilig sogar ein „Losschneiderecht", durften also einen Verurteilten noch dann freigeben, wenn er bereits die Leiter zum Galgen betreten hatte.
- 1509 machte die Gräfin von Montfort von diesem Recht Gebrauch und rettete zwei in Baden bereits zum Galgen geführten Opfern das Leben (Luzerner Chronik des D. Schilling d. J., 1513).
- In den USA leben Gefangene oft jahrelang in Ungewissheit, ob das verhängte Todesurteil auch vollstreckt wird. Der so erzeugte psychische Druck ist Grund genug, auf ein Berufungsverfahren zu verzichten und sich hinrichten zu lassen. Wird ein Vollstreckungsbefehl ausgestellt (im Lauf eines Berufungsverfahrens oft bis zu drei Mal) erleiden die Gefangenen Todesangst. Mehreren von ihnen wurde erst Stunden oder gar Minuten vor der Hinrichtung ein Vollstreckungsaufschub gewährt. Im US-Bundesstaat Florida befanden

sich in den 1980er-Jahren bereits gegen 40 Häftlinge in der Vorbereitungsphase für die Exekution, als die Nachricht vom Aufschub eintraf.

Gnadentrunk

Bezeichnung für ein Getränk (meist Wein, aber auch Essig), das dem im Verhör gefolterten Opfer zur Stärkung für weitere Folterungen (so in Frankreich) oder dem bereits zum Tod Verurteilten in Form eines berauschenden Mittels bei der Hinrichtung als eine Art → Gnadenerweis gereicht wurde. Die Gabe kann auch in magischen Vorstellungen (Unheil abwehrende Wirkung) begründet sein (K. B. Leder).

Beispiele:
- Im Alten Testament (Spr 31, 6 f.) heißt es: „Gebt starkes Getränk denen, die elend und am Umkommen sind, damit sie ihren Jammer vergessen".
- Das bekannteste Beispiel stammt aus dem Neuen Testament (Mk 15, 23; Mt 27, 34; Jo 19, 29), wo berichtet wird, wie dem bereits am Kreuz hängenden Jesus von Nazareth nach jüdischem Brauch ein bitter (nach Myrrhe) schmeckendes, wahrscheinlich berauschendes Getränk angeboten wurde.
- Die „Constitutio Criminalis Carolina" bestimmte 1532 in Artikel 79, dass dem Armen Sünder auf seinem letzten Weg nicht zu viel zu trinken gegeben werde, damit seine Vernunft nicht leide.
- Nach der Ordnung des „Malefiz-Rechtes für München" (1575) wurde den Opfern während ihres Weges zur → Richtstätte Wein aus einem „Arme-Sünder-Fläschl" gereicht.
- Die „Peinliche Exekutionsordnung" des Hochstiftes Augsburg (1716) sah eine Maß Wein vor.

Gottesurteile

Solange Menschen und Gemeinschaften glaubten, ihr Gott greife selbst in das Naturgeschehen ein, um Unschuldige zu retten und Schuldige der gerechten Strafe zuführen zu lassen, galten die „Gottesurteile", die auch eine Art → Elementetod in sich schließen konnten, als legale Hilfsmittel der Wahrheitsfindung durch die Justiz (*media eruendae veritatis ac innocentiae*). Gottesurteile sind in vielen Formen überliefert. Vor diesen institutionalisierten Formen war das Eingreifen Gottes beispielsweise durch sprechende Tiere (Raben) oder das unerwartete Läuten einer Glocke signalisiert worden. Gottesurteile wurden schließlich in den Hintergrund gedrängt, weil ihre Basis als überholt galt. Eine neue Zeit (etwa zu Beginn des 13. Jahrhunderts) nahm ihre Zuflucht zu einer Methode, die auf sie rationaler wirkte: die Folter. Diese ließ sich auf die Eigeninitiative und Aktivität des Menschen stützen, der sich seiner eigenen Kraft mehr und mehr bewusst wurde (W. Schild). Von Menschen erfundene Maschinen und Methoden lösten das blinde Vertrauen auf Gottes Hilfe im Beweisverfahren ab; abergläubische Anteile fehlten freilich bis weit in die Neuzeit hinein selbst bei der Anwendung der Folter nicht. Ging ein Gottesurteil zu Lasten des Beschuldigten aus, so drohte diesem nicht selten die Exekution.

Beispiele:
- Die aus vorchristlicher Zeit stammenden Gottesurteile wurden von der Kirche übernommen; Klöster erhielten das Recht, sie durch Feuer- und Wasserproben zu erlangen.
- Nach der Legende unterzog sich die hl. Kaiserin Richardis († um 900), Gemahlin Karls des Dicken, einem Gottesurteil, das ihre Jungfräulichkeit (nach 25-jähriger Ehe) bezeugen sollte: Sie zog ein wachsgetränktes Leinenhemd an und ließ es in Brand setzen, blieb aber unversehrt.
- 1215 untersagte es das Vierte Laterankonzil den Klerikern, an einer Feuer- oder Wasserprobe mitzuwirken.
- Papst Honorius III. (1216–1227) verbot schließlich (ohne größeren Erfolg) die im Klerus schon lange umstrittenen („weil der Allmächtige Gott nicht Lust habe, jedem seine Wunder zu zeigen") Gottesurteile; andere wie die spätere Kreuzprobe hat die Kirche selbst entwickelt.
- Eine Frau musste im März 1485, da sie als „Hexe" verdächtigt wurde, vor dem Gericht des Grafen zu Fürstenberg ein glühendes Eisen tragen.
- Manche Gottesurteile sind noch immer weithin bekannt, andere weniger: Ein Mensch musste sich beispielsweise an einem Markttag auf die Straße legen und warten, ob Bauernkarren auf dem Weg

zum Markt ihn überfuhren, ein anderer die Hand in das Maul eines steinernen Löwen legen. So sehr diese Beispiele danach aussehen, als sei in ihrem Fall kein Urteil möglich, kommt ihnen der Charakter eines Gottesurteils zu: Die Straße, auf der die Bauern-Karren fahren, ist durch einen Felssturz unpassierbar geworden, im Maul des Löwen hat sich ein Skorpion versteckt.

Grabschaufeln

Sich sein eigenes Grab zu schaufeln, eine sprichwörtlich gewordene Bezeichnung, bedeutet in der Regel nichts anderes als die Vorbereitungen auf den Tod (durch Hinrichtung) selbst zu treffen. Grabschaufeln ist bis in die Gegenwart hinein als gewollte Strafverschärfung zu deuten, zumal es selbst im Fall einer → Scheinhinrichtung eine besonders schwere Form der Psychofolter beinhaltet.

Beispiele:
- Während des Spanischen Bürgerkriegs (1936–1939) ließ der für seine Verhörmethoden berüchtigte Major L. Dovál von der Guardia Civil den asturischen Journalisten J. Bueno sofort nach seiner Einlieferung in einem Klosterhof sein eigenes Grab ausheben, das Opfer dann stundenlang vor der Grube stehen und immer wieder ein Peloton aufmarschieren, um eine Scheinexekution zu inszenieren.
- Aus der französischen Résistance wird nach Kriegsende berichtet, dass ein Junge von Kopf bis Fuß mit Mörtel bestrichen und dazu gezwungen wurde, sein Grab auszuheben, in dem er unter dem Beifall der Menge schließlich lebendig eingegraben wurde.
- Der 6-jährige H. P. Hellmanschek, jahrelang in einem Kinderheim auf die sadistischste Weise gefoltert, musste sein eigenes Grab schaufeln. Am nächsten Tag wurde er von einem Heimleiter (1955 in Stade zu 15 Jahren Zuchthaus verurteilt) erschlagen.

Griechisches Kreuz

Ein auch zur → Kreuzigung gebrauchtes Kreuz in der Form eines X (→ Andreaskreuz), an dem das Opfer mit dem Kopf nach unten aufgehängt wurde. Nach einer wenig glaubhaften Legende soll der Apostel Petrus um 67 in Rom auf diese Weise hingerichtet worden sein.

Guillotine

Ein vor allem in Frankreich über fast zwei Jahrhunderte hinweg verwendetes Exekutionsgerät, das in seiner Grundform ein Fallmesser, ein Kippbrett und, zur Ruhigstellung des Kopfes während der Vollstreckung der → Todesstrafe, eine *lunette* aufweist (→ Lünette). Die Guillotine musste nach Meinung ihrer Befürworter geradezu erfunden werden: Eine einwandfreie Hinrichtung durch → Richtbeil oder → Richtschwert war nur möglich gewesen, wenn der → Scharfrichter sein Geschäft verstanden und der Verurteilte keinen Widerstand geleistet hatte, so dass fatale Pannen vermieden werden konnten. Zusätzlich musste das verwendete Schwert nach jeder Exekution erneut geschliffen und geschärft werden. Daher bedeutete die Erfindung und Einführung eines neuen Gerätes, des „Fallbeils" (Fallschwerts, Fallmessers), das nicht ständig nachgeschliffen werden musste, einen Fortschritt in der Maschinerie der Martern. Es garantierte einen sauberen und von den (physisch oder moralisch bedingten) Unwägbarkeiten des jeweiligen Scharfrichters unabhängigen Schnitt und erlaubte zugleich, das hinzurichtende Opfer „in zweckdienlicher Stellung" festzuhalten. Die „gut getemperte acht Zoll breite und sechs Zoll hohe Schneide, von der Qualität bester Hackmesser und von einem befähigten Messerschmied hergestellt", war schräg. Oben wies das Blatt die Stärke eines Beils auf. Unter dem oberen Rand befanden sich Öffnungen, die dazu dienten, das etwa 30–120 Pfund schwere Gerät an Eisenbändern zu befestigen. Die *bascule,* eine Bank mit einer Planke, die durch ein Scharnier beweglich gemacht war (Kippbrett), ermöglichte es, das Opfer rasch in eine „exekutionsgerechte" Lage zu bringen. War die *bascule* hochgeklappt und stand sie vertikal, wurde der hinzurichtende Mensch mit den an ihr befindlichen Eisenringen und/oder Riemen festgeschnallt und schnell nach unten gelassen. Um den Kopf des nunmehr liegenden Delinquenten in einer festen Position zu halten und jede Bewegung im Augenblick der Exekution zu unterbinden, konnte der Nacken des Opfers am Schädelansatz durch einen hufeisenförmigen Bügel umfasst werden, dessen Enden mit Bolzen am Block befestigt waren. Auch eine Art eiserner Anker, der in das Fleisch eindrang und den Kopf zu fixieren suchte, war kurze Zeit in Gebrauch, wurde aber aus humanitären Gründen abgeschafft. In den weitaus meisten Fällen wurde daher der Kopf des Opfers auf den unteren (halbmondförmigen) Teil einer *lunette* gelegt und der obere, ebenso ausgebuchtete Teil dieser hölzernen Haltevorrichtung heruntergeklappt, so dass der Hals zwischen den beiden Teilen feststeckte. Versuchte das Opfer dennoch seinen Kopf zurückzuziehen, wurde es an den Haaren oder Ohren festgehalten; in Paris wurde der Henkersknecht, der diese Funktion auszuüben hatte, ab der Mitte den 19. Jahrhunderts „Photograph" genannt, weil er die Gesichter in die richtige Position brachte. Schließlich glitt das durch Eisengewichte beschwerte Beil in den Nuten der Querbalken aus einer Höhe von etwa 2,80 Metern herunter, durchschnitt (bei einem Fallgewicht von etwa 160 Kilogramm) in weniger als einer Sekunde den Nacken und trennte den Kopf sofort ganz vom Rumpf ab. Der Kopf fiel in einen Eimer, der Körper wurde seitlich in einen langen sargähnlichen Weidenkorb gerollt. Der Ausdruck Guillotine wurde im Übrigen in Frankreich weder vom Scharfrichter, dem *maître des hautes-oeuvres*, noch von den Justizbeamten verwandt. Die Bezeichnung lautete *bois de justice* („Hölzer der Gerechtigkeit") oder einfach *la machine*. Vgl. auch → Forschung an Hingerichteten.

Beispiele:
- Der Guillotine ähnelnde Geräte sollen bereits im antiken Rom und im Persien des 10. Jahrhunderts verwendet worden sein. Im Mittelalter hieß ein ähnliches Gerät Hobel, → Diele, Holabra, im 16. Jahrhundert welsche Falle, in Frankreich *doloire* oder (in italienischen Staaten) *mannaja* (für „Kavaliere und Angehörige der Geistlichkeit").
- Verschiedene Konstruktionen von Fallbeilen, einige sind auf Altarbildern in Padua (von A. Mantegna) und Barcelona zu sehen, waren mit der Zeit in Europa erprobt worden: Die in England seit dem 17. Jahrhundert verwandte Köpfmaschine hieß *the gibbet*, in Schottland *the maid(en)*. Einem aus dem Jahr 1307 stammenden Bericht von der Hinrichtung des M. Ballagh in Irland liegt die Zeichnung eines Apparates bei, der der späteren Guillotine gleicht (→ Halifax Gibbet).
- Die Hinrichtung des Maréchal de Montmorencis (1632, Toulouse) erfolgte mit „einem Beil, das zwischen zwei Holzleisten läuft und den auf dem Richtblock liegenden Kopf vom Leib trennt".

- Der französische Arzt J. I. Guillotin aus Saintes (oder sein Cousin gleichen Namens, ein Gefängnisarzt, der 1814 als Hochverräter selbst guillotiniert wurde) schlug der französischen Nationalversammlung vor, das Richtbeil aus humanitären Gründen zu ersetzen; ein Gesetz vom 3. Mai 1791 folgte seinem Vorschlag. An der Konstruktion des neuen Geräts hatte Dr. Guillotin keinen Anteil; ein Modell des neuen Gerätes wurde von dem in Paris lebenden deutschen Klavierbauer und Mechaniker T. Schmidt nach einer Vorlage aus England und dem Gutachten des Arztes und Erfinders chirurgischer Instrumente Dr. A. Louis aus Metz († 1792), Freund der Schriftsteller D. Diderot und C. Goldoni, angefertigt. Die Guillotine, zunächst nach A. Louis *Louisette* genannt, wurde in den folgenden Jahrzehnten technisch immer weiter verbessert.
- Der „Racheengel des Volkes", das „Rasiermesser der Nation", der „Traum eines jeden Henkers" konnte sein Werk tausendfach tun. Die Guillotine war ab 1792 das Hinrichtungsgerät der französischen Revolution (in einem einzigen Jahr wurden 1.400 Menschen guillotiniert, insgesamt an die 15.000).
- Das probate und hoch gelobte Instrument wurde bald in andere Länder exportiert. Auch im Kirchenstaat war sie noch im 19. Jahrhundert in Gebrauch, das Strafgesetzbuch des Deutschen Reichs sah die Vollstreckung der Todesstrafe allein durch das Fallbeil vor.
- Der französische Straßenräuber N.-J. Pelletier starb am 25. April 1792 als erster durch die Guillotine. Ein Sohn der berühmten Scharfrichterfamilie Sanson, die zwischen 1688 und 1899 die Henker in Paris stellte, hatte das Werkzeug bereits an Leichen und lebenden Tieren erprobt; als Monsieur de Paris exekutierte er den Delinquenten mit der Schnelligkeit und Genauigkeit, für die er berüchtigt werden sollte (an einem einzigen Tag köpfte er in nur 36 Minuten 22 Menschen). Die Zuschauer waren wenig beeindruckt, zumal das Schauspiel im Gegensatz zu den früheren Hinrichtungen schnell zu Ende war. Als sich die Menge zerstreute, wurden Rufe laut, die den → Galgen zurückforderten.
- Am 21. Januar 1793 exekutierte Charles-Henri Sanson, der mit seinem üppigen Gehalt von 10.000 Livres einen aufwendigen Lebensstil finanzieren konnte, auch den französischen König Ludwig XVI., alias „Bürger Louis Capet". Sein Tod war von der National-

versammlung mit knappster Mehrheit beschlossen worden. Am 17. Juli 1793 wurde C. Corday guillotiniert, die den Abgeordneten J. P. Marat erstochen hatte, den sie für einen Tyrannen hielt. Am 16. Oktober 1793 folgte Königin Marie Antoinette.

- 1794 starben 54 Opfer anlässlich der „roten Messe", einer Ausgeburt der Rachejustiz, in insgesamt 28 Minuten unter der Guillotine.
- Auch die Revolutionäre G. J. Danton (15. April 1794) und M. de Robespierre (28. Juli 1794) wurden von Sanson guillotiniert.
- Allein in Paris wurden während jener Schreckenszeit auf der heutigen Place de la Concorde an die 3000 Menschen mit der Guillotine hingerichtet. In jedem der 83 Departements Frankreichs war eine Guillotine in Betrieb.
- Die abgetrennten Köpfe der berühmtesten Opfer wurden von dem Vollstrecker der Menge vorgewiesen. Von verschiedenen Köpfen wurden Totenmasken abgenommen; einige Nachbildungen sind im Wachsfigurenkabinett der Madame Tussaud zu sehen.
- Es liegen Berichte vor, die von blinzelnden Augen, sich bewegenden Lippen und zuckenden Körperteilen der Guillotinierten wissen. Französische Ärzte wollten sogar den Nachweis erbringen, dass das Gehirn eines Geköpften aufgrund seiner verzögerten Reaktion noch arbeitete. Sie saßen in der ersten Reihe der Zuschauer und sprachen das soeben exekutierte Opfer mit seinem Namen an. Daraufhin sollen sich bisweilen die Augen geöffnet und die Ärzte etwa eine halbe Minute lang fixiert haben. Ein Arzt pumpte im Jahr 1880 Hundeblut in einen abgetrennten Kopf, um die Reaktionen aufzeichnen zu können.
- Die Guillotine wurde sehr schnell zu einer Modeerscheinung: Noch heute gibt es kleine Modelle zum Anschneiden einer Zigarre; Dr. Guillotin soll eines besessen haben. Auf den Straßen sollen auch Miniaturen der Guillotine als Spielzeug für Kinder feilgeboten worden sein – und als Zugabe lebende Sperlinge, an denen sie das Gerät ausprobieren konnten.
- 1889, mitten im Treiben der Weltausstellung zu Paris, wurden zwei Opfer guillotiniert. Cooks Reisebüro transportierte Zuschauer in sieben Omnibussen, die mit Pferden bespannt waren, zum Schauplatz. Die Exekution zog mehr Zuschauerinteresse auf sich als der gerade eingeweihte Eiffelturm.

- In Versailles wurde 1939 der Mörder Weidmann öffentlich durch die Guillotine hingerichtet; die ganze Nacht hindurch hatten Familien, die ihre Wartezeit mit Trinken und Kartenspielen verkürzten, auf dem Platz kampiert. Spaßvögel sorgten für die richtige Stimmung und brachten die Menge zum Lachen; der Verurteilte konnte in seiner Zelle hören, was draußen vorging.
- Auf den berüchtigten Gefängnisinseln von Französisch-Guayana wurde noch bis ins 20. Jahrhundert hinein mit der „Lustigen Witwe" guillotiniert.
- Seit Beginn des Zweiten Weltkriegs wurden allein in Berlin-Plötzensee an die 3000 Opfer durch das Fallbeil hingerichtet, darunter 250 Frauen. In einer einzigen Nacht im September 1943 starben 186 Menschen; die erschöpften Vollstrecker weigerten sich schließlich, die noch anstehenden 144 Exekutionen vorzunehmen. Diese wurden am nächsten Tag durchgeführt.
- In Brandenburg wurden über 2500 Opfer guillotiniert, in Stadelheim 1200, darunter die Studierenden der „Weißen Rose".
- Offenbar waren alle größeren Zuchthäuser während des NS-Regimes mit Fallbeilen versehen. Ein Gefängnisgeistlicher sprach von „Großschlachttagen", die er miterlebt hatte. Scharfrichter Reichart führte für die NS-Justiz 2948 Hinrichtungen durch.

Halifax Gibbet

Seit 1286 im englischen Halifax bekanntes, der späteren → Guillotine vergleichbares Fallbeil, das 25 cm breit war, 3,5 Kilogramm wog und mit einem über dem Querbalken liegenden Seil zwischen den beiden etwa fünf Meter hohen Seitenbalken von Hand hochgezogen und ruckartig herabgelassen wurde. Von der Guillotine unterschied sich dieses Gerät durch die Form seiner Schneide und die fehlende Halterung für den Hals des Opfers.

Beispiele:
- Am 1. April 1307 wurde M. Ballagh in der Grafschaft Surrey mit dem Gerät hingerichtet. In der Folgezeit fand die Maschine in Irland, Schottland und England Verwendung. Ob auch der englische Staatsmann T. More (1935 heiliggesprochen) am 6. Juli 1535 mit dem *Halifax Gibbet* exekutiert wurde, ist nicht erwiesen.

- Nach pfarramtlichen Registern wurden allein zwischen dem 20. März 1541 und dem 30. April 1650 mit dem Gerät 49 Menschen exekutiert.
- Das Fallbeil sauste im Übrigen mit einer solchen Wucht herab, dass der abgetrennte Kopf des Opfers gelegentlich in die Menge der Zuschauer schnellte. Legendäre Quellen berichten davon, dass ein Kopf sogar in die Satteltasche einer Reiterin landete und sich an ihrer Kleidung festbiss.

Halsgericht

Seit dem 13. Jahrhundert verbreitete Bezeichnung (Rechtswort) für eine Instanz der hohen Gerichtsbarkeit, die befugt war, über den Hals, also über Leben und Tod zu richten. Ein solches Gericht war für die Aburteilung schwerer, mit Leib- und Lebensstrafen bedrohter Verbrechen zuständig und konnte einen Menschen, umgangssprachlich, „den Hals kosten". Einzelne Landesherren erließen spezielle Halsgerichtsordnungen (Bamberg, Bayern, „Constitutio Criminalis Carolina"), die Rechtsprechung und Strafvollzug regeln sollten.

Hals und Hand

Paarformel (wie z. B. Leib und Leben, → Haut und Haar) der mittelalterlichen deutschen Rechtssprache: Die für schwere Verbrechen angedrohten blutigen Leib- und Lebensstrafen wurden nach charakteristischen Vollstreckungsformen (→ Enthaupten) als Strafen zu Hals und Hand bezeichnet.

Hammer

Hämmer (etymologisch erst „Stein", dann Werkzeug aus Stein) sind Handwerksgeräte verschiedener Form und Größe für alle Arbeiten, die eine Schlagwirkung erfordern. Sie wurden nicht selten auch zum Foltern eingesetzt und hinterließen beim Opfer schwere Schädigungen infolge des Zertrümmerns von Körperteilen (Gelenke, Extremitäten), die bis zum Tod reichen konnten (Kopf, Brust).

Beispiele:
- Der eigens für diese Gelegenheit gedungene → Scharfrichter, ein Bauer aus der Gegend, zerschlug auf Anweisung eines schwedi-

schen Gerichts dem auf das → Richtrad gefesselten livländischen „Rebellen" J. R. v. Patkul vor der eigentlichen Exekution durch vier Schläge mit dem → Richtbeil im Oktober 1707 mit einem Vorschlaghammer langsam Arme und Beine.

- Zivil- und Sturmgardisten zertrümmerten im Verlauf des Spanischen Bürgerkriegs (1936–1939) den oft schon halbtot eingelieferten Arbeitern, die sie als aktive Kämpfer verdächtigten, in asturischen Polizeistationen mit Hämmern die Kniescheiben.
- Während der Militärdiktatur in Argentinien (1976–1983) wurden Hände und Füße der Opfer mit Hämmern zerschlagen.

Handbeil

Ein schweres, zweihändig zu handhabendes Beil, das infolge seines Eigengewichts eine starke Durchschlagskraft aufwies und in Verbindung mit einem → Richtblock oder einer → Richtbank verwendet wurde, vor oder auf denen die man zum Tode Verurteilten festschnallte.

Beispiele:
- Solche → Richtbeile wurden in einigen Teilen der deutschen Länder, insbesondere in weiten Teilen Preußens, bis 1938 zur Vollstreckung der → Todesstrafe eingesetzt.

hanging in chains

In England früher geübte Form der → Leichentortur: Das Opfer wurde zunächst gehängt, dann die Leiche in Eisenketten geschlagen, in heißen Teer getaucht und, meist vor der Stadt, an einen → Galgen gehängt. „Diese Prozedur sollte den Körper so lange wie möglich konservieren, damit er den schaudernden Mitmenschen zur Abschreckung diene" (K. B. Leder).

Beispiele:
- Der Leichnam des Brandstifters J. Hill, der in Portsmouth gehängt worden war, soll nach G. R. Scott (*The History of Capital Punishment*, London 1950) am Hafen der Stadt mehrere Jahre an einem eigenen Galgen gehangen und der Auflösung widerstanden haben.

Haut und Haar

Deutsche Paarformel (ähnlich: → Hals und Hand) der mittelalterlichen Rechtssprache: Die so bezeichneten, nicht verstümmelnden Leib- und Lebensstrafen, die entehrend wirkten, wurden vor allem an Dieben, die tagsüber gestohlen hatten, durch Schläge auf die Haut und Abschneiden der Haare vollstreckt.

Heiratsgnade

Form des → Gnadenerweises, aufgrund dessen der zum Tod Verurteilte in letzter Minute vor der Exekution gerettet wurde, wenn sich eine Frau fand, die sich bereit erklärte, ihn zu heiraten. Besondere Wundermacht wurde dabei Jungfrauen zugeschrieben: Jungfräulichkeit hatte eine (schuld-) reinigende Kraft.

Beispiele:

• Ein altes bayerisches Volkslied erzählt, dass ein Henkersknecht am 12. Oktober 1435 die schöne A. Bernauer durch ein Heiratsangebot vor dem Tod im Wasser retten, diese aber das → Ertränken dem Leben als Frau eines „unehrlichen" → Scharfrichters vorziehen wollte.

• 1555 befreiten zwei junge Frauen auf einmal zwei zum Tode Verurteilte; eine von ihnen war bereits im Brautschmuck erschienen.

• In Köln stand 1561 T. Isenhaupt vor Gericht, der mit seinem Buchhändler einen blutigen, im Dom fortgesetzten und fünf Menschen betreffenden Streit geführt hatte. Bei der Verhandlung traten zwei Frauen auf, die ihn zum Mann begehrten. Während das Gericht durchaus einwilligte, lehnte Isenhaupt eine solche Heiratsgnade ab. Es gelang ihm aber, der sich tumultuarisch gestaltenden Hinrichtung zu entkommen.

• 1725 hatten in Rapperswyl (Schweiz) geistliche und weltliche Fürbitter vergeblich um das Leben eines Verurteilten gebeten. Dann trat seine Braut auf und bat darum, ihr den „Hochzeiter" zu schenken. Das Gericht erfüllte die Bitte und schenkte dem Paar sogar eine hohe Geldsumme für die Aussteuer.

• Der Volksglaube, ein zum Tode Verurteilter könne durch das Versprechen, ihn zu heiraten, begnadigt werden, hielt sich bis ins 19. Jahrhundert. In gleicher Weise konnte auch ein → Scharfrichter eine Verurteilte befreien, wenn er sie zur Frau nahm.

• Gelehrte Juristen nahmen freilich immer wieder gegen diesen „Wahn" (so 1622) Stellung. Die letzten einschlägigen Angebote wurden 1834 in Dresden und 1864 in Marburg von Gerichten abgewiesen.

Henkersknoten

Ein Knoten, der beim → Erhängen verwendet wird. Er besteht aus einer frei laufenden Schlinge, die um den Hals des Delinquenten gelegt wird und sich beim Hängen durch dessen Gewicht zuzieht. Herkömmlicherweise wird der Knoten unmittelbar unter und hinter dem linken Ohr angelegt. Durch das Zuziehen der Schlinge werden die Luftzufuhr zur Lunge und die Blutzufuhr zum Gehirn unterbunden, was zum langsamen und qualvollen Tod durch → Strangulation führt. In Kombination mit dem Gebrauch einer Falltür und einem Sturz aus einer berechneten Höhe tritt der Tod durch Genickbruch ein (→ *long drop*). Die Anzahl der sogenannten Rundtörns um die Schlinge geben die Quellen verschieden an (neun, acht oder 13). Das „Procedure for Military Executions" der US-Army vom Dezember 1947 schrieb in seiner Anleitung für Exekutionen durch Erhängen sechs Wicklungen vor.

Henkerslohn

„Zu Henkers Dienst drängt sich kein edler Mann" (F. Schiller, „Wallensteins Tod" IV, 6). Dennoch fanden sich immer wieder, manchmal durch Generationen einer Familie hindurch, Menschen, die sich dem Werk zur Verfügung stellten. Nur die größeren und reichen Städte konnten sich aber ihren eigenen → Scharfrichter leisten; andere Kommunen mussten sich ihn („Wanderhenker") ausleihen. Die Exekutoren von Folter und Hinrichtung erhielten regelmäßigen Lohn und ein Sonderentgelt für jede Justizleistung. Die Städte sorgten auch für alle benötigten Geräte, wie das → Richtschwert, das Holz für den Scheiterhaufen, die Stränge für Galgen und die Folterinstrumente. Nicht selten mussten aber auch die Angehörigen der Opfer die Rechnungen für Folter und Exekution begleichen, die ihnen vom → Justizpersonal präsentiert wurden. Gemeinhin schufen sich die Scharfrichter einen Nebenverdienst, indem sie das Blut oder Körperteile des Exekutierten verkauften (→ Leichentortur).

Beispiele:

- 1323 wurden in Carcassonne vier Opfer wegen „Ketzerei" verbrannt. Die Rechnung für Verfahren und Exekution führte detaillierte Kosten für Holz, Stroh, vier Pfähle, Stricke und die Scharfrichter auf.

- Der Scharfrichter von Kitzingen, Meister Augustin, präsentierte nach der Niederschlagung des Bauernkrieges von 1525 dem Markgrafen Kasimir von Brandenburg seine Rechnung: „Summa 80 enthaupt, 7 die Finger abgeschlagen, 62 die Augen ausgestochen." Für jeden, den er köpfte, war ihm ein Gulden, für jeden, dem er einen Finger abhackte oder den er durch Blenden marterte, ein halber Gulden zugesagt worden.

- M. Eschenbrenner, die Monate im Verlies verbracht hatte und gefoltert worden war, wurde 1566 in Wächtersbach verbrannt. Am Vorabend der Hinrichtung hielten 14 Schöffen und weitere am Prozess beteiligte Offizielle ein Gelage, bei dem 44 Liter Wein getrunken wurden. Hinzu kam das Essen für die Amtspersonen und Futter für deren Pferde. Die Familie der verbrannten Frau hatte für diese Kosten sowie für die der Hinrichtung aufzukommen; sie entsprachen dem Gegenwert von 10 Kühen.

- 1597 starb E. Gaul an den Folgen der Foltern, die ihr in Eckartshausen zugefügt worden sind. Die Todesstrafe wurde daher am Leichnam vollzogen, und der völlig verarmte Witwer musste die gesamten Kosten des Verfahrens tragen.

- König Karl I. von England wurde am 30. Januar 1649 von einem Scharfrichter geköpft, der kein berufsmäßiger Henker war, sondern diese eine Hinrichtung gegen ein Honorar von 100 Pfund übernommen hatte.

- Im März 1656 wurden in Dinkelsbühl sieben Frauen hingerichtet; die Kosten für die Exekution in Höhe von 390 Gulden wurden den Angehörigen in Rechnung gestellt.

- Nach einem Ratsbeschluss von 1664 erhielten in Esslingen die Geistlichen, die sich um die inhaftierten „Hexen" kümmern sollten, aus dem Vermögen des Opfers jeweils „drei Tonnen Ehrenwein".

- Die Kurkölnische Gebührenordnung für Scharfrichter vom 5. Februar 1688 wurde am 15. Januar 1757 angepasst: Der Scharfrichter erhielt jetzt für → Vierteilen oder → Verbrennen 6 Taler, für das Abhacken von zwei Fingern oder einer Hand 1 Taler, für die erste

Viertelstunde der Anwendung von Daumen- oder Beinschrauben 1
Taler 46 Schilling.
- Zwischen dem 15. und dem 18. Jahrhundert wurden die Gebühren
für Dienstleistungen französischer Scharfrichter stetig erhöht (G.
d'Avenal).
- C. H. Sanson, der den französischen König Ludwig XVI. und Königin Marie Antoinette geköpft hat, verdiente pro Jahr die stattliche
Summe von 17.000 Livres, doch 1792 beschwerte er sich über den
flauen Geschäftsgang und die Höhe seiner Spesen.
- 1984 suchte der US-Bundesstaat New Jersey „Hinrichtungstechni-
ker mit solidem Charakter" und sagte 500 $ für jede Exekution zu.

Henkersmahlzeit

Volkstümliche Bezeichnung für das zum → Hinrichtungsritus zählende letzte Essen, das einem zum Tode verurteilten Menschen vor
dem Gang zur → Richtstätte gereicht wird. Wahrscheinlich lassen Erwägungen, die von uralten magischen Vorstellungen beeinflusst sind
(Tötungshemmung, Bluttabu) und das schlechte Gewissen der Täter
beruhigen sollen, das (früher auch zusammen mit dem → Scharfrichter eingenommene) Mahl ausgiebig ausfallen; es wird noch immer nach den Wünschen des in der → Todeszelle befindlichen und
mit Richter und Scharfrichter zu „versöhnenden" Opfers ausgerich-
tet. Verurteilte erfahren damit in einer „ironischen Generosität" (so
der New Yorker Gefängnisarzt Squire) eine Vergünstigung, die sie in
ihrem Leben nur selten kennenlernen durften. Nicht auszuschließen
ist auch, dass die Henkersmahlzeit eher den Appetit der Menge für
sentimentale Erregung befriedig, als den Hunger des Opfers.

Beispiele
- Nach H. v. Hentig sind Henkersmahlzeiten bei Griechen, Römern,
Israeliten, Persern, Chinesen, nordamerikanischen und afrikanischen Völkern belegt, ein „Ritus der Versöhnung und des Frie-
densschlusses" zwischen dem Opfer und denen, die seinen Tod beschlossen und ausführten.
- Mittelalterliche Henkersmahlzeiten sind durch Rechnungen in be-
trächtlicher Höhe belegt. Die Obrigkeit scheute manchmal keine
Kosten, um ihre Opfer zu befriedigen und zu versöhnen. Nur beim

Trinken wurde zum Maßhalten aufgefordert. Da manche Verurteilten auch auf ihrem letzten Gang Wein zu trinken bekamen (→ Gnadentrunk), und dies bisweilen so reichlich, dass sie betrunken waren, wurde versucht, die Weinmenge vorzuschreiben, damit „aller yberfluß vermiden, und der arme Sinder nicht yberweinth oder mit starckhen getranckh zu vill ahngefüllt werdte, wordurch er verhindert wurdte, sein Seelenheyl nach gebühr zu pflegen".

- 1550 sah das Recht von Wielandsheim vor, einen durch einen geistlichen Richter Verurteilten „drei Tage nacheinander zu vertrinken".
- In Schongau nahmen 1575 nicht weniger als 28 Personen an einem solchen Mahl teil.
- Beim Henkersmahl anlässlich der Exekution der Kindsmörderin S. M. Brandt wurden 1772 in Frankfurt a. M. Richtern, Pfarrern, Henkersleuten „eine gute Gerstensupp, eine Schüssel blau Kraut, eine Schüssel Bratwürste von 3 Pfundt, 10 Pfundt Rindfleisch, 6 Pfundt gebackene Karpfen, 12 Pfund gespickter Kalbs-Braten, eine Schüssel confect, 30 Milchbrodt, zwei schwartze Hospital Leibbrodt und achteinhalb Maas 1748er Wein" gereicht; die Delinquentin selbst schlug alles aus und trank nur ein „Glaß puren Wassers".
- 1895 aß der Mörder M. Witt in Altona zwei Steaks mit Kartoffeln und trank eine Flasche Rotwein.
- Häftlinge im US-Gefängnis Sing Sing nannten das Henkersmahl the big feed, den „großen Fraß".
- Der Berufsverbrecher C. Baa wählte nach C. T. Duffy, dem Direktor des kalifornischen Staatsgefängnisses St. Quentin, „Austernsuppe, diverse Gänge mit gebratenem Geflügel, Kaffee und Eiscreme. Dazu ließ er sich Schallplatten abspielen, trank Unmengen Kaffee und rauchte eine teure Zigarre nach der anderen".
- Der Mörder H. Schenk rauchte in seinen letzten 19 Stunden in Wien 309 Zigarren, der Raubmörder Haack in Hamburg in seinen letzten drei Tagen 42 Havannas (L. Richter).
- Bei den in Kalifornien nach Hinrichtungen üblichen Pressekonferenzen wünschten Journalisten stets die Speisenfolge der Mahlzeit zu erfahren (K. Rossa).

Herz-Herausreißen

Althergebrachte, etwa bei den Azteken (umstritten) im Vollzug eines Opferrituals übliche Form einer Folter mit tödlicher Wirkung oder der → Leichentortur: Dem lebenden oder bereits verstorbenen Opfer wird vom Täter der Brustkorb weit eröffnet und das Herz (mit der Hand) entfernt. Das blutende und zuckende Herz wird hin und wieder dem Verurteilten „ums Maul geschlagen", der Zuschauermenge gezeigt und aufgespießt zur Schau gestellt.

Beispiele:

- Bei den Aschanti, einem Volk im Nigerdelta, schnitt der Medizinmann das Herz eines feindlichen Kriegers heraus und gab es denjenigen Männern, die noch keine Gegner im Kampf getötet hatten, zu essen. Auf diese Weise sollten ihnen Kraft und Mut übermittelt werden. Es liegt auch ein Bericht vor, dass der Stamm diese Methode bei dem gefangenen englischen Verwaltungsbeamten Sir C. McCarthy angewandt hat.
- Der König der Yoruba in Westnigeria hatte das herausgeschnittene Herz seines Vorgängers aufzuessen.
- Aus dem Aztekenreich wird berichtet, dass Menschen auf der Pyramide des Sonnengottes geopfert wurden: Das Opfer wurde auf einen Altarstein gebunden, und beim ersten Sonnenstrahl wurde ihm die linke Brusthälfte aufgeschnitten, um ihm, während es noch lebte, das Herz herauszureißen. Auf 100 → Menschenopfer sollen 90 Herz-Opfer gekommen sein.
- 1567 wurde dem wegen Gicht bewegungsunfähigen Verschwörer W. von Grumbach, der auf einem Stuhl zum Schafott hatte getragen werden müssen, zu Gotha „das Herz aus dem Leib geschnitten und ums Maul geschlagen".
- Ein Bericht über die grausame Folterung eines Mannes, der im Auftrag des spanischen Königs Philipp II. (1527–1598) den Prinzen von Oranien ermordet hatte, besagt: Er wurde zuerst gegeißelt, dann wurde eine Nagelfolter angewandt, schließlich der Körper mit Salz eingerieben, dann mit → glühenden Zangen gezwickt. Zuletzt eröffneten die Folterknechte den Leib des Opfers, nahmen ihm das Herz heraus, legten es in die Hand des Getöteten, durchstachen es und verwiesen dabei auf die gerechte Strafe, die einen Attentäter

träfe. Zuletzt folgten die Zerstückelung der Leiche und die Zurschaustellung der Leichenteile an vier Orten (Windrichtungen).
- Der Attentäter Grandval, der 1692 einen missglückten Anschlag
  auf König Wilhelm III. von England unternommen hatte, wurde
  am Galgen aufgehängt, dann wurde dem noch Lebenden die Brust
  aufgeschnitten, das Herz herausgerissen und ins Gesicht geworfen.
  Anschließend wurde es zusammen mit den Eingeweiden und Genitalien des Opfers verbrannt.
- Im Vietnamkrieg (1960–1973) wurden südvietnamesische Soldaten angetroffen, die einigen Vietcong die Herzen herausgeschnitten
  hatten und die bluttriefenden Klumpen als Beute vorwiesen.

Herz-Pfählen

Dem auf dem Rücken liegenden, an Armen und Füßen gefesselten
Opfer, nicht selten einer Frau (Kindsmörderin), wurde ein angespitz-
tes Holz durch das Herz getrieben. Auch sind Fälle bekannt, wo die
Pfählung in Form einer → Leichentortur durchgeführt wurde.

Beispiele:
- Die „Constitutio Criminalis Carolina" von 1532 setzte auf Kindsmord noch die Strafe des → lebendig Begrabens und der Herzpfählung, aber auch des → Ertränkens. Erst gegen 1580 setzte sich, von
  Nürnberg ausgehend, die Hinrichtung durch → Enthaupten durch.
- Das Herz-Pfählen bei Leichnamen dürfte im Zusammenhang mit
  dem Glauben an Vampire stehen, zumal eine Frau, die ihr Kind
  getötet hatte, zur → Friedlosigkeit verdammt war. Die Mutter sollte als blutsaugender Vampir durch die Nacht fliegen, um fremden
  Kindern das Blut auszusaugen, weil sie ihr eigenes Kind nicht hatte
  behalten wollen.
- Eine Zeichnung aus der Chronik des W. Neubauer (Nürnberg 1601)
  gibt die Herzpfählung einer Frau wieder.

Hinrichtung

Begriff für die vorsätzliche und als legal empfundene oder gedeutete
Tötung eines (oder mehrerer) in der Gewalt der Hinrichtenden befindlichen Menschen. Zumeist erfolgt eine solche Hinrichtung (Exekution im engeren Sinn) in Form des Vollzugs einer von der Justiz

(oder vom Machthaber) eines Landes (oder einer Organisation) aus-
gesprochenen Verurteilung zum Tod (→ Todesstrafe).

Beispiele:
- Seit 1851 wurde in allen deutschen Staaten die öffentliche Hinrichtung aufgehoben. Die letzten beiden öffentlichen Hinrichtungen
fanden am 14. Oktober 1864 in Marburg und am 21. Oktober 1864
in Greiz statt.
- In Tübingen wurde am 18. Februar 1949 ein 28-jähriger Raubmörder hingerichtet. Dies war die letzte von einem westdeutschen
Gericht angeordnete Hinrichtung. Drei Monate später, am 23. Mai
1949, wurde mit der Verkündung des Grundgesetzes die Todesstra-
fe in Westdeutschland abgeschafft.
- Ungeachtet dessen wurden auf westdeutschem Boden noch weitere Hinrichtungen vorgenommen. Im Kriegsverbrechergefängnis
Landsberg, von 1946 bis 1958 unter US-amerikanischem Befehl,
wurden 1945 bis 1951 285 von insgesamt 308 zum Tode verurteilten
Kriegsverbrechern gehängt (→ Erhängen).
- Das letzte nicht-militärische Todesurteil in der DDR wurde am 15.
September 1972 an einem Kindermörder vollstreckt.
- Seit dem Jahr 2000 sind nach Kenntnis von *Amnesty International*
folgende Hinrichtungsmethoden bei der Vollstreckung der → To-
desstrafe angewandt worden:
  → Elektrischer Stuhl: USA (nicht alle Bundesstaaten)
  → Enthaupten mit dem Schwert: Saudi-Arabien
  → Erhängen: Ägypten, Irak, Iran, Japan, Jordanien, Libyen, Malay-
  sia, Pakistan, Singapur und weitere Staaten
  → Erschießen: Nordkorea, Somalia, Taiwan, USA, Usbekistan, Vi-
  etnam, Volksrepublik China, Weißrussland und weitere Staaten
  → Steinigen: Afghanistan, Iran, Sudan, Nigeria, Somalia
  → Giftinjektion: Guatemala, Thailand, USA, Volksrepublik China

Hinrichtung zu gesamter Hand

Um archaische Tötungshemmungen zu überwinden und die gefürchtete, magisch erklärte Blutschuld bei Hinrichtungen nicht als
einzelner Mensch tragen und verantworten zu müssen, wird diese
möglichst auf jedes Mitglied oder auf ausgewählte Mitglieder einer

Gemeinschaft verteilt. Zudem erzeugt die gemeinsam getragene und verantwortete Blutschuld ein besonderes Band der Zusammengehörigkeit u. a. bei militärischen Verbänden (K. B. Leder). Konkrete Formen finden sich beim → Erschießen, Lynchen, Steinigen.

Hinrichtungsbus

Fahrzeug für Exekutionen mittels → Giftinjektion. Hinrichtungsbusse wurden in der Volksrepublik China entwickelt und dort vor allem von Schnellgerichten eingesetzt (zum Ganzen: Wikipedia, „Hinrichtungsbusse", abgerufen am 25.3.2017). Die Firma Jinguan („Goldene Krone") in Sichuan baut Toyota-Busse in Exekutionsfahrzeuge um. Sie will sich die Einrichtung patentieren lassen. Der Bus verfügt über Lederpolster, Stereoanlage und einen kleinen Kühlschrank. Von außen sehen die Fahrzeuge aus wie Krankenwagen. Die Verurteilten werden im Bus auf einer Liege festgebunden, danach wird ihnen ein tödlicher Giftcocktail gespritzt, die Prozedur auf Video aufgezeichnet. Es sind Sitzbänke für Staatsanwalt und Richter vorhanden, von denen aus sie das Geschehen im hinteren, durch eine schalldichte Wand abgetrennten Teil des Wagens auf einem modernen Flachbildschirm verfolgen können. Für den Protokollführer steht ein Schreibtisch mit Computer zur Verfügung. Die eigentliche Hinrichtungskammer ist klinisch kühl eingerichtet. Durch die hintere Wagentür wird das tragbare Exekutionsbett mit dem bereits gefesselten Delinquenten auf ein klappbares Stahlgestell geschoben. Daneben sind vier Klappstühle für das Überwachungspersonal angebracht. Im „Arbeitsbereich" des → Scharfrichters zwischen Bett und Trennwand stehen ein Geräteschrank, ein kleines Waschbecken und ein tragbarer Kühlschrank. In ihm wird das Gift aufbewahrt. Die Giftspritze wird auf eine Schiene geschraubt, daran der Arm des Verurteilten festgebunden. Der Scharfrichter muss nur noch auf einen Knopf drücken. Die Volksrepublik China vollstreckt weltweit mit Abstand die meisten Todesurteile. Die genaue Anzahl ist Staatsgeheimnis. Schätzungen gingen von 5000 bis 6000 Hinrichtungen im Jahr 2011 aus. Seit 2003 sind Hinrichtungsbusse in China üblich. 19 Busse waren im Jahr 2004 in verschiedenen chinesische Provinzen in Gebrauch. Traditionell wird in China per → Genickschuss hingerichtet – u. a. wegen der Angst vor AIDS und weil es Organtransplantationen erleichtere, gewinnt die Giftspritze mehr und mehr Fürsprecher. Hinrichtungsbusse haben einen aus chinesischer Staatssicht erwünschten besonderen Effekt: Das medizinische Personal kann den Exekutierten direkt Organe entnehmen. Diese in China gängige Praxis wird international heftig kritisiert. „Die Regierung in Peking betont, die Organentnahme erfolge mit Zustimmung der Verurteilten und ihrer Familien. In Wirklichkeit ist dies meistens nicht der Fall", widerspricht *Amnesty International.*

Hinrichtungsfest

Zu den Eigentümlichkeiten der menschlichen Natur gehört es offensichtlich, bei Folter und Hinrichtung anwesend zu sein, zuzuschauen, wie das Opfer gefoltert oder exekutiert wird und diese Schaulust beim „Karneval des Tötens" mit einem Fest zu verbinden. Dieser *event* nahm in Europa infolge der geringen Anzahl vergleichbarer Angebote fast immer den Charakter eines Jahrmarktes an (Essen und Trinken, Buden, Bauchläden, Schausteller, „Katzenmusik" beim Armesünderzug), was das gerne vorgetragene Argument, die Vollstreckung der → Todesstrafe wirke abschreckend, relativiert. Im 20. Jahrhundert wurde den Augenzeugen jeder Bericht über die nichtöffentlich vorgenommene Hinrichtung (*Intramuran-Exekution*: *intra muros* = innerhalb der Mauern des Gefängnisses) untersagt, damit die Exekution kein Spektakel mehr sei, sondern „ein Geheimnis zwischen der Justiz und ihrem Verurteilten bleibe". Die Vorsichtsmaßregeln „machen wohl einsichtig, dass im Grunde die Hinrichtung auch heute noch ein Schauspiel ist, das man eben deswegen zu untersagen hat" (M. Foucault).

Beispiele:
• Bei der Exekution zweier Männer in London (1807) waren 40.000 Zuschauer in eine so verrückte Festlichkeit verwickelt, dass an die 100 Tote und Sterbende auf den Straßen lagen, als das Schauspiel vorüber war.
• 1841 zählte die Polizei in Breslau fast 15.000 Zuschauer bei einer Exekution. Tribünen wurden errichtet, Eintrittsgelder verlangt, Speisen und Getränke geboten.
• Die Wiener feierten 1868 anlässlich der Hinrichtung des G. Ratky

ein rauschendes Fest mit Hunderten von Buden, die nach Aussage eines Augenzeugen „rund um die Leich herum" errichtet worden waren. Für das leibliche Wohl sorgten „Armesünderwürstel" und „Galgenbier".

• Mitunter pilgerten mitten im Spanischen Bürgerkrieg (1936–1939) ganze Familien zu den makabren Schauspielen einer Exekution und führten sich dort auf wie bei einem Volksfest, so dass 1936 in Valladolid auf amtlichen Plakaten darum gebeten werden musste, die Zuschauer sollten Frauen und Kinder zu Hause lassen.

• Bei einer öffentlichen Hinrichtung zweier Raubmörder in Teheran (1964) machten die Taxifahrer der Stadt das Geschäft ihres Lebens; etwa 50.000 Zuschauer strebten der Richtstätte zu. Die Polizei versuchte, mit Schlagstöcken und Gewehrkolben einen Raum um den Galgen freizuhalten. „Frauen und Kinder schrien. Nicht wegen der Hiebe, sondern aus Empörung darüber, dass man sie von ihren Parkettplätzen vertrieb" (STERN 10.11.1964).

Hinrichtungsgeräte

Im Laufe der Menschheitsgeschichte in aller Regel planvoll entwickelte Maschinen und Vorrichtungen zur Tötung eines oder mehrerer Menschen. Eine genaue Abgrenzung zu Foltergeräten ist nicht in jedem Fall möglich, zumal Folterungen immer wieder in Exekutionen enden.

Hinrichtungsritus

Da eine Hinrichtung schon als solche den allgemein gebilligten obrigkeitlichen Vollzug einer gerichtlich verhängten → Todesstrafe und damit vor aller Augen den Sieg der Gerechtigkeit über einen Missetäter bedeutet, verwundert es kaum, dass Exekutionen im Laufe der Zeit immer häufiger nach bürokratisch geordneten und protokollierten Regeln und Ritualen vorgenommen und (bis heute) von festgelegten, aufwendig arrangierten Zeremonien begleitet werden (→ Scharfrichter, Justizpersonal), die jedoch auch den Gedanken einer öffentlich geschehenden Versöhnung von Opfern und Exekutoren nicht aussparen (→ Henkersmahlzeit). Beispielsweise waren das Verbringen einer schlaflosen Nacht, in der das Opfer vor der Exekution in sich gehen sollte, das Ritual des Stabbrechens und die Kleidung des Justizpersonals anlässlich einer Hinrichtung ebenso wie die des Opfers (Armesünderhemd, Totenkleid), aber auch der von Soldaten und Stadtschützen geregelte, prozessionsähnliche Zug zur → Richtstätte, der um den Armesünderkarren versammelte Exekutionstross oder das Läuten des Armesünderglöckleins detailliert geregelt. Auch das Zeremoniell der „letzten Worte" des Opfers war häufig vorgesehen; desgleichen das rituelle Vorzeigen des abgeschlagenen Kopfes (→ Enthaupten) durch den Scharfrichter, dem sogleich vom Gericht bestätigt wurde, eine saubere (und ihn befreiende) Arbeit geleistet zu haben. Im Rahmen eines solchen Zeremoniells als einer moralisch-religiösen Veranstaltung wurde seit dem 16. Jahrhundert von einem geistlichen Angehörigen des Justizpersonals auch eine „Moralpredigt" vorgetragen, eine meist lange Ansprache, die nicht nur das zu exekutierende Opfer ansprechen, sondern auch die schaulustige (und zunehmend ungeduldige) Menge über Verbrechen, Strafe, Himmel und Hölle belehren sollte. Einen ähnlich erbaulich-pädagogischen Zweck verfolgten „Armesünderblätter", die nach der Verkündung des Todesurteils wie nach dessen Vollstreckung verteilt wurden. Sie schilderten, oft bebildert, Frauen und Kindern die verabscheuungs-würdige Tat, aber auch die „Bekehrungsgeschichte" des Delinquenten (R. van Dülmen). Ein Autodafé der Spanischen Inquisition, wie es sich von 1481 bis 1815 als pompös gegen alle „Ketzerei" inszenierter Glaubensakt vor den kirchlichen und weltlichen Autoritäten und allem Volk darstellte, dürfte den anderswo unerreichten Höhepunkt aller Hinrichtungszeremonien gebildet haben (→ Hinrichtungsfest).

Beispiele:
- Bevor am 21. Juni 1749 der Scheiterhaufen angesteckt wurde, um die Nonne M. R. Singer aus dem Kloster Unterzell (Würzburg) hin-zurichten, hielt der „Galgenpater" und Domprediger G. Gaar eine lange Predigt, in der er die weise Strenge des Gesetzes rühmte und die Verhörprotokolle zitierte. Das Opfer, das aufgrund vieler Fol-terungen nicht mehr gehen konnte, wurde schließlich enthauptet, sein Kopf auf eine Stange gesteckt.
- Ein Kupferstich von 1772 beschäftigt sich mit einem „wohlverdien-ten Todesurtheil nebst einer Moralrede" und zeigt das Auge Gottes („videt omnia") über Wolken, aus denen eine himmlische Hand den

Menschen auf Erden einen schon zur Schlinge gebundenen Strick reicht.

- Auch nachdem öffentliche Hinrichtungen in vielen Ländern abgeschafft worden waren, wurde die Öffentlichkeit über die Exekution selbst unterrichtet (Läuten einer Armesünderglocke, Ankündigung des bevorstehenden Ereignisses auf roten Plakaten, Mitteilung über die erfolgte Vollstreckung), falls diese nicht wie unter dem NS-Regime massenhaft im „Dunkel der Illegalität" (R. J. Evans) versank. Manche dieser quasizeremoniellen Formen sind noch heute üblich.

Hölzerner Turm

Beispiele:
- Während eines Judenpogroms wurden 1171 auf Befehl des Landgrafen Theobald von Chartres alle Juden aus Blois verhaftet und in einen hölzernen Turm gesperrt, um den Holz und Reisig aufgeschichtet worden waren. Als sie sich der Taufe verweigerten, wurde Feuer gelegt. 34 Männer und 17 Frauen kamen ums Leben.

Hungern

Bei einer unzureichenden Ernährung (*Denutrition*), die den Kalorienbedarf nicht deckt, muss die fehlende Energie durch Mobilisation von körpereigenem Material (Glykogen, Fett) bereitgestellt werden. Bei länger anhaltendem Hungern kommt es zu einer Reduktion der körperlichen und geistigen Widerstandskraft. Bei Verhungerten lassen sich folgende Befunde erheben: Völliger Schwund des Körperfetts (an dessen Stelle tritt eine glasig-sülzige Masse), Abnahme der Muskulatur und Schwund einzelner Organe, Schuppen der Haut, kaum durchfeuchtete Gewebe, starke Ödeme an Gesicht und Beinen.

Beispiele:
- In Rom zählte das *tormentum famis* zu den gebräuchlichen Foltermethoden.
- Als sich die Maji-Maji in Tanganjika gegen die deutsche Kolonialherrschaft erhoben (1903–1905), verbrannten die Deutschen die Ernte, hungerten die Bevölkerung aus und machten das Land dem Erdboden gleich. An die 120.000 Menschen verloren ihr Leben.

- Halbverhungerte Häftlinge auf den Gefängnisinseln von Französisch-Guayana mussten im 20. Jahrhundert Fleisch von Haien essen, die mit den Leichen von Sträflingen gefüttert worden waren.

- Im September 1939 wurden die Kostensätze für die Landesanstalten Sachsens gesenkt (18 Reichspfennig pro Tag/Patient) und die Verabreichung von Butter, Milch, Teigwaren, Obst und Gemüse an psychisch Kranke verboten. Patienten, die im Anstaltsbetrieb keine produktive Arbeit leisteten, erhielten fast nur noch Suppen. Dem systematisch organisierten Hungern fielen bis Kriegsende allein in Großschweidnitz an die 5.000 Patienten („Suppenköstler") zum Opfer.

- In NS-Konzentrationslagern gab es eigene Hungerzellen. Wurden sie geräumt, fanden sich Tote, die an den Schenkeln und am Gesäß Bisswunden aufwiesen oder Finger eingebüßt hatten. Auch wird von Lagerinsassen berichtet, die aus den zum → Verscharren bereitliegenden Leichen ihrer Mithäftlinge Fleischstücke herausschnitten. Es liegen Berichte vor, nach denen Kinder im Alter von 1–5 Jahren langsam (Verkleinerung der täglichen Rationen) verhungern mussten, um sie gegenüber dem Ausland als Opfer eines natürlichen Todes darstellen zu können.

- Im Biafrakrieg, einem Vernichtungsfeldzug von 42 Millionen Nigerianern aus der Nordregion gegen 14 Millionen Igbos, der im Januar 1970 blutig zu Ende ging, starben an die zwei Millionen Biafraner, täglich verhungerten Tausende. Obwohl zahllose Organisationen auf den Hungertod hinwiesen, unternahmen die meisten Staaten der Welt nichts. Großbritannien, die Sowjetunion und Ägypten weigerten sich, ihre Waffenlieferungen an Nigeria einzustellen. Das von den Igbos ausgerufene und 1967–1969 auch von afrikanischen Staaten anerkannte Land wurde von der Karte gelöscht.

- Der SPIEGEL-Korrespondent T. Terzani, der Ende 1979 die Aktionen des Roten Kreuzes im Grenzgebiet zwischen Thailand und Kambodscha verfolgte, berichtete über die Massenflucht Hunderttausender verhungernder Khmer. Er war entsetzt über den Anblick, der sich ihm bot: „Menschliche Wesen, eingehüllt in schwarze, mit Staub und Exkrementen bedeckte Lumpen, unfähig sich zu bewegen, hocken herum ... inmitten der prachtvollen tropischen Vegetation."

- Häftlinge wurden in Togo so lange der Hungerfolter unterzogen, bis sie Gerippen glichen (*Amnesty International* 2001).

Hungerturm

Bezeichnung für ein → Gefängnis, das bis in die frühe Neuzeit in Gebrauch war.

Beispiele:

- Die Nutzung von Türmen bei Burgen und Stadtmauern als Gefängnis ist ab dem späten Mittelalter belegt. Der Verurteilte wurde in den Hungerturm gesperrt und nur mit Wasser und Brot versorgt. Nicht wenige Opfer starben nach Monaten an Entkräftung und Abwehrschwäche, hervorgerufen durch Nährstoff- und Lichtmangel (Wikipedia, „Hungerturm", abgerufen am 7.4.2017).
- Hungertürme sind beispielsweise noch in Tauberbischofsheim und Bernau bei Berlin erhalten.

Hungriger Hund

Das Opfer, meist ein des Diebstahls bezichtigter Jude, wurde an den Füßen aufgehängt. Links und rechts erlitten zwei ausgehungerte Hunde (oder Wölfe) dasselbe Schicksal. Hunger und Schmerz der an den Hinterläufen aufgehängten wütenden Tiere lösten schlimmste Reaktionen aus: Der Mensch wurde gebissen und erlitt bei dieser → Tiertortur fürchterliche, bis zum Tod gehende Qualen.

Beispiele:

- 1486 bissen in Dortmund die aufgehängten Hunde das jüdische Opfer zu Tode.
- 1553 wurde zu Weißenstein (Schwaben) ein Jude auf diese Weise exekutiert.
- Ein in Frankfurt a. M. Gehängter lebte sieben Tage; einer der mit ihm aufgehängten Hunde starb vor ihm.
- Am 6. Dezember 1584 ließ Wilhelm Graf Wallerstein in Nördlingen den Juden A. Haas zwischen zwei Hunden aufhängen; das Opfer starb erst nach 48 Stunden.
- 1585 wurde in Schaffhausen ein Jude gehängt. Er soll drei Tage gelebt und mit Frau und Kind gesprochen haben.

il mazzatello

Das gefesselte Opfer wurde auf dem Richtplatz mit dem Gesicht zur Menge gedreht, bevor ihm der → Scharfrichter mit einem schweren Hammer (*mazza*) von hinten hart auf den Schädel schlug. Während das Opfer zu Boden stürzte, schnitt ihm der Henker mit einem Messer die Kehle durch.

Beispiele:

• Die Hinrichtungsart war im Kirchenstaat populär; sie wird erst durch G. Garibaldi (1807–1882) im Zuge der Befreiung Italiens abgeschafft.

Im Moor versenken

Wahrscheinlich weniger als → Menschenopfer denn als Straffolter mit tödlicher Wirkung gedacht, gegen Ehebrecherinnen, „Hexen" und Zauberinnen, aber auch im Fall von Verrat und Religionsfrevel bei Männern angewandte Methode: Das gefesselte und häufig entkleidete Opfer, dessen Leib mit einem Stein beschwert oder an Haken festgemacht ist, um einen Auftrieb auszuschließen, wird in ein mooriges Gewässer oder in einem Sumpf versenkt.

Beispiele:

• Die Straffolter wird in der „Germania" (12; vgl. 9, 38) des Tacitus (wohl 98 n. Chr. erschienen) erwähnt: „Die Strafen richten sich bei den Germanen nach der Art des Vergehens. Verräter und Überläufer hängt man an einen dürren Ast, Feiglinge, Fahnenflüchtige und solche, die ihren Körper durch widernatürliche Unzucht geschändet haben, werden in einem Moor oder Sumpf versenkt und mit Gestrüpp bedeckt."

• Nach der Legende wurde der Missionar Wolfred, der eine Statue des Thor zerschlagen hatte, um die Ohnmacht der Götter zu beweisen, von erbitterten Schweden erschlagen und sein Leichnam im Moor versenkt.

• 1753 wurde die erste Moorleiche entdeckt, und in den nächsten Jahrhunderten kamen über 200, aufgrund der besonderen Zusammensetzung des Moorwassers gut erhaltene Leichname ans Tageslicht, darunter „der Mann von Grauballe" (Museum Arhus) und die „Hexe" aus dem Haraldskjaermoor. Autoren gehen davon aus, dass es sich um eine gemeingermanische Todesstrafe handelte, die sich mit frühen → Menschenopfern überschnitt (Norddeutschland, Holland, Skandinavien).

- Im niederdeutschen Domlandmoor wurde der gut erhaltene Leichnam eines etwa fünfzehnjährigen Mädchens gefunden; das Haar war auf der einen Schädelhälfte abrasiert (eine Strafe, die sich bis heute erhalten hat), die Augen waren durch einen schmalen Gewebestreifen verbunden, die Kleider vom Leib gezogen, der Körper war mit einem Stein beschwert, der das Opfer offenbar unter das Moorwasser drücken sollte (Museum Gottorp).

- 1950 fand sich unter einer zwei Meter dicken Torfschicht im dänischen Tollundmoor (Mitteljütland) die Leiche eines zuvor erdrosselten und vielleicht der Erdgöttin Nerthus geopferten Mannes (Museum Silkeborg).

- Der 1984 in den Torfmooren von Lindow Moss (Manchester) gefundene Mann ist vermutlich vor etwa 2000 Jahren Opfer eines Mordes geworden, bevor er mit dem Kopf nach unten in das Moor versenkt wurde.

Indianische Foltertode

Bei den Indianervölkern des amerikanischen Kontinents finden sich, auch wenn die Quellenlage zu wünschen übrig lässt, weit mehr Folterhandlungen und -geräte als der sprichwörtliche Marterpfahl und das Skalpieren, so auch vielfältige Methoden, die bei anderen Völkern vorkamen oder wie das → Verbrennen von diesen übernommen sein sollen. Allgemein anerkannte Erklärungen für die oft beschriebene Grausamkeit indianischer Foltern fehlen: Wahrscheinlich sind Folterhandlungen an fremden Opfern in so blutrünstiger Weise vorgenommen worden, um böse Geister milde zu stimmen und zu bewegen, den eigenen Stamm zu verschonen. Auch die Frauen eines Stammes folterten mit; auf die Weltgeschichte der Folter gesehen, eine Seltenheit. Das stumme Ertragen ausgesuchter Martern und ein klagloses Sterben galten als Zeichen von Mannesstärke; sie riefen Bewunderung hervor.

Beispiele:

- Einige Indianerstämme Südamerikas hingen ihre Opfer über einem Wasser auf, so dass die Alligatoren nach den Füßen schnappen konnten. Die einer solchen → Tiertortur Ausgesetzten entgingen den Bissen der Alligatoren nur, wenn sie die Beine anzogen. Sobald ihre Kraft nachließ, wurden sie bei lebendigem Leib angefressen.
- C. d'Abbéville berichtet 1614 von südamerikanischen Eingeborenenvölkern, bei denen die Genitalien der Opfer den Frauen zum Aufessen vorbehalten blieben.
- 1626 verschickten Irokesen Körperteile getöteter Frauen zum Aufessen an verschiedene befreundete Indianersiedlungen.
- Die beiden hll. Märtyrer der Indianermission J. de Brébeuf und G. Lallemand wurden 1649 von den Irokesen grausam gefoltert und getötet.
- Im frühen 18. Jahrhundert wurden Spanier am Savannah von Yamassee-Indianern gefoltert: Einige Opfer wurden langsam zerteilt (→ Zerstückelung), andere bis zum Hals eingegraben und als lebende Zielscheiben für Pfeilschüsse benutzt, wieder andere an Bäume gebunden und mit brennenden Holzstöcken langsam zu Tode gebrannt.
- Bei nordamerikanischen Indianerstämmen (Irokesen, Huronen) zählte das Aufessen von Körperteilen der Feinde zu den als normal betrachteten Foltermethoden. Aus dem Körper des Opfers wurden Fleischstücke geschnitten, angebraten und vor den Augen des Gefolterten aufgegessen. Manchmal wurde das Opfer auch gezwungen, seine eigenes Fleisch oder das der Mitgefangenen zu essen.
- Bei den Mohawk war es das Vorrecht der Häuptlinge, Herz und Kopf der Opfer zu essen und deren Skalp zu behalten. Als besondere Leckerbissen galten die roh verzehrten Ohren eines Folteropfers.
- Bei den Menomini, die auf ihre Kriegszüge keine Vorräte mitnahmen, wurden lange Fleischstücke von den Oberschenkeln der Opfer abgetrennt, in den Gürtel der Krieger gesteckt, nachts geröstet und aufgegessen.
- Der Stamm der Miami bemalte die Körper der zum Aufessen bestimmten Opfer schwarz, bevor diese durch ein Spalier von Indianerinnen laufen mussten und meist getötet wurden. Alle Männer hatten an der anschließenden Mahlzeit teilzunehmen.

- 1850 wurde ein von den Tonkawa gefangener Comanche zerstückelt und sein Fleisch langsam geröstet und aufgegessen; das noch lebende Opfer wurde wegen „Zartheit und Wohlgeschmack" seines Fleisches gelobt.
- Die Shawnee von Kentucky brachten 1759 einem Opfer zahllose kleine Schnitte bei, peitschten es mit Ruten, legten ihm glühendes Metall auf.
- 1782 rösteten die Shawnee einen britischen Offizier so langsam wie möglich; ihre Frauen legten ihm glühende Kohlestückchen auf Stirn und Leib.
- Noch 1838 rösteten die Pawnee von Nebraska eine 15-Jährige über einem kleinen Feuer und töteten sie anschließend mit Pfeilen.

Inquisition

„Inquisition" bedeutete die im Inquisitionsprozess vorgenommene, offizielle Untersuchung eines bestimmten Sachverhalts („Ketzerei") durch kirchliche Institutionen und Gerichte (und die anschließende weltliche Verfolgung des verurteilten Opfers, dem kein Verteidiger zustand: → Verbrennen). Zu diesem zwischen Staat und Kirche nicht zuletzt aus politischen und ökonomischen (Konfiskation der Güter eines Opfers oder einer Opfergruppe) Motiven ausgehandelten und von beiden Machtapparaten sorgsam gehüteten Verfahren zählten seit 1352 wie selbstverständlich auch die (anonyme) Denunziation, die Inhaftierung ohne Angabe von Gründen und die Anwendung der Folter. Sie galten als Säulen der Prozessordnung, gegen den Spruch des Geheimgerichtes gab es keine Berufung. Vor allem galt die inquisitorische Verfolgung denen, die „noch dem mosaischen Glauben oder der Sekte Mohammeds oder Luthers anhängen oder zu deren Gunsten gesprochen haben". Dabei genügte es vollkommen, „wenn jemand bei der Verbrennung von Ketzern Mitleid geäußert hatte, um ihn selbst als Hexenmeister zu foltern und ihn, wenn er dabei, was bei der Folter des geistlichen Gerichts unausbleiblich war, gestanden hatte, gleichfalls zu verbrennen. Keine Pest, keine Cholera hat auch nur annähernd so verheerend gewirkt ..." (R. Quanter). Da die vom Zeitgeist zur Verfolgung „anderer" weithin gebilligte Institution, „die erste, die Gedankenverbrechen verfolgte" (J. P. Reemtsma), als solche Angst und Schrecken verbreitete, und auch ihre Foltermethoden von ausgesuchter Grausamkeit waren, blieb der sprichwörtliche Ausdruck „Inquisition" auch nach der Aufhebung der „für Zeit und Ewigkeit" gedachten Institution in Spanien (1808 durch Napoleon, endgültige Abschaffung 1834/35) erhalten. „Die glühendsten Verfechter der Gerechtigkeit finden, dass es besser sei, einen unschuldigen Menschen zum Untergang zu verurteilen, als auf die Inquisition einen Schandfleck fallen zu lassen" (Schreiben des päpstlichen Legaten nach Rom, 1565).

Beispiele:
- Der Hass des Volkes auf die Inquisitoren äußerte sich mehrmals: 1233 wurde K. von Marburg nach nur zweijähriger Tätigkeit erschlagen, 1242 wurden in Toulouse vier Inquisitoren gelyncht, 1285 erhob sich das Volk in Parma gegen die Inquisition.
- Kaiser Karl IV. betraute die Inquisition 1369 mit einer Art literarischer Vorzensur, um der gefährlichen Schriftstellerei (vor allem aus den Kreisen mittelalterlicher Frauen und Nonnen) entgegentreten zu können.
- Die Spanische Inquisition, seit 1478 eine von der Kirche (Papst Sixtus IV.) eingerichtete und staatlich mitgetragene Institution unter einem Großinquisitor (*Dios*), stellte ein wichtiges Instrument zur Verfolgung von Nichtkatholiken (Mauren, Moriskos, Murranos, Protestanten, Juden) dar. Um 1500 wurde sie, die schon 44 Tribunale unterhielt, auf die Neue Welt ausgedehnt, wo sie mithalf, ganze Kulturen zu zerstören.
- Allein unter dem Großinquisitor T. M. Torquemada (* 1420, Großinquisitor von 1484–1498), „Mönch des Ordens der Predigerbrüder, Prior des Klosters des Hl. Kreuzes zu Segovia, Beichtvater des Königs und der Königin, Generalinquisitor in all ihren Königreichen und Besitzungen gegen die ketzerische Verderbtheit, ernannt und bevollmächtigt durch den Heiligen Apostolischen Stuhl", wurden 10.220 Opfer „zur höheren Ehre Gottes" verbrannt (*Autodafé*: → Hinrichtungsfest, Hinrichtungsritus). Zwischen 1481 und 1808 brachte es die Inquisition in Spanien auf 334.199 Opfer; davon wurden 45.985 lebendig verbrannt und 288.214 zu Gefängnis (*santa casa*) oder Galeere verurteilt. Der Institution, die mehr und mehr ein Eigenleben führte und Inquisitoren mit krankhaftem Pflichtbe-

wusstsein ausbildete wie schützte, konnten jahrhundertelang selbst Päpste und Kaiser keinen Einhalt mehr gebieten.

- Ein berüchtigter Inquisitor aus Frankreich, Bernard Gui († 1331), ließ 548 Opfer verbrennen und 88 Tote posthum zu Häretikern erklären.
- Spanische Inquisitoren verurteilten die gesamten Niederlande wegen „Ketzerei" zum Tode.
- 1542 wurde die Römische Inquisition, als eine „bewunderungswürdige und ganz und gar christliche Erfindung" von Papst Paul III. nicht zuletzt zum Kampf gegen die konkurrierende Konfession des Protestantismus eingerichtet.
- Papst Paul IV. († 1559), Dominikaner und ehemaliger Großinquisitor, galt als Meister der Folter; er sah selbst seinen Arm „bis zum Ellbogen in Blut getaucht".
- 1569 fordert der Erzbischof von Quito vom spanischen Großinquisitor die Einführung einer besonderen Inquisition in den Kolonien, um der Gotteslästerung sowie der falschen und willkürlichen Auslegung des Evangeliums wirksam zu begegnen.
- Galileo Galilei († 1642) wurde denunziert und wegen „dummer und absurder Theorien" von der Inquisition verfolgt und vernommen; er entging nur knapp einer (tödlichen) Verurteilung wegen Häresie, wurde dann aber zu einem 16 Jahre dauernden Schweigen, nach einem zweiten Verfahren zu lebenslangem Hausarrest verurteilt. Erst 1992 wird er von der Kirche rehabilitiert und vom Vorwurf der Häresie freigesprochen.
- Zwischen 1721 und 1727 behandelten die spanischen Glaubensgerichte 35 Fälle von Bigamie, drei Fälle von lutherischer „Ketzerei", einen Rückfall zum Islam und 824 Fälle von Rückfall ins Judentum.
- Am 15. März 1813 protestierte der päpstliche Nuntius Gravina gegen die Aufhebung der Spanischen Inquisition durch die Cortes von Cádiz (22. Februar 1813), weil der Beschluss die Rechte des Papstes verletze. Auch der spanische Klerus weigerte sich, die Aufhebung zu akzeptieren und von den Kanzeln zu verkünden. Als im folgenden Jahr Ferdinand VII. nach einem Staatsstreich spanischer König wurde, hob er das Verbot der Inquisition wieder auf. 1820 wurde sie erneut unterdrückt, 1823 nochmals freigegeben und erst 1834 definitiv abgeschafft.

- Zwischen 1815 und 1817 machten Unterhändler in Paris mit Zustimmung des Kardinalstaatsekretärs E. Consalvi 4.518 Bände mit Prozessunterlagen der Inquisition unleserlich und verschachern sie anschließend an Altpapierhändler.
- Im September 1870 verbrannten päpstliche Polizisten große Teile des vatikanischen Geheimarchivs: Dokumente, welche die Täter, „Arme der göttlichen Vorsehung", belasteten, sollten nicht in die falschen Hände fallen.

Jungfernkuss

Bezeichnung für eine Folter mit tödlicher Wirkung (→ Eiserne Jungfrau), bei der das Opfer sich einem Gerät nähern musste, das seine „Arme" ausbreitete, den Todgeweihten umschlang und mit scharfen Messern verletzte, bevor sich eine Falltür öffnete und das Opfer in einen messerstarrenden Schacht stürzen ließ. Ob die im Tower zu London unter dem Namen *scavengers daughter* („Aasfressers Tochter") firmierende Folter tatsächlich angewandt wurde und nicht nur Gewaltfantasie und Volkssage entstammt, ist umstritten.

Justizirrtum

Verurteilung oder Hinrichtung (Justizmord) eines Opfers wegen einer Straftat, die es nicht begangen hat, aufgrund eines fehlerhaften Gerichtsurteils (bei falschen Beweisen oder einer unrichtigen Beweiswürdigung durch das Gericht). Ein solches – mitunter auch gewolltes – Fehlurteil sowie dessen Vollzug schädigen das unschuldige Opfer in schwerer bis schwerster Weise. Rehabilitationen oder Entschädigungen bleiben bis heute in vielen Ländern die Ausnahme; frühere Rechte kannten sie nicht. Gegner der → Todesstrafe argumentieren seit etwa der Aufklärung im 18. Jahrhundert immer wieder, doch nicht in jedem Fall mit Erfolg, mit der Möglichkeit eines Justizirrtums, der ein unschuldiges Opfer betrifft und irreversibel ist.

Beispiele:
- Am 9. März 1762 starb J. Calas aus Toulouse durch das → Richtrad; er war beschuldigt, seinen Sohn erhängt zu haben, damit dieser nicht zur katholischen Religion übertreten konnte. Seine Witwe gewann Voltaire für ihre Sache, auf dessen Betreiben die Revision eingeleitet

wurde. Sie hatte 1765 den Freispruch des irrtümlich Hingerichteten zur Folge. Im Anschluss an die berühmt gewordene Affäre erhoben sich in Frankreich immer mehr Stimmen, die vor der Verhängung und Vollstreckung der Todesstrafe warnten (Diderot, Montesquieu, Rousseau). Legislative, Exekutive und Judikative sträubten sich jedoch lange gegen die Argumentation, zumal sie eigene todbringende Fehler hätten eingestehen müssen. Ein Durchbruch ist bis heute nicht überall gelungen. 1962 schaffte Großbritannien de facto den Tod am Galgen ab; seither gab es mehr als 60 Fälle, in denen Menschen, die zu lebenslanger Haft verurteilt worden waren, freigelassen wurden, als neue Beweise ihre Unschuld feststellten. Vor 1962 hätte ihnen die Hinrichtung gedroht.

Justizpersonal

Bezeichnung für einen von Fall zu Fall wechselnden, auch historisch nicht fest und ausschließlich bestimmten Personenkreis, der bei der → Folter und/oder, oft nach eigenem → Hinrichtungsritus, bei der Exekution eines Opfers mitwirkt oder zumindest anwesend ist (Augenzeugenschaft, → Hinrichtungszeugen). Zu den Personen, die den → Scharfrichter als den „unmittelbaren Anatomen des Leidens" mehr und mehr unterstützen, gehörten und gehören Angehörige verschiedener Berufe, die „der Justiz das Loblied singen, dessen sie bedarf" (M. Foucault): Richter, Schöffen (Geschworene, *Grand Jury*), Henkersknechte, Gerichtsschreiber, Staatsanwälte, Gefängnisleiter, Anstaltsbeamte, Psychologen, Psychiater, Erzieher, Geistliche und Mediziner. Letztere laufen Gefahr, durch ihre Mitwirkung in Konflikt mit den Erfordernissen ihres Standes zu geraten (z. B. → Giftinjektion), zumal sie in (hierarchische bis autoritäre) Gerichts-, Gefängnis- und Militärstrukturen eingebunden sind.

Beispiele:
- *Amnesty International* (1987) ist der Auffassung, dass bereits die Anwesenheit von Ärzten bei Hinrichtungen gegen die ärztliche Ethik verstoße und ihre Mitwirkung an der Vollstreckung mit den vom Weltärztebund (1981) und anderen Standesorganisationen formulierten Grundsätzen nicht zu vereinbaren ist.
- Die umstrittene Tätigkeit der Ärzte (z. B. in der Sowjetunion, im

Iran oder in lateinamerikanischen Diktaturen) bezog und bezieht sich auf die folgenden Handlungen: Bescheinigung der Tauglichkeit eines Opfers für die Folter, Intervention (nur) bei Lebensgefahr für das Opfer während der Folter, notdürftige Behandlung des Opfers nach der Folter, wissenschaftliche Forschung für die Folter (→ Menschenversuche).

- Auf Bedenken stieß auch die von Psychiatern in Texas übernommene Rolle, die „künftige Gefährlichkeit" eines Menschen vorherzusagen, der hätte zum Tode verurteilt werden können. In dem US-Bundesstaat stellte ein Psychiater in mehr als 100 Prozessen die Prognose, von dem Angeklagten werde auch in Zukunft eine Bedrohung der Gesellschaft ausgehen. Damit war die Voraussetzung für die Verhängung der Todesstrafe geschaffen; die Geschworenen schlossen sich in nur einem einzigen Fall nicht der Expertenmeinung an. Der Amerikanische Fachverband der Psychiater distanzierte sich jedoch prinzipiell von solchen Prognosen, weil sie von Natur aus unzuverlässig und in mindestens zwei von drei Fällen falsch seien.

- Im Mai 1993 veröffentlichte die israelische Tageszeitung „Davar" ein vertrauliches **„Formular über medizinische Tauglichkeit"**, auf dem Ärzte in Haftzentren bestätigen sollten, ob ein Gefangener während der Verhöre die Isolationsfolter, Aufhänge-Foltern, das Überstülpen von Säcken oder ein längeres Stehen würde aushalten können. Durch diese **Sonderbehandlung** sei die „**Geständnisquote außerordentlich hoch**" (SPIEGEL 35/1995).

- Eines der Folterzentren in Simbabwe befand sich bis ins Jahr 2000 hinein in einer Arztpraxis in einem Vorort von Harare. Der Arzt, in dessen Praxisräumen zahlreiche Menschen gefoltert wurden, war Ende 2000 noch nicht zu diesen Vorgängen befragt worden (Bericht *Amnesty International* 2001).

Justizprivileg

Wahrscheinlich kann die Praxis als unbewusstes Erbe uralter magischer Vorstellungen gedeutet werden, nach denen ein „Tabu der Mächtigen" auf Königen, Häuptlingen und Priesterherrschern lag (K. B. Leder): Jedenfalls wurden sowohl beim Verhör und bei der Anwendung der Folter als auch bei der Vollstreckung der → Todesstrafe bis in die Neuzeit hinein bestimmten, von der ständisch-feudalen Gesellschaft bevorzugten Personen, vor allem Adligen, aber auch Honoratioren und Doktoren, Vergünstigungen eingeräumt und von diesen auch gefordert. So gingen Adlige davon aus, dass sie, wenn überhaupt, nur mit dem → Richtbeil oder dem → Richtschwert exekutiert werden dürften, nicht aber durch das dem gemeinen Volk angemessene → Erhängen. Während Angehörige unterer Schichten gebunden und hilflos in einen schimpflichen Tod gehen mussten, durften Adlige den tödlichen Streich kniend und damit aufrecht empfangen – und dabei standesgemäße Selbstbeherrschung bezeugen.

Beispiele:

- Im spätkaiserlichen Rom wurde die Todesstrafe an Adeligen nicht mehr vollstreckt: Ihnen war erlaubt, sich der Exekution durch Flucht (*exilium*) zu entziehen. Freilich wurden sie anschließend förmlich verbannt (*interdictio aqua et igni*).
- Gefangene aus höheren Ständen lebten von vornherein in den → Gefängnissen der Neuzeit unter besseren Bedingungen: größere Zellen, bessere Kost, Besuchserlaubnis.
- Wurden zwei oder mehr Adelige in England geköpft, hatte noch im 18. Jahrhundert der Ranghöhere den Vortritt auf dem → Schafott.
- 1760 empfand der vierte Earl Ferres, der einen Mord begangen hatte, seine Verurteilung zum Tod am → Galgen als Beleidigung. Ein → Gnadenerweis blieb jedoch aus. Der Earl wurde schließlich in einer offenen weißen Kutsche, die von sechs festlich geschmückten Pferden gezogen wurde, zum Richtplatz gefahren.
- König Ludwig XVI. von Frankreich berief sich am 21. Januar 1793 auf das Privileg, nach dem in Frankreich selbst bei schwersten Verbrechen verfahren worden war: Mitglieder der königlichen Familie durften vom „unehrlichen" → Scharfrichter nicht einmal berührt werden. Also herrschte er den Henker Charles-Henri Sanson an, nicht die Hand an ihn zu legen. Erst nachdem ein Priester ihm zugeredet hatte, ließ sich der König die Hände binden und zum Blutgerüst hinaufführen, wo die → Guillotine auf ihn wartete.

Kälte

Bewusst folternde Verminderung der Kerntemperatur des Körpers unter den Normwert. Trockene Kälte (Temperaturen deutlich unter dem Gefrierpunkt) ist gefährlicher, doch wirkt schon feuchte Kälte (Temperaturen um den Gefrierpunkt) schädigend auf den Organismus; beide Arten sind bei Kältefoltern anzutreffen (Einschließen in Gefrierwaggons). Die Anfälligkeit gegenüber Kälteschäden wird verstärkt durch Hunger- und Durstfolter (Dehydratation). Oft werden bei den Opfern Spätsymptome festgestellt, falls der Tod nicht schon infolge der Kältefolter eingetreten ist. Erfrierungen gelten als Kälteschädigungen mit organischen und funktionellen Störungen von Blutgefäßen, Nerven und Haut, und allgemeiner Senkung der Körpertemperatur. Wie beim → Verbrennen sind drei Stadien zu unterscheiden, die das (er)frierende Opfer durchleidet: die relativ harmlose Rötung (Blassfärbung, blaurote Verfärbung, „Kribbeln") der Haut, die Bildung von Blasen, die Gewebszerstörungen. Erfrierungen zeigen sich durch harte, weiße, kalte Gebiete etwa im Gesicht, an den Ohren, an Fingern und Zehen. Wird ein Mensch für längere Zeit ununterbrochen strenger Kälte ausgesetzt (→ Eisbad), fällt die Kerntemperatur des Körpers, bis der Tod durch Erfrieren eintritt.

Beispiele:

- Die Heiligenlegende der vierzig Märtyrer von Sebaste erzählt, dass diese Soldaten, Angehörige einer in Armenien stationierten römischen Legion, um 320 den kaiserlichen Befehl verweigerten, den Göttern zu opfern. Sie wurden entkleidet und bei strengster Winterkälte und Nordwind auf einem gefrorenen Teich angepflockt. In der Nähe standen Dampfbäder für jeden von ihnen bereit, der seinem Glauben als Christ abschwören würde. Nach drei Tagen waren die Soldaten erfroren; ihre Leichen wurden verbrannt.
- Im Januar 1531 kam es im Anschluss an ein Erdbeben im portugiesischen Santarem zu Ausschreitungen gegen die jüdische Gemeinde. Bei bitterer Kälte wurden die Opfer in die Berge gejagt, wo viele von ihnen erfroren und verhungerten.
- In NS-Lagern, aber auch in sowjetischen Straflagern sowie in südafrikanischen Gefängnissen wurden Opfer entkleidet und an eine Art Prangerpfahl gefesselt, wo sie stundenlang bei jeder Witterung

zu stehen hatten und manchmal mit eiskaltem Wasser übergossen wurden.

- Aus der französischen Résistance wird berichtet, dass das Baby einer jungen Frau, die mit einem Deutschen gesprochen hatte, in einen Kühlschrank gesperrt wurde.
- Die Stadtpolizei von Saskatoon (Kanada) setzte jahrelang drogensüchtige und als Unruhestifter geltende Angehörige der indigenen Gemeinschaften außerhalb des Stadtzentrums aus, so dass sie in den Wintermonaten in Erfrierungsgefahr gerieten. Darrell Night wurde im Januar 2000 auf diese Weise gefoltert, zwei weitere Angehörige der First Nations wurden wenig später erfroren aufgefunden (Bericht von *Amnesty International*, 2001).

Kaiserschnitt

Von einer Soldateska verwandte Bezeichnung für eine mörderische Folter, das → Aufschlitzen einer Schwangeren, dem der Mord am ungeborenen Kind folgt.

Beispiele:
- Bosnische Frauen wurden 1992 nach der Vergewaltigung durch Serben aufgeschlitzt. Die herausgeschnittenen Föten wurden ringsum an Bäume genagelt, und die verblutenden Mütter mussten mit ansehen, wie ihre Kinder starben.

Kielholen

Bei dieser Marinestraffolter, die noch im 19. Jahrhundert weit verbreitet war, wurde das an den Händen gefesselte Opfer an Tauen unter dem Schiffskiel durchgezogen. Obwohl zumeist Freunde den Gefolterten kielholten und sich dabei beeilten, war der Tod durch → Ertränken nicht ausgeschlossen.

Knochenbrechen

Form einer (hin und wieder tödlich endenden) Verstümmelung: Dem Opfer wurden im Vollzug der Foltermaßnahme mit Prügeln, Knüppeln und Keulen die Knochen vor allem der Hände, Arme und Beine zerbrochen oder mit Schusswaffen zersplittert. Je nach dem Grad der erlittenen Verletzungen war ein Mensch schwer, zum Teil für immer geschädigt. Nach magischer Ansicht sollten die u. a. mit dem → Richtrad zerschlagenen Knochen die Rückkehr des Gerichteten, ja sein Leben im Jenseits unmöglich machen.

Beispiele:

- Das Neue Testament berichtet, dass dem gekreuzigten Jesus von Nazareth die Gebeine gebrochen werden sollten (Jo 19, 31). Nach manchen Autoren diente diese Prozedur zur Beschleunigung des Sterbens des Opfers, nach anderen stellte sie eine zusätzliche Foltermaßnahme dar, zumal das Knochenbrechen allein nicht in jedem Fall zum Tode führte (→ Kreuzigung).
- 1525 wurde Tilman Riemenschneider, der mit den aufständischen Bauern sympathisiert hatte, gefangengenommen und gefoltert. Seine beiden Hände wurden gebrochen. Der Künstler konnte seither nichts mehr schaffen.
- Die in Kalkutta erscheinende Wochenzeitung „Sunday" berichtete über 12 Fälle von Folterhandlungen an Untersuchungshäftlingen in Benares. Polizisten seien auf die Beine der zwischen 20 und 30 Jahre alten Opfer gesprungen, hätten ihre Kniescheiben zertreten oder die Knochen mit Ziegelsteinen zerschmettert, um Geständnisse zu erlangen. Sie wurden zum Teil gefragt, ob sie das Brechen ihrer Knochen hätten hören können (E. A. Rauter).
- Die traditionelle, „leichtere" Strafe der nordirischen IRA bestand darin, den Opfern in die Knie zu schießen. Doch da es der modernen Medizin immer häufiger gelang, solche Verletzungen zu heilen, wechselten Angehörige der IRA schon in den 1970er-Jahren die Methode: Den Opfern wurden mit Betonblöcken die Kniegelenke irreversibel zerschmettert.

Koitusgrab

Eine selten bezeugte Sonderform des → Lebendig Begrabens, bei der die eines Ehebruchs überführten Liebenden aufeinander gepfählt in einer Grube mit Erde zugeschüttet wurden.

Beispiele:

- Nach Gregor v. Tours († 594) ließ der fränkische Herzog Rauching gegen Ende des 6. Jahrhunderts zwei Verliebte in einem Koitusgrab begraben, damit sie „in Ewigkeit nicht getrennt würden". Der Mann wurde gerettet, das Mädchen war erstickt.

Kopf-(Schädel-)presse

Der Schädel des Opfers wurde zwischen zwei Eisenklammern gepresst, eine Schraube drehte diese gegeneinander. Zuerst wurden die Zähne gegen die Kiefer gedrückt, dann zerbrachen sie. Dann traten die Augen aus den Höhlen, und das Gehirn drang durch die geborstene Schädeldecke. Die mittelalterlichen Instrumente erfreuen sich noch heute bei den Behörden vieler Folterländer großer Beliebtheit. Moderne Pressen verfügen über gepolsterte Kinn- und Schädelauflagen, so dass sie, falls das Opfer überleben sollte, keine größeren Spuren hinterlassen.

Kreuzigung

Die schon bei Phöniziern, Persern, Assyrern, Ägyptern, Griechen und Römern (hier seit 550 v. Chr.) praktizierte, bis in das 19. Jahrhundert (Spanien, napoleonische Kriege) nachzuweisende, bekannteste Folterstrafe der Welt, die zu einem langsam und qualvoll eintretenden Tod führte. Die Kreuze der Antike bestanden entgegen einer verbreiteten Meinung zumeist aus zwei Balken, die von Fall zu Fall in Form eines griechischen T zusammengefügt wurden (→ Andreaskreuz). Das zunächst (nach einigen Autoren erst auf dem Richtplatz) einer Geißelung unterzogene Opfer (*cruciarius*), fast immer ein Angehöriger der Unterschicht, wurde von den Tätern, auch sie Sklaven oder schlechtbezahlte Söldner (Legionäre), gezwungen, den kürzeren Querbalken aus Olivenholz (*patibulum*) zur → Richtstätte zu tragen, wo der eigentliche, etwa mannshohe Kreuzespfahl (*arbor infelix, palus*) aufgerichtet war. Dort wurde der zum Kreuzestod Verurteilte meist (eine Vorschrift über die zu verwendende Methode bestand nicht) mit Stricken vom → Henker (*carnifex*) und seinen Knechten nackt (das „Lendentuch" ist eine spätere Erfindung) an den Querbalken gehängt. Eine Inschrift (*titulus*) gab manchmal Namen und Straftat des Opfers an; bei Massenhinrichtungen erübrigte sich diese Angabe; im Falle Jesu dürfte die Inschrift INRI (Jo 19, 19–22) legendenhaft sein. Die Kleidung der Opfer wurde unter den Tätern verteilt (Jo 19, 23 f.). Es sind Fälle bekannt, in denen das Opfer, vor allem wenn es sich mit dem Gesäß oder den Füßen auf einen am Pfahl angebrachten Holzpflock (sedile, > Suppedaneum) stützen konnte, noch bis zu fünf Tagen lebte oder sogar lebend wieder abgenommen wurde. Bei der später verwandten Methode der Annagelung trat der Tod früher ein; ob Jesus von Nazareth angenagelt oder angebunden war, muss aufgrund fehlender Augenzeugen entgegen legendärer Ikonographie und ausufernder Reliquienverehrung („Kreuzesnägel"; Jo 20, 25; Ps 22, 17) ungeklärt bleiben. Als Todesursache galt meist: die Nagelwunden waren nicht tödlich; die unnatürliche Stellung des Körpers, die schreckliche Schmerzen an Kopf und Herz, eine Erstarrung und Lähmung der Glieder, schließlich den Zusammenbruch des Kreislaufs und das Herzversagen bewirkte. Nach jüdischem Brauch wurde dem Opfer ein bitteres, berauschendes Getränk (→ Gnadentrunk) gereicht. Manchen Gekreuzigten wurden, um ihren Tod (durch Ausbluten) zu beschleunigen oder jede Fluchtmöglichkeit auszuschließen, die Füße abgehackt oder die Gebeine zertrümmert (Jo 19, 31; → Hammer, Knochenbrechen). Waren die Knochen zerschlagen, sackte der Körper ganz durch. Hin und wieder wurden die am Kreuz hängenden Opfer zusätzlich gesteinigt oder verbrannt (→ Steinigen, Verbrennen). Der Leichnam des Opfers wurde in der Regel nicht bestattet, sondern streunenden Tieren und Vögeln überlassen (→ Leichentortur). Nach jüdischer Auffassung verunreinigte ein über Nacht am Kreuz belassener Leichnam das ganze Land, vor allem aber schändete er die Festtage.

Beispiele:

• Alexander d. Gr. ließ angeblich im Jahr 332 v. Chr. nach der Eroberung des phönizischen Tyrus 2.000 Verteidiger kreuzigen.

• Während das jüdische Recht vier Arten der Todesstrafe kannte: Steinigen, Verbrennen (→ Erstickungen mit einer brennenden Fackel, die dem Opfer in den Mund gesteckt wurde), → Enthaupten und → Erdrosseln, war die Kreuzigung zu Zeiten Jesu durchweg eine römische Exekutionsart, über die aber, vermutlich wegen des verachteten Opferkreises (Sklaven, Rebellen, Straßenräuber, Gladiatoren) und der Ehrenrührigkeit der Strafe (römische Bürger sollten nach Cicero nicht einmal einer Kreuzigung auf dem esquilinischen Feld beiwohnen), relativ wenig Quellen berichteten. Authentische

Darstellungen der nach alter Väter Sitte (more maiorum) vorgenommenen Kreuzigung liegen nicht vor, die Passionsberichte der Evangelien wollen Äußerungen des Glaubens, nicht des Wissens im heutigen Sinne sein.

- Calocaerus, Kommandant der kaiserlichen Kamelherden, wurde unter Kaiser Konstantin I. (um 280–337) nach einem missglückten Staatstreich auf Zypern gekreuzigt.
- Auf Magie und Zauberei stand unter demselben Kaiser bei tödlichem Ausgang der magischen Handlung der Tod durch Kreuzigungsfolter oder das Zerfleischen durch wilde Tiere (→ Tiertortur).
- Die hl. Märtyrerin Julia, die aus einer reichen nordafrikanischen Familie stammte, aber als Sklavin verkauft worden war, wurde 439 unter dem Statthalter Felix auf Korsika gekreuzigt.
- 1127 starb der Mörder Karls des Gerechten am Kreuz; die letzte Kreuzigung in Frankreich.
- Japanische Henker verwendeten zur Strafverschärfung bis in das 19. Jahrhundert hinein leichte Speere, mit denen der Körper des Opfers langsam durchbohrt wurde.
- In Meran musste 1747 ein Novize der Kapuzinermönche, der einen Krug zerbrochen hatte, drei Stunden an einem Kreuz hängen.
- Im spanischen Badajoz wurde nach Augenzeugenberichten noch kurz vor dem Nahen der Moros, der muslimischen Hilfstruppen Francos, der Faschist A. Lejo 1936 von einem roten Mob gekreuzigt, mit Benzin übergossen und verbrannt.
- Im Spanischen Bürgerkrieg (1936–1939) wüteten nach dem Schriftsteller G. Bernanos faschistische Todesschwadrone auf Mallorca: Wer keine Bestätigung erbringen konnte, dass er zu Ostern gebeichtet und kommuniziert hatte, galt als verdächtig. Mehrere bekannte Freidenker und Atheisten wurden an alten Olivenbäumen gekreuzigt.
- Dr. E. Lambiotte beschrieb am 9. April 1966 in „Le Monde" den Vorgang des Sterbens am Beispiel von Opfern, die im NS-Lager Dachau mit den Händen an einen Kreuzespfahl gehängt worden waren: „Sie konnten bald nicht mehr atmen, außer wenn sie die Hände aufzogen. Bald befielen sie heftige Muskelkrämpfe, während der mit Luft gefüllte Brustkorb diese nicht mehr auszustoßen vermochte. In Dachau wurden an die Füße der stärksten Opfer Ge-

wichte gehängt, um so den Tod herbeizuführen und zu verhindern, dass sich die Gefangenen an den Händen aufzogen."

- C. Malaparte berichtete von jüdischen Opfern, die während des Zweiten Weltkriegs in den besetzten Gebieten der Sowjetunion nackt an Baumstämme genagelt worden waren. Ihre Arme waren in Kreuzesform ausgebreitet.

- In einem 1968 bei Jerusalem entdeckten Felsengrab stießen Archäologen auf die Gebeine eines um das Jahr 50 Gekreuzigten, dessen rechte Ferse über die linke gelegt und dem ein etwa 15 cm langer Nagel mitten durch die Knochen getrieben worden war. Zur Stützung des Körpers diente ein Holzpflock, so dass das Opfer in Hockstellung starb.

Lanzen

Beispiele:
- Nach der Legende wurden 287 die hll. Rogatian und Donatian in Nantes mit Lanzen, die nur langsam vorgeschoben wurden, in den Hals gestochen und getötet.

Lebendig begraben

Straffolter mit magischen Bezügen („Aus-der-Welt-Schaffen", Verbannen des Bösen in die Erde, Auslieferung an die Erddämonen, Verhütung einer „Wiederkehr"), die mittelalterliche Rechte als „unblutige Strafe" vor allem gegen Kindsmörderinnen, Gattenmörderinnen und sexuell Straffällige (Ehebruch, Sodomie, Notzucht) verhängten. Wurden Frauen lebendig begraben, was häufig vorkam und als Gegenstück zur Exekution eines Mannes durch das → Richtrad gedeutet werden kann, war manchmal ein Sack an ihren Brüsten befestigt. In ihm waren Tiere, die unter der Erde die Körperteile zerkratzen sollten (→ Tiertortur). Mitunter wurde die Straffolter durch → Herz-Pfählen ergänzt. Gedungene Mörder sowie Verwandtenmörder wurden (Dantes XIX. Gesang des „Inferno") gefesselt und mit dem Kopf nach unten in ein Erdloch gesteckt, das der → Scharfrichter langsam zuschüttete (auch: → Atemrohr).

Beispiele:
- Qin Shi Huang Ti, erster Kaiser Chinas, ließ die Schriften der alten

Philosophen verbrennen und 460 konfuzianische Intellektuelle lebendig begraben.

- In Mesopotamien und im alten Ägypten wurden Gefolgsleute und Sklaven zusammen mit der Leiche ihres Herrn begraben.
- Das alte China kannte auch das Eingraben von Menschen, selbst Kindern, unter dem Fundament neuer Bauten (Schang-Dynastie, Dschou-Dynastie). In einem Fall wurden im 3. Jahrhundert v. Chr. 100 Opfer, 99 davon Frauen, vergraben. Der Brauch, Gefolgsleute und Konkubinen mit dem Kaiser zu begraben, ist bis in das 14. Jahrhundert n. Chr. (Ming-Dynastie) belegt.
- Vestalinnen, die ihre Pflichten (u. a. 30-jährige Enthaltsamkeit) vernachlässigt hatten, wurden durch Auspeitschen bestraft oder nach Plutarch († um 125) als Eidbrüchige in eine verhüllte und mit Riemen verschnürte Sänfte gesetzt, durch Rom getragen und am Rande der Stadt zusammen mit wenigen Nahrungsmitteln eingegraben.
- Die Legende des Märtyrers Castulus berichtet, dass dieser Kammerherr des römischen Kaisers Diokletian um 286 lebendig in eine Grube geworfen und diese mit Erde und Sand zugeschüttet wurde.
- Noch zu Lebzeiten Mohammeds († 632), der diese Sitte verbot, wurden neugeborene Mädchen lebendig begraben.
- 1431 wurde in München eine Kindsmörderin lebendig begraben, 1513 die Münchnerin K. Lienhart wegen Inzestes.
- 1497 wehrte sich eine Frau, die wegen schweren Diebstahls in Nürnberg lebendig unter dem → Galgen begraben werden sollte, so heftig gegen diese Folter, dass sie „die Leut erbarmet".
- 1522 wurde eine Frau in Nürnberg, die ihren Mann und ihre Enkelin vergiftet hatte, mit → glühenden Zangen gezwickt und unter dem Galgen eingegraben.
- Die „Constitutio Criminalis Carolina" setzte 1532 diese Folterstrafe bei Kindsmord und schweren Fällen der Unzucht fest.
- 1585 wurde eine Frau, die ihren Mann mit 64 Stichen ermordet hatte, in Frankfurt lebendig begraben.
- 1589 schwor der Henker, der ein junges Mädchen hatte lebendig begraben müssen, er werde nie mehr eine derart grausame Hinrichtung durchführen.
- Noch bis ins 19. Jahrhundert ließen sich Gefolgsleute in Dahomey (Westafrika) mit ihrem verstorbenen Herrscher begraben.

- Im Distrikt Bjelovar ließen Angehörige der Ustascha am 28. April 1941 ihre über 250 Opfer einen Graben ausheben, banden ihnen die Hände auf den Rücken und begruben sie lebendig.
- Die Roten Khmer (Kambodscha) ließen 1979 über 2.500 Opfer in ein Massengrab treiben und mit Hilfe schwerer Schubraupen lebendig begraben.
- Noch 2000 drohte das Talibanregime (Afghanistan) Homosexuellen in Kabul an, sie lebendig in ein Grab werfen und zuschütten zu lassen.

Leichentortur

Nicht zuletzt wegen der abergläubischen Vorstellung vom „lebenden Leichnam" eines Missetäters oder z. B. infolge einer Selbsttötung Verstorbenen („Wiedergänger", „Nachzehrer"), der sein Grab verließ und sich an Menschen rächte, sollte eine Leiche gefoltert werden. Die Tortur bestrafte zudem den vor seiner Hinrichtung verstorbenen Missetäter („Klage gegen den toten Mann") oder sanktionierte bereits Exekutierte zusätzlich. Wurden in späterer Zeit Folterhandlungen an einem Leichnam vorgenommen, so dienten sie jedoch meist der Verspottung des toten Opfers und/oder der Schändung seines Andenkens (→ damnatio memoriae), waren aber auch sichtbare Beweise für bestimmte Arten der Nekrophilie, des Vampirismus und des Aberglaubens (→ Aufessen, Zerstückelung). Noch bis in das 20. Jahrhundert hinein reicht der Volksglaube, Berührungen der Leiche eines Hingerichteten oder Teile eines solchen Leichnams brächten besonderes Glück oder aber sie trügen zur Gesundung eines Kranken bei. Solche Leichentorturen sind aber, auch wenn sie über Jahrhunderte legal und üblich waren, prinzipiell unmenschliche und heute strafrecht-lich bis hin zur „Störung der Totenruhe" verfolgte Beeinträchtigungen jener Menschenwürde, die auch ein Hingerichteter beanspruchen darf.

Beispiele:
- Das Alte Testament berichtet: „Und Josua schlug sie darnach und tötete sie und hing sie an fünf Bäume, und sie hingen an den Bäumen bis zum Abend" (Jos 10, 26) und: „David gebot seinen Jünglingen; die erwürgten sie und hieben ihnen Hände und Füße ab und hingen sie auf am Teich zu Hebron" (1 Sam 4, 12).

- Der assyrische König Assurnassirpal II. (883–859 v. Chr.) ließ die verstümmelten Leichname seiner Opfer zur Belustigung der plündernden Krieger in Käfigen oder auf Pfählen ausstellen.
- Der Leichnam des in der Schlacht an der Milvischen Brücke in Rom am 28. Oktober 312 von Kaiser Konstantin I. besiegten Mitregenten Maxentius wurde aus dem Schlamm des Flusses gezogen, der abgeschlagene Kopf beim Triumphmarsch mit Steinen und Kot beworfen, dann nach Afrika verschleppt.
- Die Leiche des Papstes Bonifaz VII., des Mörders zweier Vorgänger, wurde im Juli 985 zertreten, zerstochen, an den Beinen aus dem Palast und durch die Gassen Roms geschleift.
- Unter Papst Gregor V. (996–999) wurde Crescentius Nomentanus, der sich zum Patricius Romanus erklärte und den Gegenpapst Johannes XVI. unterstützt hatte, öffentlich auf der Engelsburg geköpft, seine Leiche von den Zinnen gestürzt, von Kühen durch Rom gezogen und zusammen mit zwölf hingerichteten Unterführern kopfunter an ein Kreuz auf dem Monte Mario gehängt.
- Im mittelalterlichen Volksglauben war der → Galgen ähnlich wie das „unehrliche" Gewerbe der → Scharfrichter mit magischen Vorstellungen verbunden: Einerseits galt er als unheimlich, andererseits waren Holz, Kette, Stricke, Nägel, die von einem Galgen stammten, begehrte Talismane.
- 1335 nannte ein Bericht über einen Zaubereiprozess in Carcassonne ein drastisches Rezept: Wollte eine Frau einen untreuen Liebhaber wiedergewinnen, musste sie eine seiner Haarlocken und einen Fetzen seines Hemdes mit dem Strick eines Gehenkten zusammenbinden, das Ganze in einen Topf geben, eigenes Blut darauf träufeln und das Herz einer Turteltaube hinzulegen. Dann wurde der Topf tief eingegraben.
- Die Nürnberger Halsgerichtsordnung bestimmte 1481, „wie man über einen toten Menschen richten soll".
- Die Leiche eines Menschen, der sich selbst getötet hatte, wurde wegen der magischen Auffassung, es handle sich um einen Dämonen, lange Zeit auf den Richtplatz geschleift und dort verbrannt oder in ein Fass gesteckt und in den Fluss geworfen, damit sie weggeschwemmt werde. Das Vermögen des Toten wurde eingezogen. Um die befürchtete Rückkehr des Selbstmörders zu verhindern, wurde

seine Leiche nicht durch die Türe getragen, sondern durch ein Fenster gereicht oder unter der Schwelle hindurchgezogen. Immer wieder finden sich auch Beispiele, nach denen der Tote gefesselt und in Hockstellung mit dem Kopf nach unten begraben oder mit einem Holzpfahl am Boden festgenagelt oder der Kopf abgeschlagen und zwischen die Beine gelegt wurde. Die Eingeweide wurden, um jedes Wiedergängertum zu vermeiden, verbrannt, der Kopf oft auch ausgestellt, damit u. a. die gebrochenen Augen Feinde abhielten.

- Der mittelalterliche und frühneuzeitliche Volksglaube in England trieb seltsame Blüten: In Norfolk nahm man an, die Berührung der Hand eines Gehängten könne einen Kropf oder andere Geschwülste heilen. In Wessex wurde eine ähnliche Behandlung gegen Krebs und Tumoren angeraten. In Somerset glaubten viele, durch die Berührung der Leiche sei jede Schwellung zu kurieren. In Dorset wollten alte Frauen durch die Berührung eines frisch Gehängten (mit der Verwesung der Leiche ließ angeblich die Heilkraft nach) Hautausschläge heilen. Allgemein wurde geglaubt, dass geschrumpfte oder verdorrende Gliedmaßen wieder jung und frisch würden, wenn sie an den Hals des Gehängten gelegt wurden. In Herefordshire sollte der Henkerstrick gegen Kopfschmerzen und Migräne helfen, auch wurden Splitter vom Galgen gegen Zahnweh eingesetzt. Ein Zahn, der dem Leichnam aus dem Mund gebrochen worden war, feite seinen Besitzer gegen Zahnausfall. Kindermädchen brachten Kleinkinder zum Galgen, damit sie die Hand des Gehängten berührten und lebenslang gesund blieben. Unfruchtbare Frauen schworen auf die magisch wirksamen Hände eines Hingerichteten. Wer an Fieber litt, bekam einen Beutel umgehängt, in dem sich Splitter vom Galgengerüst befanden, und der Todesschweiß eines Exekutierten sollte gegen Tuberkulose helfen. Die Schädel der Hingerichteten wurden gestohlen, um sie als Trinkbecher für Epileptiker zu nutzen, und das Moos, das an den lange jeder Witterung ausgesetzten Skeletten haftete, wurde gegen Kopfschmerzen geschnupft.
- In La Rochelle wurde 1598 die Leiche einer adligen Witwe, die erst ihr uneheliches Kind erwürgt und dann sich selbst getötet hatte, durch den Schmutz der Straßen geschleift und schließlich an den Füßen aufgehängt.
- 1592 wurden in Saragossa im Rahmen eines Inquisitionsverfah-

rens fünf Männer zunächst, in schwarze Kleider gehüllt, durch die Straßen geschleppt, dann durch → Enthaupten und → Erdrosseln hingerichtet. Schließlich wurden ihre Leichen vom Blutgerüst geworfen, den Leichnam eines Opfers vierteilte der Scharfrichter und hing die Teile dann ebenso wie die abgetrennten Köpfe der übrigen in verschiedenen Straßen der Stadt auf.

- Bevor der Scharfrichter am 27. Mai 1610 die Leiche des hingerichteten Königsmörders F. Ravaillac ins Feuer werfen konnte, hatten die Zuschauer sie an sich gerissen. Während Kinder an den Straßenecken Scheiterhaufen dafür machten, nahmen Dörfler der Umgebung die Eingeweide Ravaillacs mit, um sie in ihren Dörfern zu verbrennen.

- Am 25. April 1617 wurde, einen Tag nach der Ermordung des Günstlings Concini (C.-J. B. d'Ancre) durch die Häscher des Königs Louis XIII., der Leichnam dieses verhassten ehemaligen Marschalls von Frankreich exhumiert, aufgehängt und zerstückelt. Die Menge verteilte seine Nase, seine Ohren, seinen Penis unter sich und verkaufte die Leichenteile weiter, um sie dann zu verbrennen oder den Hunden vorzuwerfen. Ein Mann tauchte die Hand in die Wunden Concinis und leckte dann das Blut ab, ein anderer aß das Herz auf und machte es mit Essig schmackhafter.

- Italienreisende beklagten sich im 17. Jahrhundert über die große Zahl der in diesem Land öffentlich aufgestellten Galgen: „Wir sehen hier so viel menschliches Fleisch entlang der Straßen hängen, dass es eine Last ist, zu reisen."

- Der Leichnam des Oliver Cromwell wurde zwei Jahre nach dem Tod (1658) gehenkt und geköpft.

- Teile von Kinderleichen, ja das Fett aus dem Leib der Mutter geschnittener Embryos und ungetaufter Säuglinge wurden in vielen „Hexenprozessen" als Zaubermittel (Bereitung von eigenen Zaubersalben, „Hexenschmiere") erwähnt und unter der Folter „bekannt", so beispielsweise 1590 in Freudenberg (Wertheim) und 1602 in Preßburg.

- Einbrecher sollen aus demselben Material „liechtlein" verfertigt haben, die sie unsichtbar machen und damit den Einbruch erleichtern sollte. (Bisweilen dem lebenden Kind) abgeschnittene Hände wurden ebenso als Amulette gegen das Ertapptwerden getragen.

- In Frankfurt wurde 1685 der Leichnam eines Gattenmörders, der vor der Verurteilung gestorben war, eigens öffentlich zum Richtplatz geschleift, wo man ihm den Kopf abtrennte und auf einen Pfahl spießte, während der Körper auf das → Richtrad geflochten wurde. Ähnliches geschah 1690 in Frankfurt mit der Leiche eines Mannes, der sich selbst getötet hatte.
- 1690 wurde in Celle die Leiche des Juden J. Meyers, der bei seiner Hinrichtung „zum grösten Ärgerniß der Umstehenden, und anderer Christen, gantz schändliche, und Gotteslästerliche Reden gegen unsern Heyland, und Seligmacher Christum ausgestossen", eigens dazu verurteilt, dass ihr die Zunge ausgerissen und sie kopfüber neben einem Hunde gehängt werde (→ Hungriger Hund).
- Im 17. Jahrhundert verkauften sächsische Apotheken Riemen aus Menschenleder für drei Taler pro Stück.
- Der bei der Hinrichtung verwendete → Strick war sehr begehrt: Wer ein Stück ergattern konnte, glaubte künftig besonderes Glück im Spiel zu haben.
- Einbrecher schworen auf die (von Scharfrichtern zum Teil eigens abgehackte und verkaufte) Hand eines Gehängten, die erst getrocknet, dann zu einem Kerzenhalter umfunktioniert wurde (statt der Kerzen wurden bisweilen auch die Finger selbst angezündet): Wer damit versehen einbrach, versetzte die Bewohner des Hauses in einen Zauberschlaf, der es den Eindringlingen erlaubte, ungestört ihre Tätigkeit zu verrichten.
- Der „Diebsdaumen", ein der Leiche des Hingerichteten abgetrennter Finger, galt auch in Deutschland als besonderes Glücks- und Zaubermittel.
- „Menschenschmer" wurde noch im 18. Jahrhundert von den Scharfrichtern verkauft, einmal um Bienenschwärme anzulocken, aber auch, „weil davon vielen Menschen Hülff geschehen kann", wie es in einer Verordnung der Stadt Eger heißt, die dem Scharfrichter diesen Handel ausdrücklich erlaubt.
- Das „Armesünderfett", das beispielsweise die Dresdner Medizinaltaxe von 1761 aufführt, soll in fränkischen Apotheken noch im 20. Jahrhundert verlangt worden sein.
- Auch mit Fehlgeburten wurde Geld verdient: Kinderleichen wurden getrocknet und an Apotheken verkauft. Landapotheken han-

delten lange Zeit mit Armesünder-Knochenmehl, zerstoßenen Hirnschalen und ganzen Schädeln, durch deren leere Augenhöhlen eine „Freikugel" gegossen werden konnte, der eine tödliche Treffsicherheit bescheinigt wurde.

- Die „Armesünderhand", die im Pferdestall vergraben die Tiere vor Krankheit schützen sollte, wurde von Meister Huß, dem letzten Scharfrichter der Stadt Eger, als sicheres Mittel gepriesen.
- 1747 hing die Leiche des Mörders A. Graham an einem zehn Meter hohen Galgen, dessen Holz angeblich mit 12.000 Nägeln gespickt war, damit niemand sie abnehmen konnte.
- Der Leichnam des Fleischers J. Breed, der 1742 einen Mord begangen hatte, blieb jahrelang am Galgen hängen, bis alle Knochen mit Ausnahme der oberen Schädeldecke abgefallen und verschwunden waren.
- Im England des 18. Jahrhunderts stritten sich nicht selten Ärzte und Anatomen mit den Hinterbliebenen eines exekutierten Opfers und anderen Interessenten um die Leiche; das „Mordgesetz" von 1752 machte dem Leichenschacher zugunsten der Anatomie ein Ende.
- 1834 wurde letztmals die Leiche eines Mörder zu Leicester in Ketten aufgehängt: ein britisches Gesetz verbot im selben Jahr diese Praxis.
- Ein Entwurf zum Preußischen Strafgesetzbuch von 1847 sah noch die Zurschaustellung des Kopfes und der abgeschlagenen rechten Hand des Opfers vor; die Endfassung des Gesetzes beseitigte 1852 alle „qualifizierten Todesstrafen".
- 1859 durchbrach in Göttingen die Zuschauermenge die Absperrung, um das Blutgerüst und stürzte sich auf den Leichnam einer Hingerichteten, um an ihr Blut zu kommen, und 1861 wurde in Hanau die Richtstätte gestürmt: Menschen, die das frische Blut getrunken hatten, liefen mit blutverschmierten Gesichtern zu Dutzenden durch die Straßen.
- Im Konzentrationslager Mauthausen befand sich ein eigener Seziertisch, auf dem den ermordeten Opfern Goldzähne und tätowierte Hautpartien entfernt wurden.
- In der „amerikanischen Phase" des Vietnamkriegs (1960–1973) wurden die Leichen von Vietnamesinnen häufig noch mit Werkzeugen und Waffen koitiert und bisweilen sogar Ejakulationen simuliert. Die Vagina einer von US-Streitkräften getöteten nordviet-

namesischen Krankenschwester wurde mit einer Fettspritze, wie sie in Autowerkstätten benutzt wird, mit Schmierfett vollgespritzt (H. P. Duerr).

• Kaiser Bokassa I. (Zentralafrika) scheute sich noch in den 1970er-Jahren nicht, Diebe selbst totzuschlagen und ihre Leichen auf dem Marktplatz seiner Hauptstadt Bangui öffentlich zur Schau zu stellen.

• Da die Volksrepublik China kein freiwilliges Spendersystem kannte, bildeten die Leichen hingerichteter Opfer die Hauptquelle für eine Entnahme von Organen zu Transplantationszwecken (amnesty international, 1995; STERN 4.3.1998). Der Anteil der transplantierten Nieren, die von Exekutierten stammten, wurde auf bis zu 90 Prozent, der zu erzielende Preis umgerechnet etwa auf bis zu 25.000 Euro geschätzt. Auch Ausländer (vor allem Auslandschinesen) konnten Transplantate erwerben, die von solchen Opfern stammten, die vor der Hinrichtung eigens als Organspender ausgewählt und fast immer nicht um ihre Einwilligung gebeten wurden. Der Gewinn wurde zwischen Behörden, Schleppern, Vermittlern geteilt. Im Anschluss an die beinahe industriell erfolgende Entnahme („Patiententourismus": K. Doubek) wurden die Leichen verbrannt. Verlangten Angehörige die Herausgabe des unversehrten Leichnams, erhielten sie stattdessen meist eine Rechnung über die während der Haft entstandenen Kosten, die sie häufig nicht begleichen konnten.

• Human Rights Watch Asia ging für 1996/1997 von etwa 30.000 Exekutionen aus, die im Zusammenhang mit Organentnahmen in China standen.

• Der Leichnam des im Mai 2000 wegen Mordes in Saudi-Arabien hingerichteten M. M. Kamalʿ abd al-Qadir Jadi soll gekreuzigt worden sein (*Amnesty International* 2001).

lex talionis

Nach der im Mittelalter, teilweise noch heute vertretenen und praktizierten Talionslehre (von lat. *talio* = Wiedervergeltung) gestaltetes (strafrechtlich oder moralisch bedeutsames) Gesetz, das die Vergeltung von Gleichem mit Gleichem fordert (auch: → spiegelnde Strafen), beispielsweise die Kastration bei Unzuchtsdelikten (Inzest, Nekrophilie, „Sodomie", Vergewaltigung) oder die → Todesstrafe bei

Mord, jedenfalls, so im Fall der in allen frühen Kulturen der Welt verbreiteten „Blutrache" (Lev 35, 19 und 21), „Auge um Auge, Zahn um Zahn, Hand um Hand, Fuß um Fuß, Brandmal um Brandmal, Wunde um Wunde, Beule um Beule" (Ex 21, 24 f.). Die Talionslehre wird wegen ihrer unübersehbar zwanghaften Neigung zu Vergeltungshandlungen bestritten: „Rache und immer wieder Rache! Keinem vernünftigen Menschen würde es einfallen, Tintenflecken mit Tinte, Ölflecken mit Öl wegputzen zu wollen nur Blut, das soll immer wieder mit Blut ausgewaschen werden!" (B. v. Suttner).

Beispiele:

- Unzüchtigen Frauen wurde nicht nur eine entsprechende Strafe (zumindest im Jenseits: Hölle) angedroht (Fresko des Taddeo di Bartolo, 1396 San Gimignano), sondern eine solche auch hin und wieder an ihnen vollstreckt.
- Männer, die Unzucht getrieben hatten, wurden schon nach den frühen Volksrechten mit Kastration bedroht; inwieweit diese von Fall zu Fall vollzogen wurde, ist umstritten.
- Im 11. Jahrhundert wurde Bischof Heinrich von Augsburg, der die Schwester Kaiser Heinrichs IV. (1050–1106) sexuell belästigt hatte, nach einem Bericht der „Zimmerischen Chronik" ergriffen und zu einem Block geführt, wo ihm die Folterknechte „zu seiner straf begangner handlung ... ain hilzin pfal durch den schwanz" schlugen.
- Die in England zu jener Zeit bei Vergewaltigung übliche und im Spätmittelalter abgeschwächte Strafe des Blendens und der Entfernung der Hoden wurde dadurch abgemildert, dass die (nicht mit zu bestrafende) Ehefrau des Täters vor Gericht die Hoden ihres Gatten als ihren Besitz reklamieren konnte (H. P. Duerr).
- 1248 berichtete Matthäus von Paris, der Ritter Godfrey de Millers sei entmannt worden, weil er die Kammer einer Jungfrau betreten habe.
- Nach den „Livres de Jostice et di Plet" von 1260 (ähnlich die „Coutume de Toulouse", 1296) verlor ein Sittlichkeitsverbrecher nach der ersten Straftat die Hoden, beim zweiten Mal den Penis, beim dritten Mal sein Leben.
- Nach einer Darstellung des H. Thalhoffer von 1467, die nach der Textvorlage des Rechtsbuches Rupprechts von Freising angefertigt

wurde, hatte eine vergewaltigte Frau das Recht, mit dem beschuldigten Täter einen gerichtlich überwachten Zweikampf auszuführen. Hatte sie es geschafft, den Mann niederzuringen, durfte sie ihn in den Schwitzkasten nehmen und mit der linken Hand „an seinem Zeug" hochziehen, eine entehrende Strafe, die den Täter an dem Körperteil erniedrigte, mit dem er seinem Opfer die Ehre geraubt hatte.

- 1606 wurde in Frankenstein (Schlesien) einem Totengräber, der mit einem weiblichen Leichnam Unzucht getrieben hatte, „das Manliche glid mit glüeender zangen abgezwickt", bevor der Täter auf dem Scheiterhaufen endete.

long drop

In Irland und England seit dem 18. Jahrhundert bekanntes, nach anderen Autoren erst von W. Marwood (englischer → Scharfrichter von 1874 bis 1883) zur Ablösung der → Strangulation durch den schnellen Genickbruch entwickeltes und vor allem im angloamerikanischen Rechtskreis verwandtes, als „humanisiert" geltendes Verfahren des → Erhängens mit Hilfe eines langen Falls vom → Galgen: Das Opfer stürzt nach Öffnung einer Falltür oder nach dem Stoß von einer Leiter in die Schlinge, die sich unter seinem Körpergewicht zuzieht und den (nicht immer sofort eintretenden) Tod herbeiführt. Voraussetzung für eine korrekte Exekution sind die genaueste Berechnung von Stärke und Länge des → Stricks sowie eine einwandfreie Funktion der Falltür.

Beispiele:
- Der *long drop* ist erstmals 1760 bei der Exekution des Earl Ferres verwandt worden; die Fallhöhe betrug nur 30 cm.
- 1783 wurde die Methode im Londoner Gefängnis Newgate eingeführt und in England im gleichen Jahr zur offiziellen Form der Hinrichtung durch Erhängen erhoben.
- Der englische Scharfrichter J. Berry erstellte Ende des 19. Jahrhunderts eine Tabelle, nach der sich das Verhältnis von Körpergewicht des Opfers und Länge des Seiles bestimmen ließ. Als er sich auf amtliche Anweisung einmal nicht daran hielt, sondern das Seil verlängerte, platzten die Halsschlagadern des Exekutierten. Einem anderen Opfer wurde 1885 der Kopf abgerissen.

• C. T. Duffy, langjähriger Direktor des kalifornischen Staatsgefängnisses St. Quentin, schrieb 1964, jeder Einwohner von Kalifornien sollte bei einer Hinrichtung anwesend sein. „Ich wünschte, alle könnten sehen, wie der Strick das Fleisch in Fetzen vom Gesicht des Verurteilten gerissen hat den halb vom Rumpf getrennten Kopf, die durch den Druck herausgequollenen Augen mit den geplatzten Adern und die unförmige Zunge. Ich wünschte, alle hätten die leblos baumelnden Beine gesehen, den Gestank der Exkremente und den widerlich-süßen Geruch des eingetrockneten Blutes gespürt."

los quemaderos

Form des → Elementetodes, bei der die Opfer in bisweilen statuenhaft (biblische Propheten) geformte Behältnisse aus Gips oder Sandstein geschlossen wurden, bevor unter diesen *quemaderos* Brände entzündet wurden.

Beispiele:
• Nach dem Alten Testament (Dan 3) sind unter Babylons König Nebukadnezar II. († 562 v. Chr.) drei Jünglinge im Feuerofen gefoltert worden.
• Der französische Reisende E. Cazal beschreibt die Methode, die im 16. Jahrhundert auf den Westindischen Inseln zur Folter „ungläubiger" Indios genutzt wurde: „Diese Art gemauerter Backöfen war hohl und stellte außen eine Plattform dar. Holztüren führten in das Innere. Darin schloss man die lebenden Ketzer, die rückfällig geworden waren, ein und zündete ein Feuer an ..."

Lünette

Ein Holzkragen zur Fixation des Kopfes bei der Exekution durch die → Guillotine. Er fand sich schon bei Vorläufern der Guillotine wie der sogenannten → Diele, welche nur aus dem → Schafott mit einem feststehenden unteren Holzrahmen und einem mit Schrauben verstellbaren oberen Rahmen bestand, zwischen denen der Kopf des Knienden festgespannt wurde, damit der → Scharfrichter mit dem → Richtbeil die → Enthauptung vornehmen konnte. Nicht alle Vorläufer hatten jedoch einen solchen Holzkragen. Die → *Scottish maiden* beispielsweise besaß ihn nicht. Bei der Guillotine befand sich die Lünette zwischen den beiden Pfosten, an denen das Beil vorbeigeführt wurde. Bei manchen Guillotinen waren sie mit Eisenblech beschlagen oder bestanden ganz aus Eisen, das die Zuverlässigkeit der Maschine erhöhte.

Lynchen

Die wahrscheinlich nach dem nordamerikanischen Plantagenbesitzer C. Lynch (1736–1796) benannte ungesetzliche, oft unmittelbar an die Tat anschließende Bestrafung eines Menschen in Form der Exekution durch einzelne oder einer Art → Hinrichtung zu gesamter Hand. Das Opfer wurde misshandelt, gefoltert (Teeren und Federn) oder, meist durch → Erhängen, getötet.

Beispiele:

- Am 18. Juni 1090 ging das Volk „in teuflischer Wut gegen drei arme Weiber" vor, wie ein Chronist aus Vötting berichtet. Die Frauen, eine von ihnen war schwanger, mussten eine Wasserprobe über sich ergehen lassen, wurden dann mehrfach ausgepeitscht und verbrannt (→ Verbrennen).

- 1098 wurden in Freising drei Frauen als Giftmischerinnen und Erntezauberinnen gelyncht. Da sie in der Folter nicht gestanden hatten, waren die kirchliche und die weltliche Obrigkeit nicht einverstanden; die Toten wurden in einer Kirche bestattet.

- 1763 rotteten sich Farmer in Harrisburg (Pennsylvania) zusammen, überfielen eine Gruppe von Conestoga-Indianern, töteten sieben von ihnen, stürmten das Gefängnis, in das sich die übrigen geflüchtet hatten, und schossen 14 Männer, Frauen und Kinder auf offener Straße nieder.

- Im März 1800 wurde eine alte Bettlerin in Brigsted (Ostjütland) von sechs Männern gelyncht. Die Lynchjustiz gegen „Hexen" wütete danach noch gut 50 Jahre lang.

- Zwischen 1881 und 1883 lynchte der *Ku-Klux-Klan* 75 Schwarze, zwischen 1882 und 1903 verübte er in 15 Südstaaten 2.600 Lynchmorde.

- 1905 schrieb ein amerikanischer Journalist, die Lynchjustiz stelle ein nationales Verbrechen der USA dar: „Die Tatsache, dass es Menschen gibt, die sich zusammenrotten und andere Menschen,

Mitbürger, verfolgen und töten oder sie gar aus dem Gewahrsam des Gesetzes herausholen und am nächsten Baum aufknüpfen, ohne jeden Prozess oder eine ordentlich geführte Gerichtsverhandlung, gibt es – außer bei uns – in keinem anderen zivilisierten Land" (H. Gundolf).

- Zwischen 1882 und 1903 wurden in den USA 3.337 Opfer gelyncht, in den Jahren 1889-1960 fielen in den USA (Südstaaten) mehr als 4.800 Menschen, davon 70 Prozent Farbige, Lynchmorden zum Opfer.
- Im letzten Jahrzehnt des 20. Jahrhunderts wurden vermutlich Tausende von „Hexen" in Tansania gelyncht (Bericht von *Amnesty International*, 2001).
- Am 25. Oktober 2000 überfielen singhalesische Dorfbewohner ein Resozialisierungslager in Bindunuwewa (Sri Lanka) und lynchten 27 tamilische Jugendliche im Alter von 14 bis 23 Jahren, ohne dass die Polizei gegen die Morde einschritt.
- Der 2001 in Pakistan wegen „Gotteslästerung" (Anzeige durch seine Studenten wegen indirekter Angriffe auf den Propheten Mohammed) zum Tod verurteilte Dr. Y. Shaikh ist vermutlich der Lynchjustiz im Gefängnis entgangen, weil ihn weltweite Solidarität schützte.
- Im März 2002 wurden im palästinensischen Tulkarem 11 Männer gelyncht, die der Kollaboration mit Israel verdächtigt worden waren.

madre dolorosa (*mater dolorosa*)

Für den letzten und schärfsten Grad der exekutierenden Tortur vorgesehenes, vor allem in Spanien angeblich verwandtes Foltergerät: Es soll sich um eine von Mönchen konstruierte, reich ausgestattete hölzerne Figur der (namengebenden) schmerzhaften Mutter Maria gehandelt haben, ein Instrument, das beim Öffnen der Arme und der Vorderseite spitze Stacheln zeigte, die das Opfer langsam „in liebevoller Umarmung" erdrückten und erstachen. Ob das Gerät je eingesetzt wurde oder nur zur Abschreckung diente, ist umstritten.

Beispiele:
- Noch 1808 berichtete der französische Oberst F. Lasalle über einen solchen Automaten, den er im Inquisitionsgefängnis zu Toledo gesehen hatte.

man-handling

Nach *Amnesty International* auf den Philippinen bei Militäreinsätzen gegen Bauern in abgelegenen Gebieten auch als Schaufolter vor der Öffentlichkeit eines Dorfes angewandte, in ihren Details der Willkür der Täter überlassene Methode: Die Opfer mussten Tänze aufführen, Schläge auf die Ohren oder spezielle Fingertorturen (Gewehrkugeln zwischen den dann zusammengepressten Fingern) ertragen. Nicht selten bedeutete das *man-handling* den Auftakt zur Ermordung eines Opfers.

Maschinen des Todes

Die US-Dokumentationsserie „Maschinen des Todes – Erfindungen für den Henker" (in Deutschland 2009 gezeigt) stellt die geschichtliche Entwicklung der Folter und der → Hinrichtung in Europa, Nordamerika und China vom Altertum bis zur Gegenwart dar. Anhand von Animationen, Experimenten mit Tierkörpern, Dummys, menschlichen Versuchskandidaten und Gerätenachbauten werden die Funktionen und Arbeitsweisen von → Hinrichtungsgeräten dargestellt. Gerichtsmediziner, Handwerker erläutern die medizinischen, physikalischen Eigenschaften zur jeweiligen Hinrichtungsart und deren Auswirkungen auf den menschlichen Körper. Historiker erklären die geschichtlichen und gesellschaftlichen Hintergründe der Folter- und Hinrichtungsmethoden (Wikipedia „Maschinen des Todes – Erfindungen für den Henker", abgerufen am 14.4.2017).

Menschenjagd

Nicht allein spontan, emotional verursacht und „wild", sondern auch „rational" (meist nationalistische, sexistische, rassistische, aber auch perfektionistische, vom jeweiligen „Kriminalitätsstand" eines Landes beeindruckte Saubermann-Mentalitäten) erfolgende Verfolgung einzelner Menschen oder größerer wie kleinerer Menschengruppen über kürzere oder längere Zeiträume hinweg. Eine solche Jagd verfolgt Folter- und Tötungsabsichten und wird von ihren Opfern entsprechend erlebt. Moderne Menschenjagden können mit Hilfe von Datenfoltern (u. a. Rasterfahndung, ununterbrochen laufende Überwachungskameras) erfolgen.

Beispiele:

- Mittelalterliche und neuzeitliche Obrigkeiten veranstalteten fast durchgängig Verfolgungen von Menschen, die u. a. als „landschädliche Leute" markiert worden waren. Dabei wurden die Opfer oft mit eigens konstruierten Menschenfängern ergriffen und als leichte „Beute" vor Gericht geschleppt, um im Schnellverfahren („kurzer Prozess") abgeurteilt zu werden.

- Dem europäischen „Hexenwahn", der im Gegensatz zu den weithin aufrechterhaltenen Vorstellungen alles andere als eine irrationale Verfolgung von Menschen war, sondern eine mit durchdachten Methoden und Maschinen vollzogene Menschenjagd darstellte, fielen historisch belegt etwa 60.000 Männer und Frauen zum Opfer.

- General Franco ließ noch vor seinem „Kreuzzug für das gute Spanien" (1936–1939) mitteilen, wahrscheinlich müsste eine Million Spanier gejagt und umgebracht werden, notfalls auch halb Spanien, um es zu retten. Tatsächlich sind im Spanischen Bürgerkrieg etwa 600.000 Menschen getötet worden.

- Siedler torpedierten im 20. Jahrhundert die Reformen der französischen Regierung auf Neukaledonien: Als „Wochenendvergnügen" hatte sich in Nouméa die Jagd auf die melanesischen Ureinwohner, die Kanaken, eingebürgert. Bis zu hundert Europäer fuhren mit Gewehren bewaffnet in Autokolonnen durch das Stadtzentrum und suchten Kanaken, mit denen ein Streit vom Zaun gebrochen werden konnte. Waren geeignete Opfer aufgespürt, wurde wahllos das Feuer auf alle Nicht-Weißen eröffnet. Konservative Parteien und Medien stellten die Treibjagden als unerwarteten Ausbruch der Entrüstung über angebliche Gewalttaten der Kanaken dar. Die Polizei sah sich außerstande, auch nur einen Verdächtigen zu ermitteln (E. A. Rauter).

- Während des Schreckensregimentes des A. Pavelic (1899–1959), des Chefs des kroatischen Ustascha-Regimes, wurden Studenten aus Zagreb in speziellen Kursen für die Jagd auf Serben ausgebildet.

- Im Februar 1999 wurde der algerische Asylbewerber O. Ben Noui in Guben (Brandenburg) zu Tode gehetzt.

- In den letzten zehn Jahren sollen in Tansania Tausende Opfer von fanatisierten „Hexenjägern" gejagt und gelyncht (→ Lynchen) worden sein (Bericht von *Amnesty International,* 2001).

Menschenopfer

Subjektiv vermutlich nicht immer als Folter gedeutete und neuerdings in Details und Theorie wissenschaftlich umstrittene, weltweit vielfach variierte Form der freiwillig oder zwangsweise geschehenden tödlichen Hingabe eines Menschen an eine eigene oder fremde Gottheit (→ Aufessen, Herz-Herausreißen, indianische Foltertode, Lebendig begraben, Moloch, (Ins) Moor versenken, Todesstrafe, Vierteilen).

Beispiele:

- 1960 und auch noch 1986 wurde in peruanischen Zeitungen von Menschenopfern berichtet: So soll ein Waisenkind geopfert worden sein, um gefährliche Springfluten abzuwenden. Bei dem blutigen Ritual wurden dem Jungen Arme und Beine abgehackt und das Herz herausgenommen, bevor die Leiche, aufrecht stehend und mit dem Gesicht zum Meer gewandt, begraben wurde.
- Bauern, Aymara-Indianer aus der Provinz Azangaro, vierteilten einen Mann und begruben die Leichenteile in den vier Himmelsrichtungen.

Menschenversuche

Trotz einer defizitären Quellenlage („äußerste Geheimhaltung") ist nachgewiesen, dass im „zivilisierten" Europa bis in die jüngste Zeit hinein eigene, jeder ärztlichen Standesethik widersprechende, einer Folterhandlung entsprechende Versuche mit menschlichen Opfern durchgeführt wurden, wobei selbst der Tod der Versuchspersonen billigend in Kauf genommen, wenn nicht bezweckt wurden.

Beispiele:

- Zar Iwan IV. der Schreckliche (1530–1584) ließ angeblich Menschen martern, um an ihnen neue Foltermethoden auszuprobieren und die Reaktion der Opfer zu testen.
- „La vie illustrée" zeigte 1905 die Körper von gefangenen Koreanern, die nach der Exekution ballistischen Versuchen dienten.
- Forschungen an Opfern der NS-„Euthanasie"-Maßnahmen bezogen sich hauptsächlich auf die Entnahme und Untersuchung von Gehirnen bereits ermordeter Psychiatrie-Patienten (→ Leichentor-

tur). In einem begrenzten Rahmen fanden jedoch auch medizinische Versuche an lebenden Geisteskranken und mehrfach behinderten Personen statt, darunter an den als „bildungs-" und/oder „arbeitsunfähig" definierten Kindern aus den Kinderfachabteilungen der Heil- und Pflegeanstalten (Scharlachimpfstoffe, Kinderlähmung, tuberkulöse Immunisierung). Die Kinder wurden in der Regel nach Abschluss der Experimente im Rahmen des „Euthanasie"-Programms ermordet.

- Humanversuche bezogen sich auf „kriegswichtige" Experimente (Wundinfektion, Gasbrandserum, Sulfonamide, Knochentransplantation). In mehreren Versuchsreihen wurden ab 1942 Häftlinge der Lager Dachau und Ravensbrück in operativ hergestellten Wunden mit bakteriellen Mischkulturen, Abszess- und Phlegmoneerregern oder Gasbrandbazillen infiziert. Die Wunden wurden, um frontähnliche Bedingungen zu schaffen, zusätzlich mit Holzspänen, Glassplittern und Erde verunreinigt.

- Anlässlich einer im Zweiten Weltkrieg auszuwertenden „Höhenflugforschung" (z. B. Absprung aus 12 Kilometern Höhe; Lebensdauer oberhalb 6000 Metern; Höhenkrankheit) wurden an Häftlingen in der Bodenständigen Prüfstelle für die Höhenforschung in München Extremversuche angestellt, „bei denen selbstverständlich die Versuchspersonen sterben" konnten. Freiwillig hatte sich niemand gemeldet, so dass zunächst „leider noch keinerlei Versuche mit Menschenmaterial" möglich gewesen waren und nach „Berufsverbrechern, Juden oder Schwachsinnigen" gesucht werden musste. Die Opfer der Fallschirmversuche (u. a. Häftlinge aus Dachau) erlitten schwere psychische Schädigungen, Bewusstseinstrübungen, Luftembolien. An die 80 Versuchspersonen kamen ums Leben.

- Menschenversuche wurden von NS-Ärzten auch an Opfern durchgeführt, denen Brustkorb und Schädel geöffnet worden waren. Dies kostete viele Menschenleben, weil immer wieder Versuche stattfanden, um zu sehen, wie lange das Herz eines Sezierten noch schlug.

- Weitere Menschenversuche bezogen sich auf Unterkühlungen: Die in eiskaltes Wasser verbrachten Opfer starben (erst nach mehreren Stunden) an Herzversagen durch Kälteschädigung und/oder Unterkühlung des Hirns (26 Grad Celsius).

- Die Wiedererwärmung erstarrter Körper interessierte vor allem den Reichsführer SS. In mehreren Versuchsreihen wurden Frauen aus Ravensbrück bei solchen Experimenten benutzt: Der unterkühlte Häftling wurde zwischen zwei nackte Frauen gelegt oder sollte mit einer einzelnen Frau Geschlechtsverkehr ausüben. Letzteres gelang bei einer Wiedererwärmung bis 30 Grad Celsius und kam nach Meinung der (ärztlichen) Täter „einem heißen Vollbad" gleich.
- In den Lagern Buchenwald und Natzweiler wurden zwischen 1942 und 1944 Experimente mit Fleckfieber(impfstoffen) durchgeführt, in Natzweiler und Sachsenhausen mit Phosgen und Lostgas, im KZ Groß-Rosen mit dem Nervenkampfstoff Tabun.
- Von 1940 bis 1970 wurde von US-Behörden an 695 Menschen radioaktives Material erprobt.
- Zwischen 1963 und 1971 wurden die Hoden von 676 Häftlingen im US-Bundesstaat Oregon und von 64 Häftlingen im Staat Washington Bestrahlungen ausgesetzt, um herauszufinden, ob Röntgenstrahlen die Zeugungsfähigkeit beeinflussen.
- Menschenversuche gab es in den 1980er-Jahren in Großbritannien und Kanada: Ärzte experimentierten an schwachsinnigen Kleinkindern und unwissenden Patienten (Diabetiker, Spastiker, Krebspatienten).

Militärstrafen

Männerbünde, vor allem militärisch geführte und auf einen Krieg zielende, kennen nicht nur eigene Initiationsfoltern, sondern verfolgen auch – nicht zuletzt aus rassistischen und sexistischen Gründen – bestimmte Opfergruppen (Homosexuelle). Zudem werden regelmäßig zur Bestrafung eines wie auch immer definierten „Ungehorsams" als des eigentlichen Vergehens gegen militärische Vorgaben oft grausame Folterhandlungen geplant und durchgeführt. Wer beispielsweise den Appell verpasste, wurde noch bis in das 20. Jahrhundert hinein in Eisen geschlagen, für Lästerungen war noch im 18. ahrhundert eine Zungentortur (Durchbohrung der Zunge) vorgesehen. Offiziere wurden nicht ausgepeitscht, sondern degradiert oder zu einer Geldbuße verurteilt. Die → Todesstrafe wurde wegen Meuterei, Desertion oder Feigheit vor dem Feind verhängt – und früher auch für leichtere Vergehen gegen die Militärdisziplin.

Beispiele:

- 1787 berichtete der Militärarzt Dr. R. Hall von der Verurteilung eines Soldaten zu 500 Peitschenhieben. Zunächst wurden dem Opfer 400 Schläge versetzt, die restlichen sollte der Soldat erhalten, wenn sein Rücken wieder neue Haut gebildet hatte. Bei der zweiten Vollstreckung platzte jedoch die junge Haut bereits nach 25 Hieben stärker auf als bei den vorangegangenen 400 Schlägen, und als 75 Hiebe ausgeführt waren, „war sein Rücken zehnmal stärker zerschnitten als bei den ersten 400, so dass es angezeigt war, ihm die restlichen 25 zu erlassen".

- 1807 reduzierte der englische König Georg III. die Zahl der bei einer Militärstrafe anzuwendenden Schläge auf 1000.

- 1834 kam eine Königliche Kommission in England zu dem Urteil, Auspeitschungen seien legitim, auch wenn eine verminderte Anzahl der Hiebe zu befürworten sei.

- 1844 wurden die ersten Militärstrafanstalten in Großbritannien eingerichtet.

- Der Herzog von Wellington († 1852), Sieger bei Waterloo, war überzeugt, dass sich die Disziplin nicht ohne Peitsche aufrechterhalten lasse.

- Die im Uniform Code of Military Justice der US-Army vorgesehene Todesstrafe wurde in Deutschland, dessen Grundgesetz die Todesstrafe abschaffte (Art. 102), letztmals 1961 an einem US-Soldaten vollstreckt *(Amnesty International)*.

- Das 1974 reformierte Strafgesetzbuch der DDR kannte die von militärischen Überlegungen bestimmte Todesstrafe in den Fällen von Fahnenflucht, Wehrentziehung, Befehlsverweigerung, Meuterei, Feigheit vor dem Feind, Angriff auf Vorgesetzte, Wachen und Streifen, militärischer Kollaboration und Plünderung im Kampfgebiet.

- Im Juli 1979 verurteilte ein Militärgericht in Fürth einen 22-jährigen US-Gefreiten zum Tode.

- US-Präsident R. Reagan dehnte die für schwere militärische Straftaten angedrohte Todesstrafe 1985 auf Spionage in Friedenszeiten aus.

Moloch

Als Extremform der Gottesverehrung gedeutetes → Menschenopfer, das Zorn und Strafgericht der Gottheit abwehren und besondere Zuwendung erwirken sollte (Lev 18, 21; 20, 2–5; 1 Kö 11, 7; 2 Kö 23, 10; Jes 30, 33; Jer 32, 35). Dem babylonisch-assyrisch-punischen, für eine alles verschlingende Macht sprichwörtlich gewordenen Moloch (punisch *molk* = Opfer) sollen (durch Los) vorherbestimmte Opfer (Kinder, Jungfrauen) dargebracht worden sein. Sie wurden in den Rachen einer Statue geworfen und starben im Innern des glühenden Erzes. Ob die Folter in Karthago tatsächlich so häufig und grausam vollzogen wurde, wie römische Quellen wissen wollen, bleibt umstritten. Es ist nicht auszuschließen, dass solche Berichte Argumente für einen möglichen Feldzug gegen die Stadt liefern sollten.

Ofen

Das Opfer wurde u. a. in einen gemauerten Ofen (→ *los quemaderos*) gesperrt, unter dem ein Feuer entzündet wurde. Es erlitt Verbrennungen, die fast immer zum Tod führten (ähnlich: → Röststier).

Beispiele:

- In Sevilla fand sich ein fester Steinofen, auf dem vier große hohle Statuen standen. „Ketzer" wurden in die Höhlungen gesperrt, um sie durch die aufsteigende Ofenhitze foltern und langsam töten zu können.
- In dem Ofen, den der Magistrat von Neiße hatte aufstellen lassen, verbrannten 1651 zweiundvierzig Frauen und Mädchen.
- Der ehemalige Sekretär der Inquisition J.-A. Llorente berichtete detailliert über die angewandten Ofenfoltern (R. Villeneuve).
- Die „Langhanssche Chronik" überliefert eine Notiz des Johann Georg I. Fuchs von Dornheim, die besagt, dass auf fürstlichen Befehl in Zeil ein Backsteinofen zum Verbrennen von Zauberern und „Hexen" verwendet wurden.
- Am 15. August 1786 wurde in Berlin J. C. Höpner als Dieb und Brandstifter in einem als Holzscheiten gefertigten runden und überdachten Ofen verbrannt.
- Während des Ustascharegimes wurde für das Todeslager Jasenovac im Januar 1942 ein Krematorium zur Verbrennung lebendiger Op-

fer konstruiert, das nach seinem Erfinder „Picilli-Ofen" oder „Keramik" hieß. Im Mai desselben Jahres nahmen die Täter wegen des störenden Gestankes von dieser Methode wieder Abstand.

pao-lo-Folter

Form der chinesischen Folter und Exekution: Das Opfer wurde an einen hohen Ofen aus Kupfer (*pao-lo*) gebunden. Es musste ihn mit den Armen umfassen und den Körper an ihn schmiegen, so dass es geröstet und zu Tode gebrannt wurde.

Persische Pressfolter

Form der exekutierenden Frauen- und der Pressfolter, die jeweils zwei Ehebrecherinnen im alten Persien betroffen haben soll: Die beiden Frauen wurden mit dem Gesicht nach oben auf je ein Brett gebunden, dann die eine auf dem Boden fixiert, während das Brett mit der anderen umgedreht, mit Gewichten beschwert und langsam auf die erste herabgelassen wurde, bis sich die Körper berührten und allmählich zu Tode pressten (C. Marasotti).

Pfählen

Die verbreitete, hin und wieder mit der → Kreuzigung verglichene Folter- und Exekutionsart benutzte (nach Art einer → spiegelnden Strafe) einen Holz- oder Eisenpfahl, auf den das Opfer mit weit gespreizten Beinen gesetzt wurde. Der Pfahl sollte nur mäßig zugespitzt, fast abgestumpft sein, um bei seinem Eindringen in den Leib keine lebenswichtigen Organe zu verletzen; diese sollten nur beiseitegeschoben werden, um die Qual zu verlängern. Der Täter konnte sein Opfer langsam, Stück um Stück, in die Spitze des Pfahls hineindrücken und hineinhämmern; der Pfahl durchbohrte den Gefolterten vom vorher eingeölten After her und trat mit der Zeit an der Schulter, aus der Brust oder aus dem Magen wieder hervor. Das Pfählen konnte auch vollzogen werden, indem dem Opfer (Ehebrecher und Ehebrecherinnen) ein Pfahl (oder großer Nagel) auf Brust oder Leib aufgesetzt und vom → Scharfrichter tief in den Körper getrieben wurde. Der betrogene Ehegatte durfte bisweilen die ersten drei Schläge ausführen. Manche Opfer haben die furchtbare Folter bis zu drei Tagen überlebt. Wasser durfte ihnen nicht gereicht werden, da ein Trunk die Qual verkürzt und den Tod herbeigeführt hätte. Pfähle haben wie Bäume eine alte mythische Bedeutung (arbor infelix; Kreuz); in der Frühzeit der Religionen wurden Bilder und Statuen von Göttern und Dämonen in Pfahlform gestaltet.

Beispiele:

- Hammurapi (ca. 1810–1750 v. Chr.), König der ersten Dynastie von Babylon, führte das Pfählen im 153. Rechtssatz seines Kodex, der wichtigsten Rechtssammlung des Alten Orients (heute im Louvre in Paris), als Strafe für eine Frau bei Ehebruch und Gattenmord auf.
- Assur-Nasir-Pal II. (883–859) und Assurbanipal (668–626) ließen Kriegsgefangene in langen Reihen pfählen, um zwischen ihnen in die eroberten Städte einzuziehen.
- Der persische König Kambyses II. († 522 v. Chr.) führte das Pfählen in Ägypten ein, und die Ptolemäer übernahmen diese den Pharaonen bis dahin unbekannte Straffolter, auch die berühmte Kleopatra VII. (* 30 v. Chr.) ließ Menschen wegen politischer Delikte und Korruption pfählen.
- Der langobardische Historiker Paulus Diaconus (* um 720) berichtete von der um 611 wahrscheinlich in Form der Vaginalfolter geschehenen Pfählung der Romild von Cividale, die zuvor das Bett des Awaren-Königs und zwölf seiner Getreuen hatte teilen müssen, bevor sie im Pfahl den „Mann, dessen du wert bist" erblickte.
- Ein Holzschnitt aus der „Cosmographia" des Sebastian Münster (Basel 1592) zeigt vier gepfählte Opfer, die 1514 am ungarischen Bauernkrieg teilgenommen hatten.
- Das „Türkisch Tagebuch von 1573–78" des Stephan Gerlach berichtet von grausamen Pfählungen, bei denen ein Spieß in den After der Opfer getrieben wurde (→ Analfolter).
- Größtes Aufsehen erregte im christlichen Europa, wo die Folter vom 13. bis zum 18. Jahrhundert keine Seltenheit war, die Pfählung eines Dolmetschers der französischen Gesandtschaft beim Sultan Murad IV. im Jahre 1663.
- Am 14. Juni 1800 wurde der französische Marschall J. B. Kléber in Ägypten von einem syrischen Schwärmer erstochen; noch am Tag seiner Beisetzung pfählten französische Soldaten den Mörder, der vier Stunden am Pfahl lebte.

- Im kaiserlichen China waren Pfählungen bis etwa zum „Boxeraufstand" (1900/1901) bekannt.
- Ein Onkel des irakischen Königs Faisal II. wurde 1958 wegen (homosexueller) Unzuchtsdelikte gepfählt.

Pommerische Mütze (Haube, Huwe)

Regionale Bezeichnung für die auch andernorts verwandten eisernen Kopf- und Stirnpressen, bei denen ein Eisenband oder ein mit eisernen Gliedern versehener Strick um den Kopf des Opfers gelegt und langsam angezogen wurde. Durch das Zusammenschrauben wurde ein mitunter lebensgefährliches bis tödliches Pressen des Kopfes bewirkt.

Beispiele:
- Während des Dreißigjährigen Krieges (1618–1648) wurde die Pommerische Mütze auf Rügen von den kaiserlichen Truppen gegen A. Runge aus Gingst angewandt, „bis ihm die Augen aus dem Kopf zu stehen begunten."

Ponton

Pontons hießen die kleinen, in England, Neapel und Messina üblichen schiffsartigen Gelasse, welche an der Decke stickiger Zwischendecksräume in Kriegsschiffen hingen. Die Opfer wurden im Zuge einer Marinestraffolter in diesen Pontons, förmlichen „Erstickungshöhlen", nicht selten so lange eingesperrt, bis sie erstickten (→ Ersticken). Im Zuge der Erschließung der überseeischen Kolonien wurden die Pontons durch „Bagno"-Gefängnisse, eine Frühform der Straflager, abgelöst, die kaum einen Vorzug bedeuteten, zumal sie die Opfer der oft tödlichen Hitze und Kälte aussetzten.

Rattenpfanne

Bei fernöstlichen Folterhandlungen angewandte → Tiertortur: Das nackte Opfer wurde auf den Rücken gelegt und auf einer Bank so festgebunden, dass es bewegungsunfähig war. Dann wurde ein Rattenkäfig auf seinem Leib befestigt und über dem Käfig eine Pfanne mit → glühenden Kohlen angebracht, schließlich der Boden des Rattenkäfigs weggezogen, so dass sich das durch Hitze und Feuer verschreckte Tier direkt auf dem Leib des Opfers befand, diesen mehr und mehr zerkratzte und sich (nach F. Auer) langsam in den Bauch durchfraß.

Republikanische Hochzeit

Exekutionsmethode, die von J. Carrier, dem Gouverneur von Nantes, gegen Ende des 18. Jahrhunderts erfunden wurde: Die Opfer, Mann und Frau, wurden zusammengebunden und in die Loire geworfen (→ Ertränken), da nach Meinung des Erfinders die → Guillotine zu langsam arbeitete. Die Leichen verunreinigten das Wasser so stark, dass untersagt werden musste, Fische aus dem Fluss zu essen.

Retentum

Bezeichnung (lat. *retinere* zurückhalten, aufhalten) für eine Milderung bei der Vollstreckung der → Todesstrafe, die meist durch eine geheime Urteilsklausel vom Gericht eingefügt werden konnte.

Beispiele:

- Bereits in altrömischer Zeit galt es als Begünstigung, dem Gekreuzigten nach einiger Zeit die Füße bzw. Unterschenkel zu brechen, um ihm das Abstützen zu verwehren und so seinen Todeskampf abzukürzen (Jo 19, 32).
- Im Zusammenhang mit dem Rädern (→ Richtrad) bezeichnet das Retentum diejenige Anzahl an Schlägen mit dem Rad oder mit einer langen Eisenstange, nach der der Verurteilte durch den → Scharfrichter heimlich erwürgt werden sollte. Auch das Rädern vom Kopfe her war als Strafmilderung gebräuchlich. Durch einen Schlag mit dem Rad auf Kopf oder Brustkorb war der Verurteilte sofort tot. Damit wurden die Leiden des Delinquenten verkürzt, die dieser durch das anschließende Flechten seiner Glieder durch die Sprossen des Rades erfahren hätte.
- Weitere Formen des Retentums: Vor dem → Verbrennen auf dem Scheiterhaufen wurde das Opfer heimlich erdrosselt, um ihm die Qualen des → Erstickens oder Verbrennens zu ersparen. Oder ihm wurde ein Sack mit → Schießpulver umgehängt, der rechtzeitig explodierte (Zum Ganzen: Wikipedia, „Retentum", abgerufen am 7.4.2017).

Richtbank

Über die Beschaffenheit der Richtbank, die sich nur langsam durchsetzte, ist wenig bekannt. Es dürfte eine niedrige stabile Bank gewesen sein, die hinter dem → Richtblock aufgestellt wurde und auf der der Verurteilte lag. Ein Anbinden war unnötig. Zwei Scharfrichtergehilfen hielten den bäuchlings auf der Bank Liegenden fest, während der dritte Gehilfe den Kopf des Verurteilten in die Aussparung des Richtblocks drückte. Zwischen Block und Bank befand sich ein Zwischenraum, unter dem ein Blutkasten hing. Dieser fing das Blut auf, das dem enthaupteten Körper stoßweise entströmte. Fehlte der Kasten, wurden Sägespäne um den Block aufgeschüttet, die das Blut aufsogen. Richtblock und Richtbank waren unbeholfene Geräte und schwer zu transportieren (Zum Ganzen: Wikipedia, „Richtbank", abgerufen am 12.4.2017).

Beispiele:
- Die von dem Magdeburger Scharfrichter Friedrich Reindel (1824–1908) konstruierte Richtbank wurde erstmals bei einer → Hinrichtung am 17. August 1883 in Holzminden eingesetzt.

Richtbeil

Ein → (Hand-)Beil, dessen Schneide konvex sein musste, da Schneideinstrumente kaum Wirkung hatten, wenn der Streich lotrecht erfolgte. Das Beil wurde bei vielen als nicht entehrend geltenden und in einem pompösen Ritus durchgeführten Hinrichtungen zum → Enthaupten (auf dem „Rabenstein" oder „Köpfelstein"; → Schafott) vor allem von Männern sowie im Verlauf von Verstümmelungsfoltern zum Abhacken bestimmter Körperteile benutzt. Da sich immer wieder Schwierigkeiten bei der Verwendung ergaben, wurde das altertümlich wirkende Richtbeil zunächst durch das → Richtschwert und seit dem 18. Jahrhundert durch das Fallbeil (→ Guillotine) ersetzt.

Beispiele:
- Die Römer lösten zur Kaiserzeit das Beil zunehmend durch das Schwert ab, zumal in den besetzten Gebieten das Schwert eines Legionärs schneller bei der Hand war als das Liktorenbeil.
- Die schottische Königin Maria Stuart wurde am 8. Februar 1587

mit dem Richtbeil hingerichtet; ihr Kopf fiel erst beim zweiten Hieb.

- 1580 wurden erstmals in Nürnberg, 1618 in Frankfurt a. M. auch Frauen mit dem Richtbeil exekutiert, statt den Tod durch → Ertränken erleiden zu müssen.
- Zwischen dem 15. März und dem 29. April 1739 starben sieben Führer der „Salpeterer", der „freien, keiner Obrigkeit untertanen Leut' auf dem Hotzenwald" (südlicher Schwarzwald) unter dem Beil.
- J. W. v. Goethe (1749–1832) hat Hinrichtungen in Frankfurt a. M. bezeugt, die mit dem Beil durchgeführt wurden.
- Am 6. Juni 1935 wurde der kommunistische Arbeiterführer und Widerstandskämpfer F. Schulze nach jahrelanger Tortur mit dem Handbeil hingerichtet. 1990 wurde er von der Hamburger Staatsanwaltschaft rehabilitiert: Seine Hinrichtung gilt als Justizmord (→ Justizirrtum).

Richtblock

Ein Holzblock, wahrscheinlich ein etwa 70 cm hoher Holzklotz, dessen untere Hälfte zylindrisch, die obere Hälfte rechteckig war. Die hintere und vordere Kante – diese enthielt eine Aussparung für das Kinn des Opfers – maßen je etwa 37, die Seitenkanten je etwa 27 cm. Auf dem Richtblock lag der Kopf eines Verurteilten, bevor dieser mit einem → Richtbeil, nicht mit dem → Richtschwert, durch einen → Scharfrichter geköpft wurde (→ Enthaupten). Der Richtblock stand meistens auf einem Holzpodest (→ Schafott) auf öffentlichen Plätzen. Der Verurteilte musste hinter dem Richtblock knien, seine Arme wurden am Block festgebunden, und über seinen Hinterkopf wurde ein breiter Riemen gespannt.

Richtpfahl

Teil eines Gerätes zur → Hinrichtung nach zwei verschiedenen Methoden. Er ist zum einen der Teil eines → Würgegalgens, an dem das Opfer exekutiert wurde. Andererseits war der in die Erde eingelassene Richtpfahl erforderlich, um das Speichenrad darauf zu befestigen, auf das der Gerichtete nach dem Rädern (→ Richtrad) geflochten wurde, so dass er sich liegend auf dem Rad befand.

Richtrad

Die Hinrichtung mit dem Rad („Radebrechen") war schon bei den germanischen Völkern üblich und galt als Strafe für ehrloseste Verbrechen (schwerer, vielfacher, hinterlistiger, heimtückischer Mord). Nach dem → Erhängen war das Rädern vom frühen Mittelalter bis ins 18. Jahrhundert die gebräuchlichste Methode in Süd-, Mittel- und Nordeuropa. Das Opfer, aus Gründen der Scham nur selten eine Frau, wurde mit ausgestreckten Gliedern auf den Boden der → Richtstätte gelegt und an Eisenringen festgebunden; stabile Querhölzer und Pflöcke wurden an den Handgelenken, Ellbogen, Fußknöcheln, Knien und Hüften untergeschoben. Dann zerschlug der → Scharfrichter mit den eisenbewehrten Kanten des (meist neu gefertigten) hölzernen Richtrades von unten her Glied um Glied, Gelenk um Gelenk, Schultern und Hüften; ein tödlicher Schlag wurde vermieden. Als Gegenpole wurden unter die Gelenke oft scharfkantige Hölzer gelegt („Krammen, Krippen, Brecheln, Marterklötzeln"). Die von Exekutoren und Schaulustigen verspotteten, von Amtspersonen umgebenen Opfer verwandelten sich zusehends in schreiende Puppen aus „rohw, schleymig und formlos Fleisch wie di Schleuch eynes Tündenfischs" (so ein Flugblatt aus Hamburg vom 12. Juni 1607). Schließlich wurden die zerbrochenen Glieder des Sterbenden, die keinen Widerstand mehr boten, durch die Speichen eines größeren Rades geflochten, in horizontaler Lage auf der Spitze eines Pfahls befestigt und zur Abschreckung aufgestellt. Vögel holten sich Fleischstücke und pickten die Augen aus. Der Tod trat – in der Regel langsam – nach den vermutlich am längsten dauernden und grausamsten Schmerzen ein, die der Einfallsreichtum der Machtapparate ersinnen konnte. Selbst der Tod durch → Kreuzigung blieb, als „heidnische" Exekutionsform, hinter der fortentwickelten Technik späterer Jahrhunderte zurück. Als → Gnadenerweis galt, dass der erste Stoß mit dem Richtrad gegen den Hals geführt wurde (Rädern „von oben her") oder das Opfer vor dem Rädern oder nachdem es auf das Rad geflochten war, getötet wurde (→ Enthaupten, Erdrosseln, Knochenbrechen). Den Rest der Gewaltorgie bekam der Verurteilte dann nicht mehr mit. Als längste belegte Verweildauer einer Leiche auf dem Rad ist ein Zeitraum von drei Jahren bekannt.

Beispiele:

- Für das Richtrad schrieben friesische Rechtsbücher neun Speichen vor, andere Quellen verlangten 10 bis 12 Speichen. Die Zahl der Radstöße, die „von unten auf" zu erfolgen hatte, um das Opfer möglichst lange foltern zu können, gab zum einen das Urteil an, zum anderen blieb sie dem Scharfrichter überlassen.
- Gregor von Tours (538–594) berichtet, dass 584 mehrere der Zauberei verdächtige Frauen in Paris auf das Rad geflochten wurden.
- Philipp IV. der Schöne, König von Frankreich (1268–1314), ließ zwei junge Edelleute foltern und in Paris durch das Rad hinrichten, weil sie mit zweien seiner Schwiegertöchter Ehebruch begangen hatten. Die Frauen mussten der Exekution mit geschorenen Häuptern beiwohnen; anschließend wurden sie in Klosterhaft genommen.
- Besonderes Aufsehen erregten in Frankreich Prozess und Räderung des Chevalier de Liancourt aus dem Gefolge König Heinrichs IV. (ermordet 1610), der Bauernmädchen bestialisch getötet hatte. Die Urteilsbegründung wies darauf hin, dass dem König das Leben eines jeden Untertanen gleich teuer sei und selbst ein Adliger, wenn auch selten, gerädert werden müsse.
- Lebte ein Opfer noch drei Tage nach dem Rädern, so war es in manchen Gegenden erlaubt, ihm Hilfe zu bringen. Auch Chirurgen sollen ihren Stolz darein gelegt haben, einen Geräderten wieder zu heilen (K. B. Leder).
- 1533 wurde in Zerbst eine Frau gerädert.
- An einem Skelett aus der Friedlandburg bei Göttingen ist zu sehen, was diese brutale Prozedur mit dem Körper anrichtete. Rippen sind zerschmettert, Unterschenkel und Unterarme gebrochen, der Schädel an der linken Schläfe zertrümmert.
- Die Chronik des C. Silberisen berichtet 1576, wie der Ritter von Wart tagelang mit geschundenen Gliedern ins Rad geflochten litt und seine Frau weinend und betend neben ihm saß.
- Im Dezember 1702 wurden die Mitglieder einer Mörder- und Räuberbande in der Schweiz mit dem Richtrad gefoltert; sie überstanden die Tortur stundenlang.
- 1712 wurde die dreifache Mörderin C. Scheper nach ihrer Enthauptung in Düsseldorf aufs Rad geflochten.
- 1755 wurde in Paris der Räuberhauptmann Mandrin gerädert.

- 1771 starb M. Klostermayer, der „Bayrische Hiasl", unter Verwendung einer besonderen Vorrichtung zur Entspannung des Körpers in Dillingen an der Donau unter dem Rad.
- 1777 wurde ein Opfer gerädert, doch es überlebte trotz seiner schweren Knochenbrüche, wurde von einem Chirurgen wieder zusammengeflickt und nach seiner neuerlichen Festnahme noch einmal gerädert.
- Medizinische Abhandlungen über die Behandlung schwerverletzter Opfer des Räderns sind im 16. wie im 17. Jahrhundert nachzuweisen; sie zeigen ebenso wie Votivbilder Überlebender, dass solche Fälle nicht selten vorkamen.
- Das Aufflechten des geräderten Opfers war in Preußen bis 1811 gesetzlich zugelassen.
- In Schneeberg (Sachsen) wurde 1823 ein Raubmörder gerädert, in Berlin eine Gattenmörderin noch am 2. März 1837.

Richtschwert

Ein zweihändig geführtes Schwert, das bis in die neuere Zeit zum → Enthaupten von Verurteilten verwendet wurde und wird. Wie der → Galgen galt das Richtschwert als „unehrlich". Deswegen durfte es nicht im „ehrlichen" Kampf benutzt werden. Das Schwert gilt seit alters als Symbol der hohen Gerichtsbarkeit, der obersten Macht über Leben und Tod. Der Göttin Justitia wird es neben der Waage zugeordnet, auch als Attribut der Könige ist es weit verbreitet. Das bei den nicht als schimpflich geltenden Exekutionen benutzte Schwert war keine soldatische Waffe, kein Reiterschwert, sondern ein mäßig langes, schweres, breites Klingeneisen, das mit beiden Händen zu schwingen war. Im Laufe der Zeit bildete sich eine zweckdienliche Form des Richtschwertes heraus: Die üblichen Maße lagen zwischen 83 und 87 cm Länge und einer Breite, die sich von 7 cm bis auf 5,5 cm am Klingenende verjüngte. In die „Blutrinne" und hin und wieder auch in die Schneidefläche waren (nach U. Kühn vermutlich zur Selbstrechtfertigung des → Scharfrichters und zur Abwälzung der Verantwortlichkeit) Inschriften wie *Soli Deo gloria* (Allein Gott sei Ehr) oder „An Gottes Segen ist alles gelegen" graviert. Auch die Gravur „Die Herren steuern dem Unheil, ich exequire ihr Urtheil" ist nachgewiesen. Das „sattsam zum Tode zubereitete" Opfer musste sich auf das → Schafott oder auf einen aufgeschütteten Haufen Sand knien. Dann wurden ihm, falls gewünscht, die Augen verbunden und der Hals und die Schultern entblößt, bevor der Kopf an den Haaren festgehalten und, am besten mit einem einzigen Streich, abgeschlagen wurde. War das Opfer vom Foltern geschwächt, musste hin und wieder ein „Vorführer" mithelfen, Kopf und Körper in die richtige Lage zu bringen. Der Scharfrichter fasste das Richtschwert mit beiden Händen und drehte sich, um Schwung zu bekommen, einmal um die eigene Achse. Die Zuschauer erwarteten, dass er sein Handwerk verstand und das Schwert „kunstvoll" durch den Hals „snurrte" und nicht etwa Rücken und Schultern des Opfers oder gar den Vorführer traf. Der Leichnam wurde entweder, der Kopf oben angenagelt, auf das Rad geflochten (→ Richtrad, Leichentortur), anderweitig entsorgt (→ Verbrennen, Verscharren) oder „den Herren Medicis" für die Anatomie überlassen.

Beispiele:

- Der Aberglaube des Volks (vor allem im deutschen Osten) ging u. a. davon aus, dass der Teufel vor jeder Hinrichtung mit dem Richtschwert spiele. Niemand könne ihn sehen, doch das Schwert zittere, klinge oder bewege sich etwa drei Tage vor dem Exekutionstermin. Im Sommer 1539 soll das Richtschwert des Bremer Scharfrichters Adelarius vor einer Massenhinrichtung achtzigmal hintereinander „wie Glockengeläut" geklingelt haben.
- Menschen, die als Kinder mit einem Richtschwert geritzt worden waren, galten im Volksglauben als lebenslang vor der Justiz und vor allem vor einer Exekution geschützt.
- 1501 köpfte ein englischer Scharfrichter zwei Opfer gleichzeitig; er band sie Rücken an Rücken zusammen.
- Anhänger des Joß Fritz aus der Bruchsaler Gegend, dieses „Musterkonspirateurs" (F. Engels), wurden 1502 wegen Ketzerei und Rebellion enthauptet.
- Thomas Müntzer wurde zusammen mit H. Pfeiffer, Mönch und späterer Prediger in Mühlhausen, am 27. Mai 1525 im Lager der Fürsten mit dem Schwert hingerichtet. Sein Kopf wurde, als Mahnmal wider Ungehorsam und Gotteslästerung, „vor molhausen ins felt gestegt".

- H. Wehe, der Prediger von Leipheim, wurde am 5. April 1525 zusammen mit sieben weiteren Predigern und Hauptleuten enthauptet. Schätzungsweise wurden etwa 5.000 Täufer hingerichtet.
- Anne Boleyn, zweite Frau des englischen Königs Heinrich VIII., wegen Ehebruchs zum Tode verurteilt, erhielt als → Gnadenbeweis von ihm die Wahl zwischen → Enthaupten und → Verbrennen; sie wählte das Schwert und wurde am 19. Mai 1536 enthauptet. Am 15. Februar 1542 folgte ihr die 22-jährige Catherine Howard, die den König 1540 geheiratet hatte; auch sie aufgrund einer Verurteilung wegen ehelicher Untreue.
- Unter Heinrich VIII. (1491–1547, König seit 1509) sind um die 70.000 Menschen hingerichtet worden.
- 1571 wurde der Augsburger Ratsdiener V. Mayr, der Geld unterschlagen hatte, hingerichtet. Der erste Hieb misslang und traf das Opfer in die Brust.
- Der sächsische Kanzler Nikolaus Krell wurde am 9. Oktober 1601 auf dem Dresdner Neumarkt hingerichtet.
- 1730 wurde Hans Hermann von Katte, ein Vertrauter des Kronprinzen Friedrich von Preußen, enthauptet.
- 1766 sollte der Pariser Scharfrichter Sanson den jungen Chevalier de la Barre köpfen, der zum Tode verurteilt worden war, weil er zwei vorbeigehende Mönche nicht gegrüßt hatte. Das Opfer beharrte auf seiner Unschuld und weigerte sich niederzuknien. Sanson führte den Streich so geschickt, dass der Kopf auf dem Hals blieb. Zeugen berichteten, er habe daraufhin zu dem Geköpften gesagt: „Rührt Euch, es ist vorbei!"
- Die letzte Schweizer „Hexe" starb 1782 in Glarus durch das Schwert.
- In München wurde die letzte Hinrichtung durch das Schwert am 12. Mai 1854 vollzogen. Der Scharfrichter M. Schellerer, der insgesamt 83 Menschen köpfte, musste sieben Schwerthiebe führen, bis der Kopf fiel. Aufgrund dieses Gemetzels führte die Justiz das Fallbeil (→ Guillotine) ein, dem bereits im August desselben Jahres die ersten drei Delinquenten zum Opfer fielen.
- Die pommerische Scharfrichtersippe Schreiber, die in Kolberg, Labes und Treptow an der Rega tätig war, verwahrte das Richtschwert noch in der guten Stube, als die Greifenberger Schreiber schon Fleischhauer geworden waren.

- Im Märkischen wurde ein Richtschwert verwendet, das eine 84 cm lange und 4 cm breite Klinge aufwies; der mit Geflecht umwickelte Griff lief in einen birnenförmigen Metallknauf aus, die Lederscheide war rot gefüttert (R. Wrede).
- Eine der letzten Hinrichtungen mit dem Richtschwert in Europa wurde 1868 in der Schweiz durchgeführt.
- 1893 wurde letztmals in Deutschland eine Frau wegen Gattenmords mit dem Schwert exekutiert
- Der Mörder des deutschen Diplomaten von Ketteler wurde im Jahr 1900 in China mit dem Schwert hingerichtet.
- Bis heute werden in Saudi-Arabien Hinrichtungen mit dem Schwert durchgeführt.

Richtstätte

Alte Bezeichnung (auch: „Rabenstein", „Femstätte") für den im Mittelpunkt eines → Hinrichtungsritus stehenden Ort, an dem ein zum Tode verurteilter Mensch von Amts wegen gerichtet wurde (auch: → Schafott). Der Ort bezeugte die hohe Gerichtsbarkeit: Richtstätte und Rathaus symbolisierten zusammen die volle Rechtshoheit einer Stadt. Meist wurde eine Stelle gewählt, an der die Zuschauermenge bei dem zunehmend theatralische Züge annehmenden „Todesschauspiel" (R. van Dülmen) Platz genug fand, so z. B. der Marktplatz oder (aus Aberglauben) der Fischmarkt einer Stadt (→ Hinrichtungsfest). Auch der freie Ausblick auf die der Exekution vorausgehenden Foltern, die Hinrichtung selbst und eventuelle → Leichentorturen sollte gewährleistet sein (→ Galgen). Bei bestimmten Exekutionen (→ Verbrennen) musste Rücksicht auf Geruchsbelästigungen genommen werden; mit der Zeit beschwerten sich die Anwohner. Proteste sind auch wegen der „Unehrlichkeit" oder der Grässlichkeit einiger Hinrichtungsarten bekannt geworden (→ Erhängen, Richtrad). Die Richtstätten wechselten in großen Städten nach der Art der jeweiligen Hinrichtung: In Wien fanden „Hexen" auf der „Gänseweide" den Tod durch → Verbrennen; gerädert wurde „Am Rabenstein" in der Türkenstraße, der Galgen stand bei der „Spinnerin am Kreuz", und enthauptet wurde am „Hohen Markt".

Beispiele:

- Die altrömische Richtstätte (→ Kreuzigung) befand sich auf dem equilinischen Feld (bei der heutigen Kirche *San Lorenzo fuori le Mura*). Sie war von Knochen und Skelettresten übersät, zumal die Leichname der Hingerichteten nicht abgenommen werden durften, sondern mit der Zeit abfielen. Streunende Tiere trieben sich herum, und der Gestank, der über dem Feld lag, vervollständigte die Szene.
- Die Errichtung oder Erneuerung eines Galgens wurde unter Leitung und Schutz der Obrigkeit von den einschlägigen Handwerkern einer Kommune durchgeführt und war stets ein großes Ereignis, zu dem sich viel Volk einfand. Weil alle Handwerker bei dem „Galgenfest" (mit anschließendem Mahl) zusammenwirkten, war die Ehre des einzelnen bei der Berührung der „unehrlichen" Stätte geschützt. Die Unkosten wurden in der Regel auf alle Haussässigen umgelegt.
- Die „Constitutio Criminalis Carolina" ordnete 1532 an, dass keinem der Beteiligten die Mitarbeit zur Unehre angerechnet werden durfte.
- In Nürnberg kamen 1690 insgesamt 168 Zimmerleute zum Galgenbau zusammen.
- 1720 fanden sich in Frankfurt a. M. 1328 Handwerker zum Galgenfest ein (Schlosser, Schmiede, Maurer, Steinmetze, Zimmerleute und Schreiner). Ihre von Ritualen begleitete Arbeit, die mitunter karnevalistische Züge annahm, dauerte fünf Tage.

Rollendes Fass

Das Opfer wurde in ein Fass gesetzt, das mit Eisennägeln ausgekleidet ist, und (mehrmals) einen Abhang hinabgerollt. Die eisernen Dornen und Spitzen durchbohrten den Körper auf schmerzhafteste Weise und führten zum Tod.

Beispiele:

- Regulus, der den römischen Senat zur Wiederaufnahme des Punischen Krieges bewogen hatte, wurde von den Karthagern dieser Folter unterzogen. Zuvor waren ihm die Augenlider abgeschnitten worden, um ihn am Schlafen zu hindern.

Römische Methoden

Das römische Recht wollte mit der Zeit die Willkür bei Folterhandlungen nach Möglichkeit beseitigen, indem es gesetzliche Grundlagen schaffte. Die Grausamkeit der einzelnen Folterungen oder Exekutionen, die ein Kanon an Methoden bot (Auspeitschen, Feuerfolter, Kitzelfolter, → Säcken, Scarabäusfolter, → Knochenbrechen, Durst, → Hungern, Salztuchfolter, Strafarbeitsfolter, → Tiertortur, Verstümmelung), ist dadurch nicht behoben worden. Der römische Folterkanon wurde über die bekannte Welt verbreitet und hinterließ überall Spuren, manchmal bis heute. Das gilt auch für die römischen Formen der Vollstreckung von → Todesstrafen (→ Kreuzigung, Galgen, Erdrosseln, Ertränken, Lebendig begraben, Verbrennen, Enthaupten).

Röststier

Ein metallener Stier nahm in seinem Bauch die Opfer auf, Feuer wurde unter ihm entfacht, und die eingeschlossenen Menschen wurden bei lebendigem Leib geröstet. Ihr Stöhnen drang aus dem Maul des Tieres und erzeugte Geräusche, die wie das Brummen eines Stieres klangen. Ob das Foltergerät, auch „brüllender Ochse" oder „sizilianischer Bulle" genannt, je angewandt wurde, ist umstritten.

Beispiele:
- Der Stier soll von Phalaris († 554 v. Chr.), dem tyrannischen Herrscher von Akragas (heute Agrigent) eingeführt worden sein. Dem Historiker Diodorus Siculus zufolge hatte ihn der griechische Erzgießer Perilaos entworfen.
- Die Legende erzählt, dass der hl. Eustachius im 2. Jahrhundert wegen seiner Weigerung, den Göttern zu opfern, zusammen mit seiner Familie in einem ehernen Stier geröstet und verbrannt wurde.

Russische Enthauptung

Spezielle Form des → Enthauptens: Der Kopf des an einen kreuzförmigen Pfahl gefesselten, bewegungsunfähigen Opfers wird mit einem Säbel abgetrennt.

Russische Methoden

Das zaristische Russland (Kodex Iwans III. 1497, Gesetzgebung Iwans IV. 1550, Gesetzbuch des Zaren Alexej Michailowitsch 1648, Zar Peter d. Gr. 1672–1725) kannte neben tatarischen Traditionen wie fast das gesamte Europa die Anwendung der Folter vor allem bei Verhören, zur Bestrafung und zur Verschärfung der noch im 19. Jahrhundert für 110 Delikte angedrohten → Todesstrafe (→ Enthaupten, Lebendig begraben, Verbrennen, Vierteilen). Russische Täter sind durch ausgesuchte Grausamkeit, ihre Opfer durch „unerschütterliche Standhaftigkeit" (R. Massie) bekannt geworden. F. Dostojewski schreibt, dass Wohlhabende es schafften, den → Scharfrichter und seine Knechte durch Geld zu einer milderen Handhabung der Folter zu bewegen. Nach R. Wrede blieb das russische Strafrecht stets mehr an der Nutzung der Arbeitskraft eines Verurteilten als an seiner Hinrichtung interessiert.

Beispiele:

- Iwan IV. der Schreckliche zog am 8. Januar 1570 in Nowgorod ein und nahm furchtbare Rache an den aufständischen Einwohnern: Auspeitschen, Braten und Rösten bei lebendigem Leib, Folter mit → glühenden Zangen, → Pfählen, → Leichentorturen kamen hundertfach vor.
- Zar Peter d. Gr. nahm die Gelegenheit wahr, in den Folterkammern seines Reiches bestimmten Folterungen und Hinrichtungen beizuwohnen. Ob er während des Strelitzen-Massakers einige Aufständische eigenhändig enthauptet hat, bleibt umstritten. Belegt ist, dass mehrere seiner engsten Freunde ein → Richtbeil ergreifen mussten, um → Todesstrafen zu vollstrecken.
- 1751 wurde unter Zarin Elisabeth II. die Todesstrafe für Diebe aufgehoben und durch Strafarbeit ersetzt.
- 1785 wurden Adlige von der Bestrafung durch die Knute befreit, 1798 Geistliche und deren Familien sowie über 70 Jahre alte Männer. 1813 sollte die Knute ganz abgeschafft werden; der Versuch bleibt zunächst ohne Erfolg.

Säcken

Aus dem römischen Recht, das sie für den Mord an einem freien Bürger vorsah, stammende (*poena cullei*), wahrscheinlich als → Elemententod gedeutete und etwa in Sachsen bis ins 18. Jahrhundert hinein praktizierte Straffolter mit tödlicher Wirkung: Das Opfer wurde (etwa nach der Zürcher Blutgerichtsordnung aus dem 15. Jahrhundert) mit Hilfe eines Stocks, der zwischen die Fesseln der Hand- und der nach oben gezwängten Fußgelenke gestoßen wurde, bewegungsunfähig gemacht und oft mit Steinen beschwert, bevor es in einen Sack gesteckt und ins Wasser geworfen wurde. Selbst einfache Schwimmbewegungen waren unmöglich, und das Opfer musste „im Wasser sterben und verderben". So sei „ein Sack, angefüllt mit Schlangen, die letzte Wohnung des ausgestoßenen Verbrechers, das Gewürm seine letzte Begleitung, und der Abgrund sein letzter Weg."

Beispiele:

• Die Römer verschärften das Säcken, indem sie zusammen mit dem vorher gegeißelten und mit einer Kappe aus Wolfsfell versehenen Opfer Tiere (auch Schlangen und Affen) in den Sack gaben, die in ihrer Todesangst um sich bissen und kratzten (→ Tiertortur).

• Der römische Kaiser Konstantin I. (um 280–337) führte das bereits abgeschaffte Säcken für Verwandtenmörder wieder ein.

• König Friedrich II. von Preußen ersetzte 1740 das Säcken als Strafe für Kindsmörderinnen durch → Enthaupten.

• Die in der „Constitutio Criminalis Carolina" von 1532 vorgesehene Strafe soll folgendermaßen erteilt worden sein: Ein weiter Sack aus grober, roher Leinwand nahm einige Tiere auf, etwa einen Hahn, eine Schlange oder einen Affen. Danach musste die verurteilte Person, der die Hände zusammengebunden waren, auch in den Sack treten. Sie wurde ins Wasser gestoßen. Mit Hilfe einer Stange wurde sie so lange untergetaucht und gehalten, bis sicher war, dass sie ertrunken war. Dann wurde ihr Körper durch die Knechte des → Scharfrichters aus dem Wasser gezogen, der Sack abgenommen, die Tiere wurden wiederum ins Wasser geworfen.

Säge

Unter einer Säge wird das seit ältester Zeit (Neolithikum, Rom) bekannte manuell bewegte Werkzeug verstanden, das zum Zertrennen eines Körpers dient. Als Trennelement fungiert ein mit einer Vielzahl von kleineren, meist dreieckigen, geschränkten Schneiden versehenes Metallblatt, das an beiden Enden Griffe aufweist und von zwei Folterknechten benutzt wurde. Diese Folter- und Hinrichtungsart fügte einem Menschen noch schlimmere Schmerzen zu als das → Verbrennen auf dem Scheiterhaufen oder das → Sieden in heißem Öl. Die Opfer, oft Homosexuelle, wurden auf einer Folterbank fixiert oder mit dem Kopf nach unten aufgehängt. Die letztere Methode sicherte die Versorgung des Gehirns mit Sauerstoff und dämmt den Blutverlust ein. Ein Mensch verlor, so Berichte aus dem frühen 19. Jahrhundert, erst das Bewusstsein, wenn die zwischen den Beinen angesetzte Säge den Nabel erreichte – oder die Brust.

Beispiele:
- Die Methode wird bereits im Alten Testament erwähnt (2 Sam 12, 31), auch das Neue Testament spricht davon (Hebr 11, 37).
- Die hl. Tarbo und ihre beiden Gefährtinnen wurden im Jahr 345 am Hof des persischen Königs Schapur II. ergriffen, vor die Stadt geführt, entkleidet, jeweils zwischen zwei Pfähle gebunden und zersägt.
- Im lutherischen Deutschland wartete die Säge auf Führer der aufständischen Bauern, und in Spanien soll sie noch im ausgehenden 18. Jahrhundert als Exekutionswerkzeug in der Armee gedient haben.
- Katalanische Guerillas wandten die Sägefolter während der Feldzüge Napoleons und Wellingtons in Spanien (1808–1814) bei gefangenen britischen, französischen und spanischen Offizieren an.

Schafott

Altfranzösisch-niederländischer, sprichwörtlich gewordener Name für ein aus Balken und Brettern bestehendes „Blutgerüst", das in der Regel (anders als die gemauerten „Rabensteine") von Fall zu Fall an der → Richtstätte gezimmert wurde (früher wurde auf Booten oder auf Brettern, die auf vier Fässern lagen, exekutiert). Auf dem Schafott fanden die öffentlichen Hinrichtungen, meist durch → Enthaupten, statt. Die Opfer mussten das Schafott über eine eigens erbaute kleine Treppe erreichen; oben wartete der → Scharfrichter mit seinen Helfern. Dieser durfte als → Henkerslohn nicht selten das Gerüst abbauen und anderweitig für sich verwenden.

Beispiele:
• Ein Bericht über die Exekution der Kindsmörderin S. M. Brandt (Frankfurt am Main, 1772) sagt: „ … hat der Nachrichter 10 Pfundt Rindfleisch und 12 Pfundt Kalbsbraten, ehedem gekocht und letzteres gebraten mitsamt der Fleisch- und Bratenbrühe, Topf und Brat-Pfanne, dieses mahl aber alles roh aus löbl. Hospital empfangen, und gegen Abend durch seine Knechte das ihm heimgefallene executions Gerüst abbrechen und nach Hauß führen lassen."

Scharfrichter (Henker)

Scharfrichter (Henker, Nachrichter, Peinmeister, Diller, Freimann, Angstmann, Knöpfauf, Kurzab, Meister Hämmerling, Jack Ketch, *bourreau, the hangman, carnifex, maître des hautes-oeuvres*) waren in der Regel öffentlich zur Vornahme legitimierter Foltern und zur Vollstreckung der → Todesstrafe bestellte, wegen ihrer Tätigkeit als „unehrlich" geltende und auch (bei Berührung) andere unehrlich machende Personen. Sie wurden ursprünglich von Fall zu Fall bestimmt. Erst mit der Zunahme der Leibes- und Lebensstrafen seit Ende des 13. Jahrhunderts wurden berufsmäßig amtierende und eigens entlohnte Scharfrichter die Regel. Sie mussten zwar eine besondere Kleidung (und im alten Rom wie Aussätzige Glöckchen) tragen, konnten sich jedoch sogar zu zunftähnlichen Verbänden zusammenschließen. Der Scharfrichter schlug ursprünglich nur die Köpfe der Verurteilten ab. Andere Hinrichtungsweisen, wie die am → Galgen, durch das → Richtrad oder durch → Ertränken, führten seine Knechte durch. Über die Achtung vor ihm und seiner als unverzichtbar erachteten Tätigkeit des „Nachrichtens", die notwendigerweise Hand in Hand mit seiner „Unehrlichkeit" gehen musste und einen merkwürdig janusköpfigen Berufsstand schuf, zeugt auch seine Bezeichnung in alten Quellen: magister iustitiae (Meister der Gerechtigkeit). Das gesellschaftliche Prestige der Scharfrichter nahm mit der Zeit ab. Scharfrichter hatten zunehmend neben ihren Leistungen für die Justiz auch andere, oft erniedrigende Arbeiten auszuführen: die Kontrolle des städtischen Bordells, Beseitigung der Aase, Reinigung der Kanalisation und der städtischen Straßen (Berlin 1624: „Diese Arbeit ist den Bürgern nicht zuzumuten, die tagsüber genug anders zu tun haben"), Bestattung der Hingerichteten und Selbstmörder. Scharfrichter gerieten an den Rand der Gesellschaft (ein französischer wurde entlassen, weil er sein Hinrichtungswerkzeug verpfändet hatte, um Trinkschulden zu begleichen); auch ihre (hellrote) Kleidung brachte das zum Ausdruck. Die Blutfarbe erweckte zusammen mit den öffentlichen Exekutionen Furcht und Grauen und setzte den Henker dem odium plebis (Volkshass, Volkszorn) aus. 1682 heißt es in einem Buch aus Leipzig: „Denn wie durch gewisse Teile des menschlichen Körpers, die zu nennen das Schamgefühl verbietet, der Kot herausgeschafft wird, so sind die Henker, die gemeinsten Teile des politischen Körpers, zur Reinigung und Unterhaltung des Staates die zweckdienlichsten ..." Mit der Abschaffung von Folter und Todesstrafe verschwand auch der nicht leicht auszuübende Beruf des Scharfrichters, der einem einzelnen die vielfältigsten, von der Gemeinschaft als unersetzlich betrachteten Fertigkeiten abverlangt hatte (z. B. Abhacken, Blenden, Brandmarken, Herz-Pfählen, Verbrennen). Heutige Henker werden in der Regel sorgfältig anonymisiert; meist sind es Gefängnisbeamte, die im Nebenberuf Hinrichtungen vornehmen.

Beispiele:

- In Griechenland, in Rom, im mittelalterlichen Frankreich und Deutschland standen die Häuser der Henker meist außerhalb der Stadtmauern; bisweilen wurden sie mit grellen Farben gekennzeichnet, damit sie kein Fremder versehentlich aufsuchte.
- Der römische carnifex, ein Staatssklave, durfte weder das Forum noch einen Tempel betreten; eine Versammlung von Bürgern war bereits durch das Eintreten des Scharfrichters entehrt.
- Henker durften sich nicht mit „ehrbaren" Bürgern zeigen; falls sie überhaupt in ein Wirtshaus durften, mussten sie besondere Plätze einnehmen. In der Kirche gab es für sie eigene Stühle: Der Scharfrichter zu Worms brauchte 1517 eine päpstliche Dispens, um zweimal im Jahr zum Sakrament der Eucharistie zugelassen zu werden.

- Frauen und Kinder des Scharfrichters hatten Anteil an dessen „Unehrlichkeit"; die Selbstmörderecke eines Friedhofs war für Scharfrichter und ihre Familie als letzte Ruhestätte vorgesehen.
- Andererseits wurde dem Henker eine bestimmte Zauberkraft zugeschrieben, die viele in ihren Bann zog: Sein Kot und sein Urin wurden als Zaubermittel erbeten, geschlechtskranke Männer versuchten, einen Henker anzufassen, Frauen wollten mit ihm schlafen (Wiens Henker J. Lang berichtet noch im 20. Jahrhundert von eindeutigen Angeboten aus allen Gesellschaftsschichten).
- An einem einzigen Tag des Jahres 1444 köpfte der Scharfrichter von Bern 72 Männer mit dem schweren → Richtschwert.
- Zwischen 1501 und 1525 nahm ein Nürnberger Scharfrichter 1159 Exekutionen vor.
- Am 2. Juni 1518 wurde der Dieb H. Schweintzer, so das im städtischen Archiv in Bratislava aufbewahrte „Aechtpuch der Stadt ze Prespurg" (von 1435 bis 1519 geführt), zum Tod am Galgen verurteilt. Schweintzer kam aus der Schweiz und war wahrscheinlich ein Wanderhenker, der sich in verschiedenen europäischen Städten anwerben ließ. Der Angeklagte gestand 11 Diebstähle, die er in Wien, Basel, Zürich, Breslau und in anderen Städten begangen hatte. Das Preßburger Gericht erlegte ihm die gewöhnliche Strafe für Diebstahl auf den Tod durch den Strang. Seine Hinrichtung war ungewöhnlich; damals galt die Hinrichtung eines Henkers als schlechtes Omen, als Vorzeichen großen Unglücks. Preßburg nahm wegen dieser und zwei anderer Hinrichtungen den Wiener Scharfrichter Michael und seine Knechte in Dienst. Das Preßburger Rechnungsbuch belegt, dass die Stadt für die Hinrichtung 31 Ungarische Gulden aufwandte, eine große Summe.
- Zur Zeit der „Hexen"-Verfolgung berichtet ein Domherr zu Trier: „Der Scharfrichter ritt ein Vollblutpferd wie ein Edelmann vom Hof und trug Gold- und Silberborten; sein Weib wetteiferte in prunkvoller Kleidung mit vornehmen Damen."
- 1611 übernahm G. Brandan („Old Gregory") das Scharfrichteramt in London. Er richtete u. a. auch Sir W. Raleigh. Nach seinem Tod (1640) ging das Amt an seinen Sohn („Young Gregory") über, der bereits als Junge Henker werden wollte und sich an Katzen und Hunden geübt hatte.

- In Connaught (Irland) wurden Exekutionen und Auspeitschungen lange Zeit von einer Frau vorgenommen: Da sich kein Henker fand, als „Lady Betty" wegen Mordes zusammen mit anderen hingerichtet werden sollte, nutzte sie die Gelegenheit, meldete sich freiwillig, hieb die Köpfe ab und rettete ihren eigenen. Von diesem Tag an galt sie als offizielle Henkerin in der Grafschaft.
- Jack Ketch (nach ihm hießen englische Scharfrichter lange „Jack"), der 1663 sein Amt in London antrat, litt an Größenwahn, nahm den Titel Esquire an und ließ sich manchmal mit Sir anreden. Da er immer wieder schlecht zuschlug und die Schuld auf das Beil schob, sah er sich gezwungen, einigen Opfern den Kopf langsam abzuschneiden. Schließlich wurde er wegen Trunkenheit verhaftet.
- Ungeschickte Scharfrichter verfielen wegen der durch ihre Ungeschicklichkeit verursachten Grausamkeit einer an sich gebilligten Exekution („übles Richten") dem Volkszorn und wurden nicht selten sogar gesteinigt.
- In Lübeck sollen 1533 gleich fünf Scharfrichter wegen einer „schlechten Exekution" erschlagen worden sein.
- Als ein Henker 1569 in Gräfenthal das Opfer nicht mit einem einzigen Streich köpfen konnte, gingen die Zuschauer auf ihn los. Er versuchte, sich mit seinem Richtschwert zu wehren, wurde jedoch überwältigt und an der Richtstätte selbst getötet.
- Der Scharfrichter, der 1590 in Frankfurt ein Opfer nicht „richtig getroffen" hatte, wurde mit Steinen beworfen und so schwer verletzt, dass er aus den städtischen Diensten entlassen werden musste. Sein Nachfolger drängte 1612 den Rat der Stadt, seine Arbeit künftig durch Söldner schützen zu lassen.
- 1606 warf ein Mann, der in Paris gerädert werden sollte, den Geistlichen, der ihm die Beichte abnehmen wollte, vom Blutgerüst und biss den Henker aus Leibeskräften in den Hals.
- 1611 wurde ein Scharfrichter, der in Magdeburg vier Hiebe benötigte, um das Opfer zu exekutieren, als „Diebshenker" gesteinigt.
- 1641 versuchte das Volk, einen Nürnberger Scharfrichter zu steinigen, der eine Kindsmörderin hatte enthaupten sollen. Er wurde von der Stadtwache gerettet, erhielt seinen → Henkerslohn, musste aber den Dienst quittieren.
- Der Scharfrichter N. Moor (Wiener Neustadt), der am 30. April

1671 die an einer Verschwörung gegen das Kaiserhaus beteiligten ungarischen Adligen P. Zrinyi und F. Frangepan hinrichten sollte, trank sich so viel Mut an, dass er auf dem Blutgerüst eine klägliche Vorstellung gab. Fünf Tage darauf erreichte ihn ein kaiserliches Dekret, das ihn zu sechs Monaten Strafarbeit im Wiener Stadtgraben verurteilte.

- 1681 sollte ein Scharfrichter in Hamburg einen Mann enthaupten, doch traf er nur die Platte des Schädels. Die Freunde des Opfers befreiten ihn, denn er „habe ja nun sein Recht ausgestanden". Der Mann wurde nach Hause gebracht und von einem Chirurgen wieder zusammengeflickt; die Obrigkeit protestierte nicht.

- 1718 wurde – ein Beispiel für die nur mäßig abschreckende Wirkung der Todesstrafe – J. Price wegen seiner Raubüberfälle gehängt; er war Henker in London gewesen.

- 1738 berichtet eine englische Zeitung: „Heute wurden hier B. Summers und J. Tipping wegen Einbruchs zu Tode gebracht. Der Henker, vom Alkohol umnebelt, bildete sich ein, dass drei exekutiert würden, und war drauf und dran, dem Pfarrer, der mit auf dem Karren stand, die Schlinge um den Hals zu legen. Er konnte nur mit viel Mühe vom Kerkermeister davon abgebracht werden."

- 1776 wurde zur Exekution einer Mörderin in Gotha der Scharfrichter J. W. Messing aus Ohrdruf geholt, da der erst 23-jährige stadteigene Henker nicht erfahren genug schien.

- N. Barlow, der Henker von Lancaster, wurde 1806 wegen Pferdediebstahls zum Tode verurteilt, doch da sich niemand fand, der ihn hängen konnte und wollte, wurde er zu zehn Jahren Gefängnis begnadigt. Für die durchzuführenden Hinrichtungen bekam er jeweils Freigang.

- 1830 gab es in Frankreich noch 232 Scharfrichter.

- 1854 musste ein wahrscheinlich angetrunkener Scharfrichter in München siebenmal zuschlagen, bis der Kopf des Opfers fiel. Die anwesenden Soldaten retteten ihn vor der Volkswut.

- Der Londoner Henker W. Marwood (zwischen 1879 und 1883 im Amt) ließ sich auf seine Visitenkarten „Public Executioner" drucken und sagte von sich: „I am doing God's work according to the Divine Command and the law of the British Crown." („Ich wirke Gottes Willen nach Seinen Geboten und den Gesetzen der britischen Krone.") Als er 1883 starb, bewarben sich 1399 Personen um sein Amt.

- Der Scharfrichter A. Deibler, der am 24. Februar 1922 in Versailles den Massenmörder H. Landru innerhalb von 26 Sekunden (zwischen Erscheinen des Delinquenten und Fall der Guillotine) auf einem Platz vor dem Gefängnis köpfte, hatte bereits 300 Exekutionen vorgenommen. Sein Gehalt, das er durch den Verkauf von Zigarrenschachteln in Form kleiner Guillotinen aufbesserte, betrug 15.000 Francs pro Jahr. Er lebte unter dem Namen Monsieur Anatole in einem sechsstöckigen Haus bei Versailles. Bei Hinrichtungen trug er lange weiße Handschuhe und einen weißen Staubmantel.

- Nicht wenige Henker der Neuzeit wurden wahnsinnig oder beendeten ihr Leben selbst. K. Rossa spricht von einer „Berufskrankheit": J. Ellis schnitt sich 1932 die Kehle durch, ein Vorgänger hatte sich und seine Familie 1925 umgebracht, der deutsche Scharfrichter Schwietz erschoss sich 1924, sein Nachfolger Spaethe nahm sich auch das Leben, 1936 tötete sich der Wiener J. Lang.

- 1951 wurde der französische Henker A. Obrecht aus über 400 Bewerbern ausgesucht, und als sein englischer Kollege H. A. Pierrepoint das Amt aufgab, bewarben sich Geistliche, Rechtsanwälte, Unternehmer und Ärzte um die Nachfolge.

Scheinhinrichtung

Ein wesentlicher Bestandteil dieser Folter ist das dem Opfer vermittelte Gefühl, der Täter habe absolute Macht über alles, selbst über das Leben. Nicht nur durch eine an die Schläfe gesetzte Schusswaffe, die ein → Erschießen andeutet, sondern neuerdings auch mit Hilfe einer bis in letzte Einzelheiten hinein nachgestellten Szene, die eine Scheinhinrichtung (z. B. durch → Enthaupten) bedeuten soll, wird das Gefühl letzter Ohnmacht beim Opfer erzeugt. Es durchlebt tatsächliche Todesangst.

Beispiele:

- Ein berühmtes Opfer einer Scheinhinrichtung war der russische Schriftsteller Fjodor Dostojewski, dem 1849 erst im Angesicht des Exekutionskommandos eine Begnadigung mitgeteilt wurde. Dieses traumatische Erlebnis floss in sein literarisches Schaffen ein.

- Der Geheimdienst Josef Stalins kannte neben physischer Folter auch Scheinhinrichtungen.
- Die DDR-Geheimpolizei MfS führte bei dem Schauspieler und Lyriker W. Welsch eine Scheinhinrichtung mit dem Ziel durch, seinen Widerstand zu brechen.
- In Chile war es während der Diktatur Augusto Pinochets an der Tagesordnung, Gefangene mit Scheinhinrichtungen zu ängstigen.
- Scheinhinrichtungen wurden laut Aussage der amerikanischen Geiseln in Teheran (November 1979 bis Januar 1981) vorgenommen.
- Während des Irak-Krieges kam es zu Scheinhinrichtungen Gefangener durch Angehörige der US-Army. Mehrere Offiziere wurden deswegen zu Arrest- und Geldstrafen verurteilt.
- Nach *Amnesty International* wurden in den 1980er-Jahren politische Häftlinge in Mogadischu, Lanta Bur und Labatan Jirow (Somalia) von Angehörigen des Nationalen Sicherheitsdienstes mit dem Tode bedroht und zum Schein hingerichtet.
- In „Panorama" (2.3.1995) wurden polizeiliche Übergriffe in Hamburg enthüllt: Ein Polizist, der sich als Hauptzeuge für die Staatsanwaltschaft zur Verfügung gestellt hatte, berichtete von Misshandlungen mit Tränengas sowie von den Prahlereien einiger Beamter, die einen verhafteten Afrikaner am Hamburger Hafen einer Scheinhinrichtung unterzogen: Sie zwangen das Opfer, sich auszuziehen, dann drückte ein Polizist dem Afrikaner eine Waffe an die Schläfe, während ein anderer einen Schuss in die Luft abfeuerte. Das Opfer habe sich vor Angst „fast bepisst und beschissen" (*Amnesty International*, Ausländer als Opfer. Polizeiliche Misshandlungen in der Bundesrepublik Deutschland, London 1995).
- In den nichtoffiziellen Haftzentren der kongolesischen Geheimdienste wurden auch im Jahr 2000 Häftlinge Scheinhinrichtungen unterzogen (*Amnesty International*, 2001).

Schierlingsbecher

Der zur Gattung der Doldenblütler gehörende, häufig an Hecken, Zäunen und Gräben vorkommende, meterhohe Gefleckte Schierling (*Conium maculatum*) enthält in allen Organen ein gefährliches Gift (Koniin). Die Wirkungen des Alkaloids (besonders in unreifen

Früchten der Pflanze enthalten) reichen von Erregung und Depression über Bewegungsstörungen und Lähmung des Rückenmarks wie der peripheren motorischen Nervenendigungen bis zum Tod, der infolge einer Lähmung des Atemzentrums nach etwa einer Stunde eintritt.

Beispiele:

- Ein entsprechender Trank, der sprichwörtliche Schierlingsbecher, wurde in Athen zur Hinrichtung verwandt. Unter anderen musste der Philosoph Sokrates, wegen Erregung öffentlichen Ärgernisses und Verführung der Jugend zum Tode verurteilt, 399 v. Chr. ein Getränk, das Schierlingssprosssaft enthielt, zu sich nehmen.
- Die Republik Estland hat in den 1920er-Jahren den Schierlingsbecher als Form der Exekution durch Selbstvollzug eingeführt. Da jedoch nicht jeder bereit war, den Gifttrunk zu sich zu nehmen, wurde bestimmt, dass der Tod durch den Strang zu erfolgen hatte, wenn ein Opfer nicht innerhalb von fünf Minuten getrunken hatte.
- Auch in Deutschland wurde 1934 (ergebnislos) über ein „wahrhaft deutsches Strafverfahren" und über den Schierlingsbecher diskutiert, zumal es „die höchste Möglichkeit eines jeden sittlichen Tuns ist, das Schicksalhafte in innerer Freiheit auf sich zu nehmen", wie der spätere Vorsitzende des „Volksgerichtshofs" R. Freisler ausführte.

Schießen (auf Geschlechtsteile)

Schüsse (Penissurrogate) werden auf die entsprechenden Körperteile einer Frau abgegeben, um das Opfer zu entehren oder zu töten. Bezeichnungen wie „schießen, stechen, schlagen, töten, schlachten, foltern" finden sich als Umschreibungen für den von Männern (oft gewaltsam) ausgeführten Koitus zu allen Zeiten und in den unterschiedlichsten Kulturen (H. P. Duerr).

Beispiele:

- Eine Flugschrift (Nürnberg, 1561) berichtet von Moskowitern, die sich in Livland barbarisch an Frauen vergriffen: „und wann sie die selben durch schand und unzucht geschwecht / das sie kaum mehr leben können / so hengen sie die geschwechten Nackend an die

Bäum / unnd schiessen mit jhren Bogen darnach / wer die Scham an den gehenckten treffen kann / der wirdt gerümbt."

- Der in Auschwitz für die Krematorien zuständige SS-Mann O. Moll wählte aus einem gerade eingetroffenen Transport die 20 attraktivsten Frauen aus. Diese mussten sich ausziehen und in einer Reihe am Rand einer Grube aufstellen, in der Feuer brannten. Dann zielte Moll mit seiner Pistole auf die Geschlechtsteile der Frauen und schoss ihnen in die Vagina, so dass sie, zum Teil mehrfach getroffen, in das Feuer stürzten.

Schießpulver

Beispiele:

- Wurde in der jüngeren Neuzeit die Exekution durch → Ersticken mit Hilfe von feuchtem Stroh durchgeführt, sollte ein Päckchen Schießpulver, dessen Explosion die Brust aufriss, dazu dienen, die Methode nicht allzu barmherzig erscheinen zu lassen.
- Andererseits konnte ein Gericht in Form eines → Gnadenerweises das Leiden eines auf den Scheiterhaufen gebundenen Opfers abkürzen lassen: Der → Scharfrichter wurde angewiesen, dem Opfer einen Beutel Schießpulver umzubinden. Manche Scharfrichter sollen dies auch gegen Bezahlung getan haben.
- Im 17. Jahrhundert wurde, wie der Marquis de Sade berichtet, den Mädchen, die sich nicht zum Besuch des Gottesdienstes oder zur Ohrenbeichte bewegen lassen wollten, in Form einer Gottesdienststrafe mit einem Trichter Schießpulver in After und Vagina gefüllt. Wurde das Pulver entzündet, hinterließ die Explosion schwerste Verletzungen.

Schiffsziehen

Die meist bereits durch Hunger ausgezehrten Opfer wurden, oft bis an den Hals im Wasser stehend, in Reihen vor Schiffe gespannt und mussten diese meilenweit über Flüsse ziehen. Die von Amts wegen als nützliche Arbeit für Staat und Wirtschaft gedeutete Folter, die ein Mensch höchstens zwei Jahre lang aushielt, stellte eine qualvoll hinausgezögerte → Todesstrafe dar.

Beispiele:

- Der österreichische Kaiser Joseph II. ersetzte 1781 nicht zuletzt aus (aufklärerischen) Nützlichkeitserwägungen die hergebrachten Todesstrafen der „Constitutio Criminalis Theresiana" (1768/69) durch besondere Formen der Strafarbeit. Vor allem das Schiffsziehen galt nunmehr als „weit schröckbarere und empfindlichere" Strafe, war aber de facto eine grenzenlose, schlimme Barbarei (E. Schmidt). Von 1173 Verurteilten kamen zwischen 1784 und 1789 nicht weniger als 791 um.

Schleifen

Oft zum → Hinrichtungsritus zählende und bis in die Neuzeit hinein angewandte Straffolter, bei der das Opfer (Frauen auch an den Haaren) vor der Exekution auf einer (als Unheil abwehrend geltenden, die Erde vor dem Bösen schützenden) Kuhhaut, auf einem Brett oder auf einer Art Schlitten mit dem Kopf nach unten durch Straßen und Unrat gezogen wurde, um es zusätzlich zu entehren. Auch nach ihrem Tod sind Opfer so geschleift worden (→ Leichentortur).

Beispiele:

- Der Evangelist Markus soll nach seiner Heiligenlegende um 67 von der Menge an einem Strick durch die Straßen von Alexandria geschleift worden sein.
- Der hl. Martyrius wurde, wie die Legende berichtet, im Jahre 397 mit den Füßen an eine Stange gebunden und so lange über Steine und Felsen geschleift, bis er starb.
- Der Leichnam des (Gegen-)Papstes Bonifatius VII., der, nach zeitgenössischen Berichten ein *monstrum horrendum*, zwei seiner Vorgänger hatte ermorden lassen, wurde im Juli 985 zerstochen, von einer aufgebrachten Volksmenge an den Beinen „durch alle Pfützen geschleift" und „wie ein Aas" auf offener Straße liegengelassen.
- 1420 wurde in Breslau J. Krasa, Anhänger des 1415 in Konstanz verbrannten Jan Hus, an den Schwanz eines Pferdes gebunden und zur → Richtstätte geschleift. Der Halbtote wurde anschließend verbrannt.
- Die „Constitutio Criminalis Carolina" bestimmte 1532, dass die → Todesstrafe bei Verrätern „durch schleyffen oder zangenreissen ge-

mert" werde (Artikel 124). Giftmörder sollten „vor der entlichen todesstraff geschleifft oder etliche griff inn jre leib mit glüenden zangen gegeben werden" (Art. 130). Auszuführen hat die Schleiffolter „ein unvernünftig Thier" (Art. 193).

- C. Holzwarth, der Eltern und Geschwister ermordet hatte, wurde 1847 auf einer Kuhhaut zum Richtplatz geschleift und mit dem → Richtrad hingerichtet.
- Das Königreich Hannover verbot erst 1859, dass ein Opfer dazu verurteilt wurde, auf einer Kuhhaut zum Richtplatz geschleift zu werden.

Schwemmen

Vor allem im Binnenland angewandte Form des → Erränkens, bei der das Opfer im Gegensatz zur → Flutfolter nicht dem Meer übergeben werden konnte, sondern unter dem Beifall der Menge durch Untertauchen stundenlang gefoltert oder exekutiert wurde.

Manche Formen des Schwemmens erinnerten an ein → Gottesurteil, zumal das Opfer die Folter überleben konnte.

Beispiele:
- An der Themse hielten sich mittelalterliche bis neuzeitliche Gerichte Käfige an langen Wippgalgen, mit deren Hilfe die Opfer beliebig oft untergetaucht werden konnten; an Rhein und Eger wurde das Opfer an Stricken unter einer Brücke durchgezogen.
- Vielerorts wurden Brücken, Brückenpfeiler und Brückenfiguren im Laufe der Zeit zu → Richtstätten mit eigener Tradition, ohne jedoch so verrufen zu sein wie die „Galgenberge" vor den Stadtmauern.
- Der → Scharfrichter von Überlingen musste 1520 einen gewissen B. Guntz, der eine Frau unzüchtig angefasst hatte, an Händen und Füßen fesseln und in den Bodensee stoßen, doch den Kopf nicht untertauchen, da kein Erränken beabsichtigt war.
- 1527 wurde in Zürich der Täufer Manz geschwemmt.

Scottish maiden (maid)

Ein der späteren → Guillotine ähnelndes Gerät, das die Charakteristika eines Fallbeils aufweist: Befestigung an Balken, aufgezogenes und herunterfallendes Messer, Richtblock. Es wurde in Schottland zwischen 1564 und 1708 verwendet. Die Maschine war aus Eichenholz gefertigt und bestand aus drei Armen, wobei ein Auslegerarm die zwei senkrecht stehenden Balken stützte. Das Gerät hatte eine ungefähre Höhe von drei Metern. Die Klinge bestand aus Eisen mit einem Stahlmantel und war zirka 33 cm lang sowie 26 cm breit. Am oberen Ende der Klinge wurden Gewichte von etwa 34 kg befestigt, die die Klinge in den ins Holz geschnittenen und mit Kupfer ausgekleideten Führungsschienen nach unten drückten. Das Messer schlug in der unteren Endlage auf einen mit Blei ausgegossenen Holzblock. Die Klinge stand waagerecht (Zum Ganzen: Wikipedia, „Scottish maiden", abgerufen am 14.4.2017).

Beispiele:
- Diese Art der → Hinrichtung wurde in Schottland 1566 unter König Jakob I. vom Regenten James Douglas, 4. Earl of Morton, eingeführt. Dieser wurde schließlich selbst zum Opfer dieser Maschine, wenn auch entgegen den Legenden nicht das erste. Er wurde als Mitverschwörer beim Mordkomplott (1567) gegen Lord Darnley, den Ehemann Maria Stuarts, in Edinburgh mit der „schottischen Jungfrau" enthauptet.
- Zu den ersten Opfern gehörten auch Verschwörer, die am 9. März 1566 am Mord an dem mit 56 Dolchstichen getöteten D. Riccio, dem Sekretär der schottischen Königin Maria Stuart, beteiligt waren.
- Der Earl of Argyll soll sich vor seiner Exekution daran erinnert haben, dass der → Scharfrichter fünf Schläge mit dem → Richtbeil benötigt hatte, um ein Opfer zu enthaupten, und von der „süßesten Jungfrau" gesprochen haben, die er je geküsst habe.
- Von 1564 bis 1708, als die Maiden abgeschafft wurde, waren etwa 120 bis 150 Personen hingerichtet worden. Heute steht die Maiden im schottischen Nationalmuseum (Edinburgh).

Selbsttötung

Eine absichtliche und selbstverantwortete, akzeptierte Auslöschung des eigenen Lebens kann im Zusammenhang mit einer erlittenen oder befürchteten Folterung bzw. mit einer bevorstehenden Exekution stehen: Ein Opfer tötet sich vor Beginn oder im Verlauf der Verhöre oder nach einiger Zeit, wenn es wieder in Freiheit ist, um weiteren Folterungen zu entgehen oder den auch und gerade nach der Freilassung andauernden starken (medizinisch, psychotherapeutisch nicht behandelten) Leidensdruck, der sich u. a. infolge einer oft erlebten sozialen Isolierung eines Menschen entwickelt, ein für alle Mal zu beenden. Präsuizidale Syndrome und Selbsttötungen sind unter solchen Gesichtspunkten als Folterfolgen zu betrachten. Müssen heutige Täter, selten genug, Angehörigen gegenüber oder in späteren gerichtlichen Untersuchungen die Ursache für den Tod eines Opfers angeben, nennen sie häufig die Selbsttötung (Pseudosuizid).

Beispiele:
- Im alten China töteten sich Menschen selbst, indem sie ein Pfund Salz aßen, nicht zuletzt um einer möglichen Folter zu entgehen.
- Im 11. Jahrhundert erfolgte in Worms, Mainz und mehreren anderen deutschen Städten im Zusammenhang mit den Vorbereitungen zum Ersten Kreuzzug (1096–1099) ein grauenvolles Massensuizid von Juden; in Köln spangen drei jüdische Mädchen aus Angst vor Verfolgung in den Rhein.
- Im englischen York verbarrikadierten sich 1190 anlässlich eines Pogroms Hunderte Juden im königlichen Schloss. Dieses wurde belagert, bis die Eingeschlossenen keine Nahrung mehr hatten. Als die Festung gefallen war, fanden die Belagerer keinen einzigen lebendigen Menschen mehr vor. Alle Juden hatten ihrem Leben ein Ende gesetzt, um Folter und Tod zu entgehen.
- Als angebliche Verursacher einer Epidemie wurden im März 1349 im thüringischen Mühlhausen alle Juden ermordet; in Erfurt verteidigten sich 100 Juden in ihrem Viertel gegen den Angriff der Menge bis zum Tod; die übrigen setzten ihre Häuser selbst in Brand und kamen darin um.
- 1582 schnitt der japanische Schogun Nobunega seiner Frau die Kehle durch und beging dann Sebuku, die rituelle Selbsttötung, weil er eine entehrende Niederlage im Kampf gegen Aufständische, die Folter und den Tod fürchtete.
- Am 21. Dezember 1589 erhängte sich in Garmisch die als „Hexe" angeklagte und gefolterte M. Gatter aus Verzweiflung über ihre Lage an einem abgerissenen Schürzensaum. Ihre Leiche wurde verbrannt, ihre Asche verscharrt.

- 1592 tötete sich die als „Hexe" verklagte E. Hermann aus Weilbach.
- Am 26. November 1596 erhängt sich die Frau des H. Klee im Gefängnis mit einem Schnürriemen; ihre Leiche wurde öffentlich verbrannt.
- M. Faust, die 1597 im Hexenturm zu Birstein gefoltert wurde, brachte sich anschließend um. Ihre Leiche wurde unter dem Galgen verscharrt; die Folterspuren galten den Tätern als Küsse des Satans für sein Liebchen.
- 1608 wurde gegen die „Beyerin von Winden" prozessiert, die sich nach längerer Haft und Folter im Münchner Falkenturm tötete.
- 1629 erhängte sich die in Dillenburg der Hexerei beschuldigte L. Schwartz. Das Protokoll vermerkte, das Opfer sei „vielleicht durch den Satan ertötet und Genick oder Hals gebrochen worden, hinausgebracht und verbrannt worden".
- 1760 räumte B. Müller aus Esslingen ein, „sie habe zwei Jahre im Bamberger Zuchthaus verbracht und aus Selbstmordabsichten 14 Mauskugeln gegessen, welche sie erbrochen, ohne Schaden zu nehmen".
- Das Allgemeine Preußische Landrecht von 1794 nennt die Selbsttötung „einen der grösten und gefährlichsten Todtschläge, da einer seinen Leib und Seele schändlich verderbet", und bestimmt im Falle eines Opfers, das sich seiner bereits verhängten Strafe durch Selbsttötung entzogen hatte, dass das Strafurteil „am todten Körper, so weit es möglich, anständig, und zur Abschreckung Anderer dienlich ist, vollzogen werden" solle (→ Leichentortur).
- Ein Lehrer in Huesca, der im Spanischen Bürgerkrieg (1936–1939) trotz brutaler Folterungen durch die Truppen Francos seine Genossen nicht verriet, tötete sich schließlich selbst, indem er sich die Pulsadern aufbiss.
- 1971 wurden vier Angehörige des Dominikanerordens in Brasilien wegen der Komplizenschaft mit regierungsfeindlichen Guerillas verhaftet, gefoltert und verurteilt. Eines der Opfer, Pater T. de Alencar Lima, nahm sich in einer Phase schwerer Depression das Leben.
- Der 15-jährige Halil Celik wurde am 6. März 1985 von der Sicherheitspolizei in Mut (Südtürkei) verhaftet. Am nächsten Tag wurde erklärt, der Jugendliche habe sich an seinen Ketten erhängt. Der am selben Tag festgenommene Necati Eskai wurde ein paar Tage nach

der „Selbsttötung" Halin Celiks 50 Meter neben der Polizeiwache tot aufgefunden; sein Kopf hing im Wasser eines kleinen Flusses, der Körper lag am Ufer. Die Polizei erklärte zum Abschluss der Ermittlungen, er sei betrunken in den Fluss gefallen. Die sozialdemokratische Opposition verlangte von der türkischen Regierung die Einsetzung eigener Untersuchungskommissionen, welche die sich auf Polizeirevieren häufenden Selbsttötungen aufklären sollten.

• Nach *Amnesty International* wurden Häftlinge 1992 in Fuping (Provinz Shaanxi, Volksrepublik China) einer Hungerfolter unterzogen (→ Hungern). Diese und andere Foltern führten zur Selbsttötung zahlreicher Opfer.

• Am 6. Mai 2000 tötete sich eine algerische Asylbewerberin im Transitbereich des Frankfurter Flughafens selbst (*Amnesty International* 2001).

Scharīa

Bezeichnung für die etwa um das 11. Jahrhundert abgeschlossene Pflichtenlehre („Weg zur Tränke") wie für das nicht kodifizierte (Straf-)Recht des Islam. Die auf kollektivem Gedächtnis fußende und vom Berufsstand der Religionsgelehrten interpretierte *Scharīa* umfasst kultische Pflichten (Gebet, Fasten, Pilgerfahrt, Almosen) und ethische Normen wie tradierte Rechtsgrundsätze für alle Lebensbereiche (z. B. Ehe, Erbschaft, Vermögen). Zwar wurde in den islamischen Ländern weithin eine europäisch standardisierte Gesetzgebung und Rechtsprechung eingeführt, doch wird in anderen (Afghanistan, Iran, Malaysia, Mauretanien, Saudi-Arabien, Pakistan) wieder häufiger nach der Scharīa geurteilt und gestraft.

Sieden

Im Verlauf dieser seit dem 13. Jahrhundert nicht selten gegen Verräter und Münzfälscher, aber auch gegen „Ketzer" (als Vorwegnahme der „Höllenstrafe") angewandten Folter mit meist tödlichem Ende wurde das Opfer in einem Kessel kochenden Wassers, Weins oder Öls gesotten und zu Tode gekocht, falls es nicht nur einzelne Glieder wie Arme oder Beine für verschieden lange Zeit in die siedende Flüssigkeit halten musste. Das Sieden in Wasser oder Öl ist wie das Verbrühen als Straffolter vermutlich auch von einem → Gottesurteil abgeleitet worden, bei dem ein Ring mit bloßem Arm aus einem Kessel kochenden Wassers geholt werden musste (Wasserprobe). Auch im Zusammenhang mit (eventuellen) kannibalistischen Praktiken (→ Aufessen) sollen Opfer, selbst Kinder, gesotten worden sein.

Beispiele:

- Nach der Legende wurde die hl. Dorothea um 305 in einem Kessel mit siedendem Öl, der hl. Bonifatius von Tarsos um 290 in einem Kessel mit heißem Pech gesotten. Auch die Täter trugen durch die Spritzer aus dem Kessel Wunden davon.
- In den fränkischen Hochstiften sollen „Hexen" in siedend heißem Wasser, das mit Kalk, scharfen Essenzen, Salz und Pfeffer versetzt war, diese Folter erlitten haben (H.-J. Wolf).
- Der englische König Heinrich VIII. setzte 1535 auf Giftmord die Strafe des Siedens in kochendem Wasser. Schon am 15. April 1532 war R. Roose, der dem Bischof von Rochester eine vergiftete Suppe vorgesetzt hatte, auf diese Weise hingerichtet worden. 1542 wurde die Hausmagd M. Davy lebendig gesotten. Nach dem Tod Heinrichs VIII. (1547) wurde die Siedefolter abgeschafft.
- Das französische Recht kannte das Sieden in Öl als tödliche Folterstrafe; 1582 wurde es durch das → Erhängen ersetzt und erst durch Napoleons *Code Pénal* von 1810 beseitigt.
- Die Bewohner der Fidschi-Inseln behaupteten (nach N. Davies), die beste Methode, einen Menschen zum Aufessen zuzubereiten, sei, ihn ganz zu kochen. Die Opfer wurden bis ins 19. Jahrhundert hinein meist paarweise in sitzender Stellung in großen Kesseln gesotten (→ Leichentortur).
- Aus Florida wird berichtet, dass ein Plantagenbesitzer im 19. Jahrhundert einen Sklaven, der mit einer weißen Frau ertappt worden war, in einem Kessel mit heißem Wasser zu Tode sieden ließ.

Sonnen

Die Haut des Menschen reagiert auf übermäßig lange und/oder starke Sonnenbestrahlung mit erhöhter Lichtempfindlichkeit (Verstärkung der Folter mit Medikamenten oder Drogen) oder aber mit einer akuten mehr oder minder schweren Reaktion (Sonnenbrand, Verbrennungen); eine chronische Reaktion führt nach Jahren zum

Hautkrebs. Als Folge intensivster Sonnenbestrahlung kann auch, nach Kopfschmerzen, Schwindel und Müdigkeit, ein Hitzschlag eintreten. Die Körpertemperatur steigt auf über 40 Grad, Krämpfe setzen ein (Natrium-, Kalium-, Magnesiumverluste), und meist geht ein Kreislaufkollaps dem Tod voraus. Bei Überlebenden kann ein Hirnschaden zurückbleiben.

Beispiele:
- Im März 1980 wurden Schülerinnen und Schüler, die sich an Demonstrationen gegen die Regierung von Mali beteiligt hatten, verhaftet und mit zusammengebundenen Händen und Füßen stundenlang der Sonne ausgesetzt (Bericht von *Amnesty International*).

Spalten

Form der Straffolter mit tödlicher Wirkung, bei der das Opfer vom Kopf her mit Hilfe eines Beils oder eines Schwerts in zwei Hälften zerlegt wird (auch: → Säge).

Beispiele:
- Eugenius, der jüngste Sohn der hl. Symphorosa, wurde nach der Heiligenlegende um 130 von oben nach unten gespalten.

Spießen (Speeren)

Foltermethode mit meist tödlichem Ausgang: Das Opfer wird mit Speeren oder Lanzen gefoltert und schwer verwundet.

Beispiele:
- Nach dem Ende des Deutschen Bauernkriegs sind an Ostern 1526 viele Bauern in Weinsberg, wo Truchsess G. von Waldburg besonders grausame Rache nahm, „durch die spieß gejagt und erstochen worden in beywesen irer weyber und kunder."
- Als Anhänger von Kenneth Kaunda, der die „Vereinigte Nationale Unabhängigkeitspartei" gegründet hatte, im Winter 1963/64 in Nord-Rhodesien zur Wahl gehen wollten, wurden an die 50 Männer von Angehörigen der 1952 gegründeten „Lumpa"-Sekte gespießt und mit Speeren getötet; 150 Frauen und Kinder wurden in ihre Grashütten getrieben und lebendig verbrannt.

- Großbritannien folterte (und tötete) 1966 in Aden Aufständische. Opfer wurden auf Stangen gespießt, zudem hatten ihnen die Täter alle Nägel ausgerissen, sie an den Daumen aufgehängt oder sie zwölf Stunden lang im Schmutz der Aborte liegen lassen (Times, 19.10.1966).

Stachelrad

Das Opfer wurde auf ein gestacheltes → Richtrad gebunden, das bei Exekutionen zur Strafverschärfung eingesetzt worden sein soll. Bei den Drehungen des auf einer Stachelunterlage laufenden Rades wurde der Mensch langsam aufgespießt.

Steinigen

Eine früher weit verbreitete Form der → Todesstrafe, die vor allem an ehebrecherischen Frauen und anderen einer als illegal verstandenen Form der Sexualität (Inzest, Sodomie, Päderastie) Verdächtigten vollstreckt, aber auch bei Gotteslästerung und anderen Sakrilegien verhängt wurde: Das Opfer wurde öffentlich nach der klassischen Art einer → Hinrichtung zu gesamter Hand mit großen Steinen beworfen, bis sein Tod eintritt. Der Leichnam wurde in der Regel so mit Steinen bedeckt, das nichts mehr von ihm zu sehen war. Nach alter Auffassung sollten beim Vollzug dieser Form einer Volksjustiz die Hauptbelastungszeugen „den ersten Stein werfen" (vgl. Jo 8, 7), vermutlich, um die Hauptlast der Blutschuld auf sich zu nehmen. Neben der eigentlichen Hinrichtung durch Steinigen finden sich auch mildere Formen, nach denen das Opfer einem Spießrutenlaufen ähnlich eine Gasse zu durchlaufen hatte, die Steine werfende Zuschauer bildeten (auch: → Lynchen, Teeren und Federn).

Beispiele:
- Das Alte Testament nennt die Strafe der Steinigung im Fall von Gotteslästerung (Ex 19, 13; Lev 24, 14; 3 Kö 21, 10) und Ehebruch (Lev 20, 10; Deut 22, 22; Jo 8, 5).
- Jesus von Nazareth soll von einer aufgebrachten Menge mit Steinwürfen bedroht worden sein (Jo 10, 31; 11, 8); Paulus widerfuhr ein ähnliches Schicksal (Apg 14, 5 und 19).
- Nach einem neutestamentlichen Bericht ist der Protomärtyrer Ste-

phanus von einer aufgebrachten jüdischen Menge wegen Gotteslästerung gesteinigt worden (Apg 7, 58).

- Römer und Germanen kannten diese Strafe ebenfalls, die auch Gregor von Tours (538–594) erwähnt.
- Widukind, 778–785 Führer der Sachsen gegen Kaiser Karl d. Gr., ließ einen Pferdedieb zur Steinigung verurteilen.
- Schwedische Rechtssatzungen (Ostgötalag, Uplandslag) erwähnen die Steinigung als geschlechtsspezifische Todesstrafe, die in den Fällen an Frauen vollstreckt wird, wo Männer mit dem → Richtrad exekutiert würden.
- Der albanische Stamm der Mirditen strafte die Verführung eines Mädchens mit dem Tode, wobei die Verführte von den Männern der eigenen Familie umgebracht werden sollte, um der öffentlichen Steinigung zu entgehen (K. B. Leder).
- → Scharfrichter, die ihre gewiss nicht leichte Arbeit etwa in Trunkenheit schlecht verrichtet hatten, also „unehrlich" richteten, galten dem mittelalterlichen Volk als vogelfrei und wurden hin und wieder sogar auf offener Straße gesteinigt.
- 1530 empfahlen Pastoren dem Markgrafen von Ansbach, gegen den Beischlaf zwischen Unverheirateten die vom Alten Testament vorgesehenen Strafen und damit auch die Steinigung zu verhängen.
- Als ein Gericht einen Nürnberger Stadtboten 1612 wegen Verrat und Verstößen gegen die Sittlichkeit nur mit Auspeitschen und → Ausweisen bestrafte, wurde er vor dem Stadttor von Bürgern zu Tode gesteinigt.
- In Afghanistan galt die wegen Abfall vom Islam verhängte Steinigung bis 1933 als offizielle Form der Hinrichtung.
- 1985 wurde die 34-jährige S. Manoutchehri in einem kleinen Dorf im südöstlichen Iran wegen Ehebruchs gesteinigt.
- Ein malaysisches Regionalparlament verabschiedete 1993 einen an der → Scharīa orientierten Strafkodex, der die Steinigung im Fall von Ehebruch und Raub beinhaltete.
- Nach einem Bericht von *Amnesty International* von 1998 stand in Saudi-Arabien noch immer auf verschiedene Delikte u. a. die Exekution durch öffentliches Steinigen.

Stirnpressen

Bei dieser Folter, die im alten China üblich war, aber auch europäischen Methoden (→ Pommerische Mütze) ähnelt, wurde ein verschraubbarer, mit Dornen versehener Metallreifen um Stirn und Hinterkopf des Opfers gelegt und zusammengedreht, so dass der Gefolterte fürchten musste, sein Kopf zerspringe. Manche Geräte wiesen Griffe zum Schütteln und Drehen des Opfers auf, andere hatten Ösen zum Befestigen von Haken oder Riemen, um das Opfer nach dem Absplittern der Schädeldecke oder dem Brechen der Halswirbel aufzuhängen (auch: → Leichentortur).

Strangulation

Früher häufig an Bäumen, an Haken geübte Art des → Erhängens ohne schnellen und langen Fall (→ *long drop*), eine Art → Erdrosseln. Der durchaus einer Folterfolge zu vergleichende Tod tritt verzögert ein, da das eigene Körpergewicht das Opfer der Strangulation nicht ruckartig nach unten zieht und kein sofortiger Genickbruch eintritt, sondern der um den Hals gelegte Strang sich nur langsam (und folternd) zusammenzieht. Um den Eintritt des Todes (durch Kompression der Hals- und Wirbelsäulenschlagadern) zu beschleunigen und das Leiden des Gehängten zu mindern, zogen manchmal der → Scharfrichter und seine Knechte (oder auch Verwandte und Freunde wie in England) an den Füßen des Delinquenten. Aus bestimmten Verletzungen am Hals des gefolterten Opfers, u. a. der „Strangulationsfurche", lassen sich Rückschlüsse auf Methode und Intensität einer Strangulation ziehen.

Beispiele:

- J. Lang, zwischen 1900 und 1919 der letzte Wiener Scharfrichter (1936 durch → Selbsttötung verstorben), strangulierte grundsätzlich nach seiner „Wiener Methode", weil ihm das konventionelle Erhängen durch den *long drop* als „beispiellose Grausamkeit" galt. Die Schlinge brach dem von Henkersgehilfen an den Beinen nach unten gezogenen Opfer also nicht den Hals, sondern schnitt ihm nur die Luftzufuhr ab; der Tod trat erst nach etwa einer Minute ein.
- Die Strangulation erschien den Chinesen noch im frühen 20. Jahrhundert als mildeste Form der → Todesstrafe, weil sie den Kopf

nicht vom Rumpf löste; sie stand auf Vergehen wie Beleidigung der Eltern durch ihre Kinder oder Beleidigung der Schwiegereltern durch die Ehefrau und wurde durch Erwürgen vollzogen, indem der Hals des Opfers mit Stricken an einen Holzbalken gepresst wurde (R. Heindl, 1926).

- Die Attentäter des 20. Juli 1944 wurden auf ausdrücklichen Befehl Hitlers auf die als schändlich geltende Weise der Strangulation hingerichtet.
- Am 3. April 1979 wurde der frühere Premier Pakistans Z. A. Bhutto stranguliert.
- Aus dem Iran wurde aus den 1990er-Jahren berichtet, dass das Opfer in aller Öffentlichkeit mit Hilfe einer Rolle an einem hohen → Galgen bis zur Spitze aufgezogen wurde.

Strick

Im Zusammenhang mit Folter und Exekution wird ein fester Strick (z. B. ein Hanfseil) zum einen dazu benutzt, das Opfer zu fesseln, zum andern wird er beim → Erhängen (auch: → Strangulation) verwendet hat. Im Fall der Hinrichtung durch Erhängen muss der Strick von einer (an Sandsäcken) erprobten Qualität sein: Ist er zu stark und dick, lässt seine Biegsamkeit zu wünschen übrig, ist er zu dünn, schneidet er zu sehr ins Fleisch des Halses.

Beispiele:

- 1386 wurde in England ein Schwein, weil es ein Kind niedergeworfen und erdrückt hatte, zum Tod durch den Strick verurteilt und exekutiert. Tiere verurteilte man auch in den folgenden Jahrhunderten wegen „Ketzerei" oder Zauberei zum Tode und richtete sie hin (→ Tiertortur).
- Beim Sacco di Roma (1527) hatten die Söldner Kaiser Karls V. es vor allem auf Papst Clemens VII. abgesehen; der Söldnerführer Georg von Frundsberg soll einen goldenen Strick bei sich gehabt haben, um den verhassten Papst eigenhändig zu richten.
- Im Mai 1701 sollte der Piratenkapitän W. Kidd auf dem Execution Dock in Wapping gehängt werden, doch der Strick riss und der Seeräuber stürzte zu Boden. Unverzüglich wurde ihm ein zweiter Strick um den Hals gehängt, der ihn schließlich strangulierte.

- Bei den berüchtigten Aufforderungen der Hohen Pforte, ein hoher Beamter des Sultans solle sich selbst töten, um nicht auf entehrende Weise exekutiert zu werden, wurde dem Opfer statt eines Stricks eine Seidenschnur übersandt; ähnliches wird aus Persien und China berichtet.
- Der → Scharfrichter in England hatte selbst den Strick zu besorgen; J. Berry soll einen Strick besessen haben, mit dem er 16 Opfer stranguliert hatte. Ab 1890 lieferte die englische Regierung den Strick, der nach der jeweiligen Exekution verbrannt wurde.

Stürzen

Das Opfer wird, mit meist tödlicher Wirkung, von einer steil abfallenden Höhe (Dach, Fels, Baum, Mauer) in die Tiefe geworfen. Nach K. B. Leder handelte es sich dabei um die früheste Ablösung der → Hinrichtung zu gesamter Hand und die erste Bestellung einzelner Vollstrecker (→ Scharfrichter).

Beispiele:

- In Athen wurden zwei arme und verlassene Menschen ein Jahr lang auf Kosten der Polis ernährt. Zum Sühnefest der Thargelien, das kurz vor der Ernte gefeiert wurde, wurden die beiden mit Feigenruten ausgepeitscht, durch die Straßen geführt und vor der Stadt von einem Felsen gestürzt oder verbrannt. Durch dieses Opfer sollte alle Schuld (*miasma*) der Einwohner gelöscht werden.
- Das alte Japan kannte diese Straffolter und nutzte sie häufig; im alten Spanien war sie die wichtigste Exekutionsart.
- Kam es in Rom zu Unruhen, gingen die Behörden mit dieser Methode gegen die Rebellen vor. Auch Meineid, Mord und Hochverrat wurden so gestraft. Während der römischen Republik war das Stürzen die übliche Exekution für römische Bürger; Sklaven wurden dagegen gekreuzigt (→ Kreuzigung).
- Die zuvor gegeißelten Opfer wurden von dem etwa 50 Meter abfallenden tarpejischen Felsen am Südwestrand des Kapitols in die Tiefe gestürzt (praecipitátio de rupe), ihre Leichen danach an Haken zum Tiber geschleift und im Fluss versenkt.
- Kaiser Tiberius (14–37) ließ die bereits grausam gemarterten Opfer in seiner Gegenwart von einem 300 Meter hohen Felsen auf Capri

EIO Elektrogeräte GmbH
Köppelsdorfer Straße 132
Postfach 208
6400 Sonneberg

luise 1875 ro

0 15 12 8926 414

Bodenstaubsauger · Herstellung · Vertrieb · Service

(„salto di Tiberio") ins Meer stürzen, wo Seemänner die Körper mit Stangen und Rudern zerschmetterten.

- Der Apostel Jakobus d. J., nach urchristlichen Angaben der erste Bischof von Jerusalem, wurde im 1. Jahrhundert von der Zinne des Tempels gestürzt, gesteinigt und schließlich mit einer Keule erschlagen, wobei „sein Gehirn nach allen Seiten spritzte".
- In Ciudad Real am Rande der Mancha wurden während des Spanischen Bürgerkriegs (1936–1939) von eigens zusammengestellten Mordkommandos der Linken an die 800 als „Rechte" bezeichnete Menschen lebend in einen Bergwerksschacht gestürzt.
- Im KZ Mauthausen befand sich neben der „Todesstiege", über deren 186 Stufen die entkräfteten Häftlinge Steine für den Lagerbau schleppen mussten, ein Steilabfall, den die SS „Fallschirmspringerwand" nannte. Die Opfer wurden immer wieder zum Sprung in den Tod gezwungen; oft mussten sie nicht eigens dazu genötigt werden. Zivilangestellte des Steinbruchs in Mauthausen baten darum, die → Selbsttötung jüdischer Häftlinge zu verhindern. Die Gehirn- und Fleischfetzen, die am Gestein klebten, boten einen zu grausigen Anblick. Daraufhin wurden die Felswände mit Wasserschläuchen gereinigt und Häftlingsposten aufgestellt, die das Hinabstürzen der Gefangenen verhindern sollten.
- Ältere Häftlinge in NS-Konzentrationslagern wurden gezwungen, auf Bäume zu klettern, die dann so lange geschüttelt wurden, bis die Opfer herunterfielen, sich schwer verletzten oder zu Tode stürzten.
- Während des Schreckensregimentes des A. Pavelic wurden serbische Frauen in Preblovici gezwungen, nackt vor den Ustaschi zu tanzen, dann vergewaltigt und schließlich mit ihren Kindern am 6. August 1941 an die Höhle bei dem kroatischen Dorf Surmanci geführt und hineingestürzt; es handelte sich um über 500 Opfer.
- In der „amerikanischen Phase" des Vietnamkrieges (1960–1973) wurden Gefangene aus US-Hubschraubern gestürzt; nur wenige überlebten.

Suppedaneum

Das stützende Fußbrett bei einer römischen → Kreuzigung, das den Todeskampf verlängerte. Das am Kreuz angebrachte Suppedaneum diente dem Aufstützen der Füße und damit des Körpergewichtes. So konnte der Todeskandidat seine Arme entlasten, was ihm das Atmen erleichterte und seinen Tod durch → Ersticken hinauszögerte. Wurde dem Gekreuzigten noch Wasser gereicht, konnte es Tage dauern, bis der Tod eintrat. Vermutlich verbreiteter als das Suppedaneum war zur Todesverlängerung bei der Kreuzigung das *Sedile* („Sitzchen"), ein Brett in Gesäßhöhe, auf dem das Opfer sitzen konnte. Sollte der Tod beschleunigt werden, wurden dem Opfer die Beine gebrochen, damit es sich nicht mehr ohne große Schmerzen abstützen konnte (Jo 19, 32 f.).

Tal Josaphat-Fluch

Das Tal Josaphat („Jahwe richtet") war ein symbolischer Name für den Ort, an dem der Tag des göttlichen Endgerichtes stattfinden sollte (Joel 4, 2 und 12). Im mittelalterlichen Volksglauben galt ein Fluch als besonders schlimm und effektiv, der sich auf das von christlichen Autoren mit dem Kidrontal identifizierten Tal bezieht und den Verfluchten vor Gottes Gericht lädt. Er wurde daher nicht selten bei Hexenprozessen und Folterungen vor allem des 16. Jahrhunderts von dem hilf- und wehrlosen Opfer gegen die Täter ausgestoßen. War der Fluch zuerst von Geistlichen als Berufung auf Gottes gerechtes Gericht verteidigt worden, nahmen seit dem 17. Jahrhundert die Stimmen zu, die darin „eine Provokation des Herrn" sahen und immer strengere Strafen forderten.

Beispiele:

- Am 14. August 1532 wurde der Landsknecht H. v. Kupferberg, der in acht Verhören 15 Mal gefoltert worden war, zum Tode verurteilt. Als man ihm zwei Tage später unter dem → Galgen das Urteil verlas, lud er den Rat H. Schultheiß, der ihn peinlich befragt hatte, vor das Jüngste Gericht. Dieser verstarb ein knappes Jahr darauf.
- 1559 wurde in Luzern ein Steinmetz wegen „Ketzerei" hingerichtet. Zuvor hatte er den Mann, der seine Verurteilung erwirkt hatte, vor das Tal Josaphat geladen.
- 1586 wurde eine alte Frau wegen Zauberei zum Tode verurteilt. Als sie das Urteil hörte, fluchte sie, „dass sie als dann den richter, so jr das leben abgesprochen, für das gerecht gericht und richterstuel Christi jr auff den dreitzehenden tag nach jrem tod, wegen deß

ungerechten gefellten urtheils rechenschaft zu geben erfordern und laden wollte". Sie wurde vom Landesherrn begnadigt (S. Hardung).

- Der kaiserliche Obrist H. von Schaffgotsch wurde wegen seiner Teilnahme an Wallensteins Verrat 1635 in Regensburg zum Tod verurteilt. Nach Verlesung des Urteils griff er den Vorsitzenden des Gerichts an: „Den tod müsse er jetzt erleiden und tue es gerne; aber er lade Götz zum jüngsten gericht vor gottes stuhl: da wollten sie es ausmachen."

Teeren und Federn

Eine seit dem Hochmittelalter im niederdeutschen, skandinavischen und angelsächsischen Recht nachzuweisende, entehrende Straffolter, die auch beim → Lynchen angewandt wurde und tödliche Folgen haben konnte. Das beispielsweise für den Pranger bestimmte und einer Schaufolter unterzogene entkleidete Opfer wurde zunächst kahl geschoren, dann wurde es am Kopf (seltener am Leib) mit Teer (Pech, Honig) bestrichen und in (Gänse-)Federn gewälzt. Die Folter war auch als Marinestraffolter beliebt. Wurde der Teer über Mund und Nase geschmiert, kam es zu Erstickungsanfällen, ja zum Tod (→ Ersticken). Die Entfernung des Teers war sehr schmerzhaft. Nach einigen Autoren (K. v. Amira) ist im Federn die künstliche Umwandlung eines Menschen in ein Opfertier und damit eine uralte, die Tötungshemmung unterlaufende, magisch bestimmte Strafart zu erblicken.

Beispiele:

- Altnorwegische Rechte kannten diese Folter zusammen mit einem „Gassenlaufen" (Spießrutenlaufen) als Strafe bei kleineren Diebstählen (R. Wrede); auch das → Steinigen wurde manchmal damit verbunden.
- Die Folter war in Neuengland sowie in Irland und Wales noch im 19. Jahrhundert anzutreffen; ebenso in Iowa, wo 7 Prozent der Fälle von Lynchjustiz so (39 Prozent mit tödlichem Ausgang) verübt wurden.
- Ebenfalls im 19. Jahrhundert verheerten Carlisten-Banden Katalonien, bisweilen angeführt von Priestern, die mit dem Ruf Viva Cristo Rey (Es lebe Christus, der König) in den Kampf stürmten. Sie zerstörten alles „Moderne" (Eisenbahnen, Telegrafenleitungen)

als Teufelszeug und rissen modisch gekleideten Frauen die Kleider vom Leib, um sie zu teeren und zu federn.

- Der Ku-Klux-Klan, der u. a. für voreheliche und eheliche Keuschheit stritt, teerte und federte seine „unzüchtigen" (farbigen) Opfer noch im 20. Jahrhundert.

Tiertortur

Unter dieser Bezeichnung ist hier nicht der auf der gesamten Erde fast folgenlos verbreitete, Tag für Tag millionenfach verübte Skandal einer folterähnlichen Behandlung von Tieren durch Menschen zu verstehen, sondern der Missbrauch von Tieren anlässlich von Folter- und Exekutionshandlungen, die Menschen an Menschen begehen. Tiere wurden und werden gezwungen, bei Folterungen und Hinrichtungen von Menschen mitzuwirken. Es wäre verwunderlich, hätten die Täter, die sämtliche auffindbaren Werkzeuge zum Foltern missbrauchten oder zu diesem Zweck neue Maschinerien der Marter erfanden, darauf verzichtet, neben den Elementen (→ Elemententod) auch unwissende und unschuldige Lebewesen auszubeuten. Seit alters finden sich Berichte, die einen entwürdigenden Missbrauch belegen (→ Hungriger Hund, Lebendig begraben, Säcken).

Beispiele:
In Rom wurden angeblich die Opfer, unter ihnen Christinnen und Christen, lebendig in Tierhäute eingenäht und wilden Tieren vorgeworfen. Damit Sklaven, die eine solche Tiertortur erleiden sollten, die Tiere nicht verletzen konnten, wurden ihnen zuerst die Zähne ausgehauen und dann die Arme gebrochen.

- Andere Opfer wurden, hochzeitlich geschmückt, an einen Felsen geschmiedet und den Angriffen eines Stiers, der den sagenhaften Minotaurus darstellen sollte, ausgesetzt.
- Auch wurden die nackten Körper der Verurteilten mit Honig eingeschmiert, bevor ein Schwarm Wespen oder ein Ameisenvolk auf sie losgelassen wurde (Cyphonismus). Ähnliche Folterqualen erlitt das an den → Bärenpfahl gefesselte Opfer.
- Offen liegende Fleischstücke am Körper des Opfers wurden vom Folterknecht bisweilen mit fleischfressenden Maden besetzt, die sich tödlich sicher in die Bauchhöhle nagten.

- Nach Plutarch (um 45–125) wurden im alten Persien Königsmörder auf eine grausame Weise bestraft: Sie wurden in ein Boot gelegt und mit einem zweiten so bedeckt, dass Kopf, Arme und Beine außen blieben. Dann wurde ihr Gesicht mit Milch und Honig eingerieben. Im Lauf der nächsten Tage war der Kopf immer mit Schwärmen von Fliegen und Insekten bedeckt; im Innern des Bootes sammelten sich Würmer, die den Menschen langsam auffraßen. Wurden die Boote wieder auseinandergenommen (in einem Fall nach 67 Tagen), war der Körper verfault; in den Eingeweiden lebten Massen von Maden.
- Die hl. Blandina wurde 177 zu Lyon, so ihre Legende, ausgestreckt zwischen vier Pfähle gebunden, bevor man wilde Tiere (Bären, Löwen, Eber) auf sie hetzte.
- Unter dem römischen Kaiser Galerius (305–311) wurden nach Angaben des (umstrittenen) Lactantius Bären mit Menschenfleisch gefüttert. „Und wenn ihnen die Gliedmaßen auseinander gerissen wurden, so konnte der Kaiser aufs vergnüglichste lachen, und nie speiste er am Abend ohne Menschenblut."
- Kaiser Konstantin I. (um 280–337) ließ nach seinen Siegen von 311 und 313 die zwei „fränkischen" (Brukterer oder Tubanten) Könige Ascaricus und Merogaisus zur allgemeinen Augenweide von hungrigen Bären zerfleischen.
- Der römische (christliche) Kaiser Valentinian I. (364–375) ließ angeblich seine Opfer zwei Bärinnen vorwerfen, mica aurea („Goldchen") und innocentia („Unschuld") genannt, deren Käfige vor seinem Schlafraum standen.
- Der greise Bischof Salvius von Membressa musste 394 nach dem hl. Augustinus wegen „katholischer Häresie" mit toten Hunden um den Hals auf seinem eigenen Altartisch tanzen.
- Während einer Verfolgung in Persien um 424 wurden Christen gefesselt in gemauerte Gruben geworfen, in denen auch Ratten eingeschlossen waren. Vom Hunger getrieben, griffen die Tiere an und fraßen die Opfer nach und nach bei lebendigem Leib auf.
- Germanen ließen Opfer von Pferden zertrampeln oder, an den Pferdeschweif gebunden, zu Tode schleifen.
- Abt Aliger von Monte Cassino (949–985) wurde von Graf Atenulf in ein Bärenfell gesteckt, bevor er Hunde auf ihn hetzte.

- Kaiser Heinrich II. der Heilige (1002–1024) amüsierte sich mit seinem Hofstaat über die Todesangst eines nackten, mit Honig beschmierten Mannes, den ein Bär ableckte.
- Der Chronist J. Stumpf berichtete über die Rache der fürstlichen Sieger nach dem Deutschen Bauernkrieg (1525): „Vil wurdend an die boem gehenckt, nit hocher, dan das die süw und hund ettlichen die füeß abfrasßend, vil gefierteylt, etlich lebendig gebraten, uß der maaßen vil an allen enden mit dem schwert gericht, des gesichts beroubt, durch die backen geprennt ...“
- Französische Soldaten rieben auf Haiti im 18. Jahrhundert flüchtige Sklaven, nachdem sie wieder eingefangen waren, mit Melasse ein, pflockten sie an und überließen sie den Insekten. Manchmal sollen nur noch die (von Ameisen) abgenagten Knochen übriggeblieben sein.
- Der Häftling, der auf Geheiß des Wachpersonals mit der „Lustigen Witwe" in Französisch-Guayana Mitgefangene guillotiniert hatte, wurde schließlich von Freigelassenen gefangengenommen, mit Honig beschmiert und in einen Ameisenhaufen gelegt; die Tiere fraßen ihn bei lebendigem Leib auf.
- Die berüchtigte Aufseherin H. Lächert hetzte im Konzentrationslager Majdanek ihren Schäferhund auf die hochschwangere Gefangene Wladka, die vom Geliebten der Aufseherin, einem SS-Mann, vergewaltigt worden war: Der Hund riss dem Opfer Stücke aus dem Körper und zerrte schließlich, pausenlos angetrieben, aus der offenen Bauchhöhle Eingeweide und das Kind heraus.
- Im Biafrakrieg, einem Vernichtungsfeldzug Nigerias gegen damals 14 Millionen Igbos, der im Januar 1970 blutig zu Ende ging, sollen die Haussa Hunde mit Tollwut infiziert und in die Wälder getrieben haben, in denen sich Tausende Igbos auf ihrer Flucht versteckt hielten.
- In Libyen sind nach einem Bericht von *Amnesty International* noch 1980 Opfer mithilfe von Käfern gefoltert worden, die ihnen unter einer umgedrehten Tasse auf den nackten Bauch gesetzt wurden und allein schon durch ihr stundenlanges Krabbeln Nervenstörungen auslösten.
- Während der Militärdiktatur in Argentinien (1976–1983) wurde eine Katze unter das Hemd des Opfers gesteckt und unter Strom gesetzt, so dass das Tier biss und kratzte.

• In Libyen wurden im Jahr 2000 Hunde auf Häftlinge gehetzt, die diesen Verletzungen beibrachten (*Amnesty International*, 2001). Vgl. auch → Exekution mithilfe von Elefanten.

Tod der tausend Schnitte

Eine bei manchen Völkern auf Mindanao (Philippinen) durchgeführte, mit dem Tod des Opfers endende Folter, bei der ein Mensch tagelang mit immer neuen Schnitten in seinen Körper gemartert wurde (→ Menschenopfer). Eine (umstrittene) Deutung geht davon aus, dass nach dem frühen Volksglauben die Seele eines Menschen dazu neigt, sich am Körper festzuklammern, und erst infolge der Verletzung des Körpers durch viele kleine Schnitte dazu ermutigt wird, diesen auf dem Weg über diese Schnittwunden zu verlassen.

Todesstrafe

Schwerste Kriminalstrafe, die noch immer in vielen Ländern für besonders schwere Verbrechen (Mord, politische und militärische Delikte) angedroht, verhängt und dann vollstreckt wird (→ Erschießen, Galgen, Garrotte, Guillotine, Richtschwert, Verbrennen). Nachweislich sind Verhängung und Vollstreckung der Todesstrafe abhängig von der herrschenden politischen Lage: Autoritarismus und Totalitarismus wirken förderlich, Liberalismus und humanitäre Gesinnung abträglich. Die Todesstrafe stellt, gleich ob zur exemplarischen Vergeltung, zur „Selbstreinigung des Gemeinwesens" oder zur Abschreckung bestimmt, als eine Form des rituellen und eine Obrigkeit bestätigenden Tötens „die äußerste Form grausamer, unmenschlicher oder erniedrigender Strafe dar und verletzt das in der Allgemeinen Erklärung der Menschenrechte und internationalen Menschenrechtsschutzinstrumenten verankerte Recht auf Leben" (*Amnesty International*). Justiz und Rechtswissenschaft kannten bis weit in die Neuzeit hinein (hin und wieder noch heute) besondere Abstufungen dieser (wegen des Fehlens eines verbindlichen Kanons nicht überall gleichermaßen verhängten und vollstreckten) Strafe, die entsprechend als mehr oder minder ehrenrührig galten: So wurde der (vor allem gegen „Hexen" und „Ketzer" verhängte) Feuertod als die schlimmste Form der Vollstreckung betrachtet, das → Richtrad galt als ehrenrühriger als das → Erhängen, der Tod am Galgen und der durch →

Ertränken vorgenommene waren ehrloser als die durch das Richt-schwert oder durch Erschießen. In der Bundesrepublik Deutschland ist die Todesstrafe seit 1949 durch Artikel 102 GG abgeschafft. Grund ist die Betroffenheit angesichts des nationalsozialistischen Umgangs mit dem Leben eines Menschen sowie die Einsicht, dass ein Staat, der die Unantastbarkeit und den Schutz der Menschenwürde an den Anfang seiner Verfassung stellt, dem Verurteilten als Sanktion nicht das Leben nehmen darf. Gegen diese Bestimmung stimmten vier Ab-geordnete der FDP und einige CDU-Abgeordnete, darunter K. Ade-nauer. Eine von den Vereinten Nationen in Auftrag gegebene Studie kommt 1988 zu der Erkenntnis: „Diese Untersuchung hat keinen wissenschaftlichen Beweis dafür erbracht, dass Hinrichtungen einen höheren Abschreckungseffekt besitzen als lebenslange Freiheitsstra-fen." Befürworter der Todesstrafe nennen als Argumente die abschre-ckende Wirkung sowie die Sicherungswirkung (von einem getöteten Menschen geht keine Gefahr mehr aus), ihre Gegner argumentieren neben den erwähnten Gründen mit dem Hinweis auf die Schwierig-keit, todeswürdige Verbrechen auszuwählen und abzugrenzen sowie die Anwendung der Todesstrafe in Zeiten stark erhöhter Kriminalität noch einschränken zu können. Außerdem besteht, selbst beim Vor-liegen eines Geständnisses des vermeintlichen Täters, die Gefahr von Fehlurteilen und damit der Hinrichtung Unschuldiger (→ Justizirr-tum). „Des Menschen Engel ist die Zeit – die rasche Vollstreckung an das Urteil anzuheften, ziemt nur dem unabänderlichen Gott!" (F. Schiller, „Wallensteins Tod" V, 11).

Beispiele:

- Die Todesstrafe, als ein Opfer an die durch die verbrecherische Tat verletzte Gottheit gedeutet, war als älteste Strafart sowohl dem rö-mischen Recht wie den germanischen Rechten bekannt (auch als Wiedergutmachungs-, Reinigungs- und Abwehrzauber), wobei sich die Art der Vollstreckung nach der Tat oder der betroffen Gottheit richten konnte (Erhängen, Ertränken, Verbrennen).
- Im Frühmittelalter trat der sakrale Charakter der Todesstrafe zu-rück; sie galt nunmehr als Sanktion für begangenes Unrecht und wurde auch durch Leibesstrafen oder Geldbußen ersetzt. Ab dem 13. Jahrhundert wurde sie wieder häufig vollstreckt, wobei die Art

der Vollstreckung auch durch den Vollstrecker (→ Scharfrichter) selbst bestimmt werden konnte.

- Unter dem byzantinischen Kaiser Johannes Comnenus (1118–1142) wurde kein einziges Todesurteil vollstreckt.
- Charakteristisch wurde mit der Zeit die Strafverschärfung etwa durch vorherige Verstümmelung oder → Schleifen zur → Richtstätte. Im Spätmittelalter wurden selbst Geisteskranke und Kinder mit der Todesstrafe belegt; auch „schuldige" Tiere wurden hingerichtet (→ Todesstrafe gegen Tiere).
- Zwischen 1338 und 1368 wurden in Augsburg, einer Stadt von damals etwa 20.000 Einwohnern, 172 Totschläge, im etwa gleich großen Breslau zwischen 1357 und 1399 nicht weniger als 243 Totschläge gerichtlich verfolgt.
- Von 1407 bis 1500 fanden in Nördlingen 137, von 1500–1601 120 Hinrichtungen statt; also gut eine pro Jahr.
- Zwischen 1400 und 1800 ahndete jedes dritte in Zürich gefällte Todesurteil ein Sexualdelikt (z. B. Homosexualität); in Luzern wurde zwischen 1500 und 1800 sogar jedes zweite Todesurteil wegen eines solchen Vergehens gefällt.
- Unter der englischen Königin Elisabeth I. wurden zwischen 1558 und 1603 gegen 89.000 Todesurteile vollstreckt.
- Freilich gab es immer auch warnende Stimmen: „Menschen Tödten ist eine große Sach. Man bedenkh wohl und Thue gemach. Man kann nimmer zue lang rath schlagen, wann man vom Todt sentenz soll sagen." (Aus dem Rechtsgutachten der Universität Tübingen für den Rat zu Ulm vom 14. Februar 1649).
- Die Folgen einer Exekution wurden manchmal auch bewusst und heimlich umgangen, dem Opfer stand eine Hintertür offen, durch die es dem Tod entkommen sollte: Bei der Ertränkfolter wartete in Basel beispielsweise auf die in den Rhein gestoßene Frau flussabwärts eine kleine Schar von Fischern, die sie wieder an Land zogen. Die Obrigkeit drückte ein Auge zu, sprach von → Gnadenerweis. Eine Basler Ratsverordnung vom 5. Oktober 1541 sah eine solche Rettung ausdrücklich vor.
- In Niederösterreich wurde dem Fischdieb ein kleines Messer mit in die Reuse gegeben, in der er unter Wasser gedrückt wurde.
- Während der Versuch der „Constitutio Criminalis Carolina" von

1532, die Todesstrafe wenigstens einzugrenzen, erfolglos blieb, wurden unter dem Einfluss der Aufklärung zumindest manche Formen der Vollstreckung (→ Richtrad) abgeschafft.

- Die russische Zarin Elisabeth gelobte bei ihrem Regierungsantritt 1741, sie werde kein Todesurteil vollstrecken lassen.
- 1764 empfiehlt der lombardische Gelehrte C. Beccaria in seiner berühmten Schrift „Dei delitti e delle pene" die Abschaffung der Todesstrafe.
- Kaiser Joseph II. schaffte 1786 in den österreichischen Ländern die Todesstrafe ab.
- J. W. v. Goethe († 1832) sprach davon, dass im Fall der Todesstrafe die Blutrache wieder an die Tür klopfe (→ lex talionis).
- England kannte, einmalig auf der Welt, 1760 die Todesstrafe für 160 Kapitalverbrechen und 1819 für 223 Straftatbestände, so auf Wilderei (Rot- und Damwild), auf Diebstahl von Kaninchen und Hasen, auf Schädigung eines Fischweihers.
- Die Abschaffung der Todesstrafe für Eigentumsdelikte (um 1830) galt manchen Autoren als „das gefährlichste Experiment in der englischen Strafrechtsgeschichte". Der Versuch gelang jedoch: Kaum stand auf bestimmte Vergehen nicht mehr die Todesstrafe, wurden sie seltener begangen.
- Ein Durchbruch glückte erst seit der Mitte des 19. Jahrhunderts (Abschaffung der Todesstrafe in San Marino 1848, in Rumänien 1865, 1867 in Portugal, 1870 in den Niederlanden, in Italien 1889, 1905 in Norwegen, 1921 in Schweden, 1930 in Dänemark).
- Unter dem deutschen Kaiser Wilhelm II. (1888–1918) wurden 498 Menschen hingerichtet; fünfmal so viele wie in derselben Anzahl von Jahren unter seinem Großvater Wilhelm I.
- Das Preußische Strafvollstreckungsgesetz vom 1. August 1933 nennt den Vollzug der Todesstrafe die „ernsteste staatliche Hoheitsbetätigung" (§ 4 Abs. II).
- Die letzte Exekution in der Schweiz fand 1940 (Kanton Obwalden) statt.
- Eine Allensbacher Umfrage ergab 1949, dass sich 77 Prozent der befragten Deutschen für und nur 18 Prozent gegen die Todesstrafe aussprachen. Im selben Jahr schaffte das Grundgesetz die Todesstrafe ab.

- In der ehemaligen DDR fanden insgesamt 163 Exekutionen statt, das letzte Todesurteil wurde 1981 vollstreckt, die Todesstrafe 1987 offiziell abgeschafft. Später wurden manche der politischen Opfer rehabilitiert, die Angehörigen entschädigt, doch wurde kein einziger der wegen Rechtsbeugung angeklagten Richter zu einer Gefängnisstrafe verurteilt.

- Die Zahl der Hinrichtungen in den USA stieg von 155 zwischen 1890 und 1899 auf über 1000 zwischen 1920 und 1929. In den 1930er-Jahren wurden die meisten Todesurteile vollstreckt (1935 sogar 199). Über die Hälfte der Hinrichtungen zwischen 1900 und 1967 erfolgte in den Südstaaten. 1967 wurde der Vollzug ausgesetzt und 1977 wieder aufgenommen. 1976 hatte der Oberste Gerichtshof der USA die Wiedereinführung der Todesstrafe ermöglicht; manche Bundesstaaten kennen sie nicht (z. B. Kansas, Alaska, Hawaii); doch wurde sie seither in den Bundesstaaten Nevada, Utah, Texas, Louisiana, Mississippi, Alabama, Georgia, Florida, South Carolina, North Carolina, Indiana und Virginia vollstreckt.

- „Starke Indizien sprechen dafür, dass die Todesstrafe in den USA willkürlich, rassisch diskriminierend und unfair angewandt wurde und wird ...“ (amnesty international, 1987).

- Die etwa 1500 Gefangenen, die 1985 in US- → Todeszellen einsaßen, stellten nur etwa 3 Prozent der Häftlinge dar, die eines Mordes überführt worden waren; nur ein geringer Prozentsatz der Mörder wurde also zum Tode verurteilt.

- A. O. Stephens, wegen Mordes an einem Weißen zum Tode verurteilt, wurde 1984 in Georgia hingerichtet, obwohl vor einem Bundesberufungsgericht noch zwei Fälle anhängig waren, in denen es um den Vorwurf ging, die Todesstrafen-Gesetze in Georgia seien rassisch diskriminierend. Die erst 16-jährige farbige P. Cooper wurde im Juli 1986 in Indiana wegen Mordes hingerichtet. Der geistig zurückgebliebene, an einer sich verschlimmernden Erbkrankheit leidende J. T. Roach wurde am 10. Januar 1986 in South Carolina exekutiert. Er hatte sich neun Jahre zuvor, im Alter von 17 Jahren, des Mordes schuldig bekannt. M. Mason, ein 32 Jahre alter schwarzer Landarbeiter, wurde am 26. Juni 1978 in Virginia wegen Vergewaltigung und Mordes an einer weißen Frau hingerichtet. Im Laufe seines Lebens war er mehrmals in psychiatrischer Behandlung;

geistig war er auf der Stufe eines 8-jährigen Kindes zurückgeblieben und litt an paranoider Schizophrenie. Das Gericht hatte es abgelehnt, ihn deswegen eigens untersuchen zu lassen.

- G. E. Alvord verbrachte mehr als 10 Jahre in einer Todeszelle in Florida, bis er „zur Wiederherstellung seiner geistigen Gesundheit" in ein psychiatrisches Krankenhaus überwiesen wurde. Aus dem Kreis der in Florida in psychiatrischen Einrichtungen Tätigen wurden daraufhin Bedenken laut, dass es mit ethischen Prinzipien nicht zu vereinbaren sei, einen Patienten mit dem ausdrücklichen Ziel zu behandeln, ihn soweit wiederherzustellen, dass er hingerichtet werden könne *(Amnesty International)*.

- J. Bowden wurde im Juni 1986 in Georgia hingerichtet. Am Tag vor der Exekution war sein durchschnittlicher Intelligenzquotient mit 65 Punkten festgestellt worden. Das genügte nicht: Nach der Äußerung eines Mitglieds des Begnadigungsausschusses hätte der IQ unter 45 Punkten liegen müssen, damit Bowden Aussicht auf Einweisung in eine psychiatrische Anstalt gehabt hätte.

- Nach einem Bericht von *Amnesty International* von 1995 wird die Todesstrafe in der Volksrepublik China „willkürlich angewandt." Seit dem Inkrafttreten des chinesischen Strafgesetzbuches (1980) wurde die Zahl der Delikte, die mit der Todesstrafe geahndet werden können, auf etwa 68 Straftatbestände (darunter z. B. wiederholter einfacher Diebstahl, Körperverletzung, schwere Störung der öffentlichen Ordnung, Beschädigung öffentlichen oder privaten Eigentums, Handel mit Falschgeld, Bigamie, Glücksspiel) erhöht und damit mehr als verdreifacht.

- Allein 1994 waren mehr als 2780 Todesurteile und über 2050 Hinrichtungen zu verzeichnen; das bedeutet, dass in China damals dreimal mehr Exekutionen bekannt geworden sind als in allen anderen Staaten der Welt zusammen. Bereits im ersten Halbjahr 1995 lagen die Zahlen bei rund 1800 Todesurteilen und 1147 Hinrichtungen. Offizielle Angaben liegen nicht vor, da die Daten als Staatsgeheimnisse gelten.

- In der Provinz Henan wurden 1994 zwei Bauern hingerichtet, weil sie 36 Kühe und landwirtschaftliche Geräte im Wert von rund 7000 Euro gestohlen hatten.

- Presseberichten aus der Volksrepublik China ist zu entnehmen, dass bereits bei einem „wirtschaftlichen Schaden" ab etwa 3500 Euro die Todesstrafe verhängt werden kann.

• Seit 1997 sind in der chinesischen Provinz Xinjiang bereits 293 muslimische Uiguren aus politischen Gründen zum Tod verurteilt worden.

• Unter Verstoß gegen die von den Vereinten Nationen aufgestellten Menschenrechtsstandards haben Personen, die in China zu Tode verurteilt wurden, noch immer nicht das Recht, um eine Begnadigung oder eine Umwandlung der Strafe nachzusuchen. Ende 1981 hatten 27 Länder, 1996 schließlich 58, im Jahr 2000 75 Länder die Todesstrafe für alle Delikte abgeschafft; in der Praxis kam es zu diesen Zeitpunkten in 63 bzw. 100 Ländern nicht mehr zu Todesurteilen. Vollstreckungen finden sich 1981 in 34, 1995 in 41, 2000 in 28 Ländern der Erde. 2017 war die Todesstrafe noch in 57 Staaten vorgesehen. Nach den Erkenntnissen von *Amnesty International* wurden 1995 in 41 Ländern insgesamt 2931 Opfer exekutiert, 4165 zum Tode verurteilt; die tatsächlichen Zahlen liegen mit Sicherheit höher. Die meisten Hinrichtungen fanden in diesem Jahr in der Volksrepublik China, in Saudi-Arabien, in Nigeria, in Kasachstan und im Irak statt.

• Nach den Berichten von *Amnesty International* schaffte Malta im März 2000 die Todesstrafe ab, im Juli folgte die Elfenbeinküste.

• Im Jahr 2000 wurden in 28 Ländern mindestens 1457 Opfer hingerichtet, in 65 Staaten mindestens 3058 Todesurteile ausgesprochen. 89 Prozent der Hinrichtungen fanden allein in China, Iran, Saudi-Arabien und den USA statt.

• In Ägypten wurden im Jahr 2000 mindestens 79 Menschen zum Tod verurteilt und 22, darunter 6 Frauen, exekutiert. Auf den Bahamas befanden sich 25 Gefangene in den Todeszellen. In Bangladesch wurden 37 Todesurteile verhängt; mehr als 160 Gefangene waren vom Vollzug der Todesstrafe bedroht. In Guatemala warteten an die 40 Opfer auf die Vollstreckung des Todesurteils; im Mai 2000 annullierte das Parlament ein Begnadigungsgesetz. In Guyana waren 23 Gefangene, darunter zwei Frauen, vom Vollzug der Todesstrafe bedroht. Im Iran wurden mindestens 75 Todesurteile vollstreckt und 16 Todesurteile verhängt. In Sambia sitzen über 230 Häftlinge in den Todeszellen.

- In Singapur, das gemessen an der Einwohnerzahl weltweit eine der höchsten Hinrichtungsraten aufweist, wurden zwischen 1991 und 2000 340 Menschen exekutiert; davon im Jahr 2000 mindestens 21.
- Auf Taiwan fanden im Jahr 2000 mindestens 17 Hinrichtungen statt; Gesetze, die für bestimmte Delikte die Todesstrafe zwingend vorschreiben, wurden nicht abgeändert.
- In Uganda waren über 260 Häftlinge vom Vollzug der Todesstrafe bedroht; in einem Berufungsverfahren, auf das zwei Betroffene über 11 Jahre im Gefängnis warten mussten, wurden die Todesurteile gegen 11 Armeeangehörige aufgehoben.
- In Vietnam ist für 29 Straftatbestände die Todesstrafe vorgesehen; 112 Todesurteile wurden im Jahr 2000 verhängt, 12 Hinrichtungen vollstreckt.
- In den USA wurden im Jahr 2000 in 14 Bundesstaaten insgesamt 85 Menschen exekutiert; damit erhöhte sich die Zahl der seit der Aufhebung des Moratoriums (1976) hingerichteten Opfer auf 683. Nach wie vor verstoßen die Vereinigten Staaten gegen internationale Standards, indem sie die Todesstrafe u. a. gegen psychisch Kranke, zur Tatzeit Minderjährige und Angeklagte anwenden, die ungenügenden rechtlichen Beistand hatten. In 16 Bundesstaaten der USA saßen Ende 2000 insgesamt 80 Gefangene in den Todeszellen, die zur Tatzeit erst 16 oder 17 Jahre alt waren.
- Während der fünfjährigen Amtszeit von G. W. Bush fanden in Texas 150 Hinrichtungen statt, 40 im Jahr 2000.
- Ende Mai 2001 schaffte Chile die Todesstrafe ab.
- Im Dezember 2001 wurden, nach einem über einjährigen Hinrichtungsmoratorium, in Japan zwei Männer gehängt: Es handelte sich um die 41. Vollstreckung der Todesstrafe seit 1993.
- Im Mai 2002 setzen alle Staaten der EU die bisherigen Sonderregelungen (etwa im Kriegszustand) außer Kraft.
- Der türkische Staatspräsident Recep Tayyip Erdogan argumentierte noch im Wahlkampf 2017 für die Wiedereinführung der Todesstrafe.
- 2016 wurden 30 US-Todesurteile verhängt, 40 Prozent weniger als im Vorjahr, und 20 vollstreckt, ein Rückgang von fast 30 Prozent. Die Exekutionen konzentrierten sich auf nur noch fünf Staaten Georgia, Texas, Alabama, Missouri und Florida (SPIEGEL Online 15.4.2017).

Todesstrafe, geschlechtsspezifische

Eine auf den unterschiedlichen Deliktformen von Mann und Frau gründende, spezifische Exekution, die hin und wieder von den Tätern als → Gnadenerweis ausgegeben und als „mildere" Strafe gedeutet wird, jedoch nicht selten eine Schamfolter oder sogar Schaufolter darstellt.

Beispiele:

- Frauen werden seit alters in Abhebung von eindeutig „männlichen" Delikten (Meuchelmord, Landesverrat) meist spezifischer Delikte beschuldigt („Hexerei", Abtreibung, Kindstötung) und entsprechend abgeurteilt. So gelten → Richtrad, → Vierteilen und → Erhängen meist als Formen der Hinrichtung, von denen Frauen ausgenommen sind. Dagegen sollte das Ertränken in der Regel eine typisch „weibliche" Todesstrafe darstellen.
- In Frankfurt a. M. wurden zwischen 1562 und 1696 insgesamt 316 Männer und 23 Frauen zum Tode verurteilt: 200 Männer, aber nur eine Frau zum Tod am → Galgen, 12 Männer und keine einzige Frau zum Rädern, sieben Männer und sechs Frauen zum Tod durch Ertränken.
- In Nürnberg wurden zwischen 1600 und 1692 insgesamt 211 Männer und 66 Frauen mit dem Tode bestraft, 110 Männer und 49 Frauen durch das → Richtschwert, 72 Männer und nur eine Frau am Galgen.

Todesstrafe gegen Tiere

Tiere wurden über Jahrhunderte hinweg nicht nur zur → Tiertortur missbraucht, sondern als Ernteschädlinge (Maikäfer) gebannt oder zusammen mit ihren menschlichen „Komplizen" zum Tod verurteilt; die Todesstrafe wurde auch vollstreckt. Bis zum Ende des 17. Jahrhunderts galt sexueller Verkehr mit Tieren als eine besondere Aktionsform des Satans; kirchliche und staatliche Instanzen schützten sich davor, indem sie Prozesse gegen die Menschen und Tiere führten, die sie für schuldig hielten. Französische Juristen hielten das Vorgehen für legitim. Nicht wenige Menschen fanden in der Folge, zusammen mit den Mutterschafen, Eselinnen oder Hündinnen, mit denen sie verkehrt hatten, den Tod auf dem Scheiterhaufen.

Beispiele:

- Der „Sachsenspiegel" (um 1225) sah vor, alle Lebewesen, auch Tiere, die zufällig bei der Vergewaltigung einer Frau anwesend waren und ihr nicht geholfen hatten, zu enthaupten.
- Zwischen dem 14. und dem 17. Jahrhundert wurden Pferde, Rinder, Schweine, Hunde vom → Scharfrichter exekutiert (→ Erdrosseln, Erhängen, Ertränken, Lebendig begraben), wenn sie Schaden angerichtet hatten. So sollten nach alten Weistümern in bäuerlichen Gegenden Gänse, die über einen Zaun geflogen waren, an einen auf dem Feld errichteten → Galgen gehängt werden. Führte eine Ziege einen Schaden herbei, sollte sie auf den Rücken gelegt werden, so dass ihre Hörner in die Erde stießen. Auch konnten ihr die Zähne ausgerissen werden.
- Vor allem Wölfe traf die Todesstrafe; es gab eigene „Wolfsgalgen".
- 1607 wurde ein junger Mann „wegen des Lasters der Sodomie" in Paris gehängt, während zu Füßen des Galgens das Tier erschlagen wurde, mit dem er „widernatürlich verkehrt" hatte.
- Ende des 17. Jahrhunderts wurde S. Barillet von seiner Frau verklagt, sie zu widernatürlichen Praktiken gezwungen zu haben und zudem mit einer Stute zu verkehren. Er wurde, zusammen mit dem Pferd, auf dem Marktplatz von Moulins durch → Verbrennen hingerichtet.
- 1903 wurde die Elefantenkuh Topsy, die drei Wärter getötet hatte, in New York „hingerichtet", indem sie auf Metallplatten gestellt und durch Ketten fixiert wurde, bevor Wechselstrom durch die Metallplatten geleitet wurde.

Todestrakt

Abschnitt eines Gefängnisses, Zusammenschluss von separierten und isolierten → Todeszellen. Berüchtigt ist der sogenannte Todestrakt des Staatsgefängnisses (und Exekutionsortes) in Huntsville (Texas), in dem Dutzende von Insassen auf ihre → Hinrichtung warten. Weltweit sind es ständig um die 20.000 Menschen.

Todeszelle

Zur Aufnahme von zum Tod verurteilten und auf ihre → Hinrichtung wartenden (→ Todesstrafe) Gefangenen bestimmte Gefängniszellen

(Einzelzellen). Zur Todesstrafe verurteilte Gefangene verlassen (beispielsweise in den USA) den „normalen" Strafvollzug und werden für den Rest ihres Lebens in eigene Zellen (im England des 19. Jahrhunderts auch „Zelle der Verdammten" genannt) verlegt. Da Einsprüche und Berufungsverfahren immer länger dauern, bleiben sie oft jahrelang über ihr weiteres Schicksal im Ungewissen. Dieses Warten kommt einer unmenschlichen Folter gleich; es wird von Häftlingen berichtet, die wahnsinnig wurden. Todeskandidaten sitzen so lange in den Zellen, weil es in den USA sehr schwierig ist, ein Revisionsverfahren zu erhalten. Rechtsanwälte lehnen es ab, solche Verfahren zu übernehmen. Es kann Jahre dauern, bis ein Verurteilter einen Anwalt findet, der bereit ist, seinen Fall nochmals vor Gericht zu bringen (zum Ganzen: Wikipedia, „Todeszelle", abgerufen am 3.3.2017). In San Quentin (Kalifornien) gibt es drei eigene → Todestrakte. Entweder bleiben die Gefangenen im Adjustment Center (Eingewöhnungszentrum) – dies gilt vor allem für Gangmitglieder, die eine Gefahr für Mitgefangene darstellen oder die selbst durch andere Gefangene gefährdet sind, oder sie kommen in den Nord-Block mit 35 Todeszellen, in dem Gefangene untergebracht sind, die nach Einschätzung der Gefängnisleitung keine Probleme bereiten. Daneben gibt es den Trakt II (Ost-Block) mit 251 Todeszellen, in dem auf der der Bucht zugewandten Seite die Todeskandidaten untergebracht sind. Auf der Hofseite sind die Todeszellen für Häftlinge mit schweren mentalen Störungen und der Normalvollzug. Die Todeszellen sind in St. Quentin zum Gang hin – getrennt durch Gitterstäbe – offene Einzelzellen, die etwa 2 x 3 Meter messen. Sie sind mit einem relativ kurzen Stahlbett, das fest mit dem Boden verbunden ist, und einer Kombination aus Waschbecken und Toilette aus rostfreiem Stahl ausgestattet. Alle weiteren Gegenstände wie Fernseher, Radio oder Schreibmaschine müssen in San Quentin über das Gefängnis bestellt werden. Vier Tage vor der Hinrichtung, die freilich auch immer wieder aufgeschoben werden kann, wird (so in Florida) der Häftling in eine Zelle verlegt, die sich nahe am Exekutionsraum befindet. Alle persönlichen Gegenstände werden ihm abgenommen, und er wird rund um die Uhr bewacht. In der Regel findet die Hinrichtung morgens um 7 Uhr statt; um 4. 30 Uhr ist die → Henkersmahlzeit serviert worden.

Beispiele:

- Nürnberg kannte bereits im Mittelalter eigene Todeszellen, in die zum Tod verurteilte Opfer vor der Hinrichtung verlegt wurden. Diese fensterlosen Zellen im sogenannten Lochgefängnis wurden nur von einer Öllampe erhellt. Die letzten Stunden vor der Exekution verbrachten die Todgeweihten in einem taghellen Raum, in dem ihnen auch die Henkersmahlzeit gereicht wurde. Manche Opfer mussten monatelang in den kalten, dunklen und von Ungeziefer wimmelnden Zellen verbringen und auf ihre Hinrichtung warten (H.-J. Wolf).
- C. Chessman, 1948 zweifach zum Tod verurteilt, verbrachte über ein Jahrzehnt in einer Todeszelle der kalifornischen Strafanstalt St. Quentin; er beschrieb seine Erfahrungen in einem berühmt gewordenen Buch (1954). Seine Exekution in der → Gaskammer fand 1960 statt.
- In Indonesien wurde M. Munir erst 17 Jahre nach seiner Verhaftung erschossen.
- Ende Dezember 2000 saßen über 100 Gefangene in japanischen Todeszellen, bereits bei 52 von ihnen war das Todesurteil vom Obersten Gerichtshof bestätigt. Die Haftbedingungen im Todestrakt kamen grausamer, inhumaner oder erniedrigender Behandlung gleich. Das Opfer wird erst wenige Stunden vor der Hinrichtung informiert; es bleibt ihm keine Zeit, Angehörige und Anwälte zu benachrichtigen (Bericht *Amnesty International* 2001).
- Im Januar 2002 kam ein 50-jähriger Häftling in Raiford (Florida) aus der Todeszelle frei, in der er, unschuldig wegen Mordes verurteilt, hatte 17 Jahre verbringen müssen.

Tötungsanstalt

Heute sich durchsetzender Fachbegriff für Einrichtungen im „Dritten Reich", die zwischen 1940 und 1945 zur „Beseitigung lebensunwerten Lebens" dienten. Solche Anstalten fanden sich in Grafeneck (Gomadingen), Brandenburg/Havel, Hartheim (Oberösterreich), Sonnenstein (Pirna), Bernburg (Saale) und Hadamar bei Limburg.
– Neben Vorstellungen der sogenannten Rassenhygiene („Höherzüchtung der arischen Rasse") wurden kriegswirtschaftliche Erwägungen während des Zweiten Weltkrieges zur Begründung der

staatsoffiziellen Tötungsaktionen herangezogen. In solchen Anstalten wurden mehr als 70.000 geistig und/oder körperlich behinderte Menschen („Erb- und Geisteskranke, Behinderte und sozial oder rassisch Unerwünschte") systematisch ermordet, und das unter dem verschleiernden Namen „Euthanasie" („Gnadentod"). Jede „Beeinträchtigung des deutschen Volkskörpers" sollte durch die gesetzlich geregelte „Verhinderung" der Fortpflanzung bestimmter Menschen" vermieden werden. Die Methoden waren → Gaskammern, → Hungern und → Giftinjektion.

Beispiele:

- Mit der Kinder-Euthanasie im Jahr 1939 wurde die Tötung von mindestens 5000 erbkranken und kognitiv oder körperlich beeinträchtigten Babys und Kindern eingeleitet.
- Am 27. September 1939 kam es bei Gdingen zum ersten Massaker an Psychiatriepatienten im deutsch besetzten Polen, dem weitere Krankenmorde in vielen polnischen Anstalten folgten. Noch im Herbst wurden aus Pommern deutsche Kranke selektiert und zum → Erschießen nach Westpreußen gebracht. Kurz darauf folgte die Erwachsenen-Euthanasie, in der Bewohnerinnen und Bewohner von Heil- und Pflegeanstalten sowie Heimen für Menschen mit Behinderung umgebracht wurden. Dazu gehörten zahlreiche ehemalige Heeressoldaten aus dem Ersten Weltkrieg, die aufgrund der erlittenen schweren psychosozialen Störungen in Heilanstalten lebten. (Zum Ganzen: Wikipedia, „Aktion T4", abgerufen am 7.4.2017).

Tranchieren

Zerlegen eines noch lebenden oder bereits verstorbenen Opfers in verschiedene Teile (→ Herz-Herausreißen, Leichentortur, Zerstückelung). Im Rahmen dieser Maßnahmen wurden beispielsweise beim → Ausweiden Messer verwandt und Skalpelle oder andere schneidende Instrumente wie bei der Amputation oder beim → Bajonettieren benutzt.

Beispiele:

- Während des Spanischen Bürgerkriegs (1936–1939) wurden 15 Angehörige des „Thälmann"-Bataillons (Interbrigadisten) von *Moros,* die im Dienste Francos standen, förmlich tranchiert. Nach dem Bericht des Augenzeugen A. Kantorowicz (Generalsekretär des Schutzverbandes deutscher Schriftsteller im Exil zu Paris) wurden die Opfer grausam zugerichtet: „Nicht nur die Gesichter waren durch Kolben zertrümmert, durch Messer zerfetzt, die Körper nicht nur durchsiebt von Handgranatensplittern, Bajonett- und Messerstichen – die Herzen hatte man aus ihnen herausgeschnitten, die Eingeweide ausgeweidet wie bei totem Vieh, die männlichen Gliedmaßen abgehackt."

Überfahren

Beispiele:

- Um Patronen zu sparen, fuhren im Spanischen Bürgerkrieg (1936–1939) Truppen Francos mit Lastwagen so lange über ihre gefesselten Gefangenen, bis sie tot waren.
- Aus der „amerikanischen Phase" des Vietnamkriegs (1960–1973) sind Fälle bekannt, da Guerillas durch den Einsatz des US-Schützenpanzers M 113 aufgespürt und getötet wurden: Etwa 15 Panzer rollten dabei im Zickzack über ein überschwemmtes, einige hundert Meter breites Terrain. Das Militär konnte sicher sein, dass niemand mit dem Leben davon kam: Die Opfer der Aktion wurden in den schlammigen Boden gepresst und erstickt (→ Ersticken).
- Am 8. Mai 1963 wurden Demonstranten, darunter auch Kinder, von amerikanischen Panzerfahrzeugen zermalmt.
- Idi Amin, bis 1979 Diktator in Uganda, ließ schon zu Beginn seiner Terrorherrschaft Verdächtige mit Panzern überfahren, in die Luft sprengen oder den Krokodilen vorwerfen.

Verbrennen

Da nach alter Meinung kein anderes Element als das Feuer (→ Elemententod) bösen Zauber und magische Kraft einer „Hexe" (so auch in den Grimm'schen „Kinder- und Hausmärchen"), eines „Ketzers" oder Zauberers, aber auch bestimmte sexuelle Handlungen (Sodomie, Homosexualität) so zuverlässig und für immer aus der Gemeinschaft verbannen, ja völlig zerstören konnte, wurde der Tod auf dem Scheiterhaufen (oder unter brennenden Holzscheiten, in einer Grube mit Scheiten oder in einer Hütte und zusammen mit ihr) schon früh zur eigentlichen „Urstrafe" für diese Opfergruppen. Im 16. Jahrhundert, einer Zeit rigider Durchsetzung der gegenreformatorisch kirchlichen Moral (R. van Dülmen), erreichte diese Methode ihre stärkste Verbreitung. Der bis heute in totalitären Systemen geübte Brauch, verfemte Bücher und Schriften zu verbrennen, kommt nicht nur einer → *damnatio memoriae* gleich, sondern scheint noch immer uralte magische Vorstellungen aufzunehmen. Wer aber Bücher verbrennt, verbrennt auch Menschen (H. Heine). Der letzte Grad des Verbrennens besteht in der Verkohlung (Karbonisation), bei der außer der Haut zunächst auch Muskeln, größere Gefäße, selbst Knochen tiefgreifend geschädigt sind. Eine solche Verbrennung zwänge zur Amputation der verkohlten Extremitäten, doch da das klassische Verbrennen auf dem Scheiterhaufen nicht gestoppt wird, sondern die Brennfläche sich ausdehnen und intensivieren muss, führen die Verkohlungen an Kopf und Rumpf neben den Folgen eines → Erstickens durch Raucheinwirkung zum Tod.

Beispiele:

- Babylonier, Ägypter, Israeliten, das alte Armenien und das frühe Japan bestraften Gotteslästerung oder Götzendienst mit Verbrennen.
- Rom ahndete Brandstiftung, Hochverrat, Gotteslästerung, Vatermord und Majestätsbeleidigung mit dem Feuertod.
- Der norwegische König Harald ließ um 950 seinen Sohn Rognvald mit 60 Anhängern als Zauberer verbrennen.
- Im Jahr 1022 erfolgt in Orléans durch den französischen König Robert II. den Frommen (996–1031) die erste Verbrennung von „Ketzern" in der Kirchengeschichte.
- 1232 sollen an einem einzigen Tag an die 100 Menschen in Straßburg verbrannt worden sein.
- Nachdem sich die Reste der Albigenser, gegen die Papst Innozenz III. einen Kreuzzug ausgerufen hatten, 1244 ergeben, aber nicht abgeschworen hatten, wurden um die 200 von ihnen auf einem einzigen Scheiterhaufen verbrannt.
- Zwischen 1320 und 1350 wurden in Carcassonne 400, in Toulouse 600 Menschen wegen „Zauberei" verfolgt; mehr als die Hälfte von ihnen starb im Feuer.
- 1336 wurden in Angermünde 14 Personen beiderlei Geschlechts

dem markgräflichen Vogt wegen „Ketzerei" zur Verbrennung übergeben, in Speyer wurde 1350 der Begarde (Mitglied einer halbklösterlichen Männervereinigung) Berthold aus Rohrbach verbrannt, 1375 verbrannte die Berner Justiz einen Anhänger des „fryen geistes", in Bingen wurden 1392 36 Waldenser dem Feuer überantwortet, in Lübeck wurde 1402 der Begarde Wilhelm verbrannt, in Mainz 1458 Hans Becker aus einem Dorf bei Aachen, der mit 16 Jahren vom Geist der Freiheit inspiriert worden war und auch eine Schrift darüber verfasst hatte, die zusammen mit ihm verbrannt wurde.

- 1402 wurde der Gemeindepriester von Lynn, W. Sautre, als erstes Opfer des englischen Häresiegesetzes von 1401 verbrannt.
- Das Allgemeine Konzil zu Konstanz übergab 1415 die Schriften des 31 Jahre vorher verstorbenen „Ketzers" Wycliffe dem Feuer. Dasselbe Konzil überantwortete den tschechischen Reformator J. Hus, dem Kaiser Sigismund freies Geleit zugesagt hatte, 1415 dem Feuer. Ein Jahr darauf wurde sein Mitstreiter, Hieronymus von Prag, an derselben Stelle verbrannt.
- Am 30. Mai 1431 wurde die fast 500 Jahre später (1920) heiliggesprochene französische Nationalheldin Jeanne d'Arc in Rouen als Abtrünnige, rückfällige Sünderin, Götzendienerin und „Ketzerin" verbrannt.
- Hans Böheim, genannt „Pfeiferhänslein", der im Taubertal (Niklashausen) gegen die Klerikerkirche gepredigt hatte, wurde auf Befehl des Würzburger Bischofs am 19. Juli 1476 als „Ketzer" verbrannt.
- Im 15. Jahrhundert wurden in Spanien zwei Nonnen, die einen Dildo benutzt hatten, als Sodomitinnen dem Feuer überliefert (H. P. Duerr).
- Am 12. März 1478 bestimmte ein Gesetz (Forges bei Chinon), dass ein Gotteslästerer beim vierten Rückfall verbrannt werde.
- Nach einem genau dokumentierten Inquisitionsprozess wegen „Hostienfrevels" und geplanter „Ritualmorde" wurden am 16. November 1491 im spanischen Avila Juden verbrannt: Drei von ihnen, die sich taufen ließen (sogenannte conversos), erhielten einen → Gnadenerweis: Sie wurden vor dem Verbrennen erdrosselt, die übrigen langsam geröstet und mit → glühenden Zangen zerfleischt.
- 1492 wurden ein Herr von Hohenburg und sein Knecht, die in einem homosexuellen Verhältnis gelebt hatten, in Bern verbrannt.

- B. Hubmaier, radikaler reformatorischer Prediger und begeisterter Anhänger von Th. Müntzer, wurde 1525 in Wien verbrannt.
- Die Zahl der Frauen, die u. a. im bischofseigenen Ofen verbrannt oder „so dünn gefoltert" wurden, „dass die Sonne durch dich scheint", geht in die Hunderttausende. Sie wurden vernichtet, weil sie sich „dem Teuffel verbunden" oder „in Wolffsgestalt sich verwandlen könden" und „vil Männer, Knaben und Vichs umbgebracht" (Flugblatt von 1591). Den auf dem Scheiterhaufen geschundenen Frauen platzten oft die Bäuche, die Eingeweide traten heraus, und Schwangere verloren ihre Kinder. Kam ein Kind zum Vorschein, wurde es als Teufelsbalg zurück in die Flammen geworfen.
- Der spanische Inquisitor Lucero ließ in einer einzigen Zeremonie 107 Opfer verbrennen, die den Predigten des der „Ketzerei" beschuldigten Erzbischofs von Granada, H. de Talavera, beigewohnt hatten (N. Davies).
- 1562 wurden in der kleinen Gemeinde Wiesensteig 63 Frauen verbrannt.
- In Quedlinburg starben 1589 an einem einzigen Tag 133 Frauen, u. a. aufgrund der Anschuldigung, sie hätten aus den Kellern der Stadt Wein gestohlen, um ihn auf dem Blocksberg an die versammelten „Hexen" auszuschenken.
- Im Werdenfelser Land wurden 1590/91 fast 50 Frauen als „Hexen" verbrannt; die älteste war 94 Jahre alt.
- In Schongau starben ab 1589 mindestens 63 Frauen im Feuer.
- Zwischen 1591 und 1618 starben allein im Schweizer Kanton Waadt 3371 Opfer den Feuertod.
- Im Oktober 1601 wurde die junge C. de Culan in Saint-Lubin-de-Crevant verbrannt. Einer ihrer abgewiesenen Liebhaber hatte versichert, dass sie mit einem weißen Hund mit einem rostbraunen Mal „fleischlich gespielt" hatte, und auf solche „Sodomie" (wie auf orale und anale Praktiken sowie Homosexualität) stand das Feuer.
- Aus der Hinrichtungsstatistik der Stadt Würzburg geht hervor, dass zwischen 1627 und 1629 nicht weniger als 29 „Brände" durch Scheiterhaufen erfolgt sind, bei denen jeweils mehrere Opfer auf einmal verbrannt wurden, insgesamt 158 Personen.
- In Fulda starben zwischen 1608 und 1618 etwa 700 Menschen den

Feuertod; in Paderborn lässt ein einziger „Hexenrichter" an die 500 Frauen foltern und hinrichten.

- 1619 wurde der italienische Philosoph L. Vanini von einem Gerichtshof zu Toulouse zum Verbrennen verurteilt; er starb klaglos „wie ein Philosoph".
- In nur neun Monaten des Jahres 1631 wurden in dem 650 Einwohner zählenden Oppenau 50 Opfer dem Feuer übergeben.
- Untersuchungsrichter wie P. de Lancre (Westpyrenäen, 17. Jahrhundert) schickten Frauen, die ihnen schamlos erschienen waren, auf den Scheiterhaufen „wie man zum Ball geht".
- Der englische „Hexenrichter" M. Hopkins ließ um 1645 hunderte „Hexen" verbrennen.
- 1659 wurde in Nürnberg ein junger Hirte, „ein grausamer und abscheulicher Sodomit auff einen hierzu verordneten Scheiterhauffen gesezet und mit Feuer lebendig verbranndt und vom Leben zum Todt gebracht und hingerichtet, ihme selbsten zu einer gar wohl verdienden straff, sondern aber bey so starck einreissenden und im schwanggehenden abscheulichen Lastern zur Warnung, Abscheu und Exempel, sich von dergleichen schändlichen Mißhandlungen und hochsträfflichen Übelthaten desto mehr zu hüten".
- Am 1. September 1662 wurde der Poet C. Le Petit verbrannt – mit ihm seine als obszön betrachteten Schriften („Bordel des Muses", „Université d'amour").
- Im schottischen Leith wurden 1664 an einem einzigen Tag neun Frauen verbrannt.
- In Salzburg, wo seit 1580 der „Hexenwahn" tobt, fielen 1679 noch 97 Menschen dem Feuer zum Opfer.
- Der preußische König Friedrich Wilhelm I. leitete mit seinem Edikt vom 13. Dezember 1714 die Beendigung der Hexenverfolgung ein; die letzte „Hexe" wurde in Preußen 1714 verbrannt.
- 1751 erlitt in Endingen eine Frau nach einem von der Universität Freiburg i. B. gebilligten Verfahren als „Hexe" den Feuertod.
- Die „Constitutio Criminalis Theresiana" sah noch 1768/69 den Feuertod vor: Das Opfer soll „mit dem Feuer vom Leben zum Tod hingerichtet, der Körper zu Staub und Aschen verbrennet, und die Aschen (wenn ein fliessendes Wasser dabey ist) in den Fluss gestreuet (in Abgang eines fliessenden Wassers) in die Luft gestreuet werden".

- 1777 entging eine 14-jährige, die der Münzfälscherei beschuldigt worden war, im letzten Moment dem Feuertod. Sie war bereits auf den Scheiterhaufen gebunden, als der zufällig vorbeikommende Lord Weymouth sie begnadigte.
- Die „Vossische Zeitung" berichtete unter dem 30. Juni 1786 aus London, dem englischen Parlament sei eine Gesetzesvorlage vorgelegt worden, die als Todesstrafe für Frauen künftig das → Erhängen statt des Verbrennens vorsehe: „Hiezu hat die Hinrichtung in voriger Woche Anlaß gegeben. Nachdem die Delinquentin von den Flammen beinahe verzehrt worden, umringte der Pöbel den noch brennenden Scheiterhaufen, schmiss die ... gebratenen Knochen der Frau unter das umstehende Volk und streuete den ganzen Brandhaufen durch die Straße. Da diese Hinrichtung vor dem Gefängnis von Newgate in einer nicht sehr breiten Straße geschah, so haben die benachbarten Einwohner von der Hitze, dem Rauche und dem unangenehmen Bratengeruche nicht wenig gelitten und sich sehr heftig darüber beklagt."
- In England fand die letzte Verbrennung 1789 statt, in Polen wurden noch 1793 zwei Frauen als „Hexen" verbrannt.
- Am 27. Mai 1813 wurden in Berlin letztmals zwei Opfer verbrannt; die beiden exekutierten Brandstifter, ein Mann und eine Frau, waren freilich vorher „auf eine den Zuschauern unmerkliche Art" erdrosselt worden.
- Ein Priester, der bis 1817 bei der Spanischen Inquisition tätig war, berichtete dem walisischen Reisenden G. Borrow von einem Fall aus Sevilla: Eine Nonne soll immer wieder aus dem Fenster ihrer Zelle in den Klostergarten hinausgeflogen sein, um dort zwischen den Orangenbäumen herumzuschweben. Nach einem korrekt geführten Prozess, in dem viele Zeugen die Vorgänge beeidigt hatten, wurde die Nonne verbrannt.
- Am 7. Mai 1874 wurde in San Juan de Jacobo (Mexiko) eine Frau mit ihrem Sohn der Zauberei bezichtigt und verbrannt, am 20. August 1877 starben fünf „Hexen" dort den Feuertod, und noch 1888 ist in Bambamarca (Peru) eine Frau als Zauberin ausgepeitscht und verbrannt worden.
- König Mwanga von Uganda ließ am 3. Juni 1886 zehn christliche Pagen in Schilfmatten hüllen und bei einem Volksfest unter sei-

nem Palast verbrennen; diese Märtyrer wurden 1964 heiliggesprochen.

- Die nordamerikanischen Indianernationen der Wyandot und der
Huronen bestraften bis in 19. Jahrhundert hinein Zauberei mit dem
Feuertod.
- Am 13. April 1945 wurden in Gardelegen bei Magdeburg 1016
Häftlinge, meist Zwangsarbeiter aus mehreren europäischen Län-
dern, in eine Feldscheune getrieben und wenige Stunden vor Ein-
treffen der US-Streitkräfte von Angehörigen der SS und der Wehr-
macht verbrannt. Der Hauptverantwortliche starb 1994 mitten in
Deutschland; er war allen Fahndungen entgangen.

Vergasen

Ins Wörterbuch des Unmenschen gehörende, noch immer gedan-
kenlos gebrauchte Bezeichnung für die in eigenen Tötungsanstalten
(„Euthanasie" psychisch Kranker, z.B. im sächsischen Pirna-Sonnen-
stein), vor allem aber in NS-Vernichtungslagern millionenfach angewandte Methode des Menschenmordes mit Hilfe von tödlich wirkenden Giftgasen. In die → Gaskammern gepresst standen die Opfer der
„Endlösung der Judenfrage", mussten die Arme hochnehmen, damit
noch einige mehr hineinpassten; Kinder wurden obenauf gelegt. Bei
einem Defekt der Motoren mussten in den vier Gaskammern eines
Lagers einmal 3.000 Menschen dicht aneinander gepresst auf ihren
Tod warten. Das Gas strömte langsam durch die in der Decke der
Kammer befindlichen Löcher. Die Opfer waren so dicht aneinander-
gedrängt, dass sie dies nicht gleich bemerkten. Spürten sie jedoch
das sich ausbreitende Gas, stürzten sie übereinander und versuchten
in wilder Panik durch das Metalltor zu entkommen. Dort häuften
sich die von Blut und Exkrementen besudelten Körper zu einer Pyramide, im Tod noch ineinander verkrallt und verkrampft. Eine halbe Stunde später entfernten Saugpumpen die gasgesättigte Luft, und
Männer vom jüdischen Sonderkommando betraten mit Gasmasken,
Gummistiefeln und Wasserschläuchen ausgerüstet die Kammer. Sie
hatten die Exkremente und das Blut wegzuspülen, die Leichen aus-
einanderzuzerren, Gold, Haare und Gebisse („kriegswichtige Stoffe") zu suchen und die Leichen zum Abtransport ins Krematorium
aufeinanderzuschichten. Die Gehirne vergaster und sezierter Opfer

aus psychiatrischen Anstalten wurden u. a. an das Kaiser-Wilhelm-Institut für Hirnforschung (Berlin-Buch) gesandt.

Nur selten wird auf den folgenden Sachverhalt hingewiesen: Die Kosten im mittelalterlichen Strafvollzug und bis in die neuzeitlichen Folterungen hinein gaben nicht selten den Ausschlag für das jeweilige Folter- oder Hinrichtungswerkzeug („preiswerte" Stöcke, Elektroschocks u. ä.). Welch unvergleichlich ungeheuerliche Dimension der millionenfache Mord in den NS-Gaskammern annahm, lässt daher auch eine Berechnung der Materialkosten erkennen: Das tödliche Zyklon B (amethystfarbene Kristalle in Büchsen mit abschraubbaren Deckeln) wurde tonnenweise von zwei Privatfirmen aus Hamburg und Dessau geliefert, die von der IG-Farben vor dem Krieg die Rechte erworben hatten. Für die Tötung von 2000 Menschen in einem Konzentrationslager wurden etwa sechs Büchsen im Gegenwert von 15 Reichsmark benötigt: Der Mord an einem Menschen kostete damit nicht einmal einen Reichspfennig. Dennoch wurde am Material derart gespart, dass die Opfer qualvoll starben.

Vernichtungsstrafe

Schwerste Kriminalstrafe und -folter, die das Opfer nicht allein quälen will, sondern auf die tatsächliche oder symbolische physische Auslöschung eines Menschen abhebt (→ Todesstrafe, Verbrennen), ja eine → *damnatio memoriae* intendieren kann.

Verscharren

Als unehrenhaft geltende Form der Beseitigung eines Leichnams. Die frühere Justiz verweigerte bei bestimmten, „mit Ehrlosigkeit behafteten" Vergehen ein „ehrliches" Begräbnis des Opfers (→ Erhängen, Richtrad, Vierteilen); nur die Exekution durch das → Richtschwert machte eine Ausnahme. Heutige Täter sind meist an einer spurlosen Folter interessiert, die auch die (folgenlose) Entsorgung ihrer Opfer einschließt. Andere Formen einer solchen → Leichentortur waren und sind das → Verbrennen und Verstreuen der Asche des Opfers in alle Winde sowie das → Verschwinden lassen (→ *damnatio memoriae*).

Verschwinden lassen

Ein plötzlich nicht mehr aufzufindender und sich nicht mehr bei seiner Familie oder bei Freunden rückmeldender Mensch gilt als verschwunden, wenn es berechtigte Gründe für die Annahme gibt, er sei von den Behörden oder mit deren Billigung verhaftet worden, und die Täter die Verhaftung bestreiten. Die Leugnung einer Gefangennahme erleichtert den Tätern von vornherein die Folterung, Ermordung und das „Verschwinden lassen" eines Menschen. Sie ist daher in vielen Ländern üblich. Selbst wenn die Leichen der schließlich aufgefundenen Opfer eindeutige Spuren von Folterungen aufweisen, beharren die offiziellen Stellen auf ihrer Aussage, diese Menschen nie verhaftet und gefangen gehalten zu haben. Die meist erst aufgrund von öffentlichen Protesten eingesetzten staatlichen Untersuchungskommissionen kommen in der Regel zu denselben Schlüssen. Nach internationalem Menschenrechtsstandard haben auch Familienmitglieder und abhängige Angehörige einer verschwundenen Person (Mütter, Ehefrauen, Kinder) als Opfer zu gelten.

Beispiele:
- In Argentinien verschwanden in den Jahren der Militärdiktatur zwischen 1976 und 1979 an die 30.000 Menschen, darunter 400 Kinder. U. a. wurde das Betäubungsmittel Penthotal gespritzt, bevor die schlafenden Opfer in einem Militärflugzeug auf den Atlantik geflogen und ins Meer geworfen wurden. Für dieses als „Marinelösung" bezeichnete → Ertränken waren Strömungsgeschwindigkeit, Wassertiefe und Strömungsrichtung penibel berechnet worden, damit mit Sicherheit kein Opfer mehr auftauchte.
- Menschenrechtsgruppen und kirchliche Organisationen in Latein- und Mittelamerika müssen sich nach einem Bericht von *Amnesty International* noch heute der Opfer von Militärdiktaturen (Argentinien, Chile, Honduras) annehmen, um das Schicksal der detenidos-desaparecidos zu klären und die Praktiken einzelner Täter in den geheim gehaltenen Haftzentren (Kasernen, Polizeiquartiere) offenzulegen.
- Der chilenische Diktator A. Pinochet erklärte 1993, als er nicht mehr Staatschef war, wohl aber Oberbefehlshaber der Armee, weder das Militär noch er selbst hätten sich für irgendetwas zu ent-

schuldigen. Die spurlos verschwundenen, gefolterten und getöteten Gegner des Regimes nannte er Banditen.

- Schätzungen sprechen 1977 von bis zu 10.000 in Chile Vermissten; Emigranten nennen bis zu 70.000 Opfer der Geheimpolizei DINA (Dirección de Inteligencia Nacional). 1978 wurde der UNO der Untersuchungsbericht einer Menschenrechtskommission vorgelegt, die das Verschwinden von 612 Opfern des Putsches von 1973 und der folgenden Jahre zum Inhalt hat.
- 1977 warf ein Hirtenbrief der sieben Bischöfe in Nicaragua dem dann insgesamt 43 Jahre (1936–1979) herrschenden Somoza-Regime Massenhinrichtungen, Folterungen und das Verschwinden lassen hunderter Opfer vor.
- Während des Militärputsches vom Juli 1980 verschwanden Priester und Nonnen in Bolivien spurlos.
- Im November 2001 wurde in Mexico ein Sonderermittler eingesetzt, der das Verschwinden von 532 politischen Gefangenen untersuchen soll. Sie waren seit den 1970er- und 1980er-Jahren als vermisst gemeldet; viele von ihnen waren im Gewahrsam der Polizei oder der Armee.
- *Amnesty International* berichtete aus dem Jahr 2000: Im Januar setzte die Regierung des Libanon eine Untersuchungskommission ein, um das Schicksal der während des Bürgerkriegs (1975–1990) verschwundenen Personen zu klären. Die Behörden in Algerien kümmern sich nach wie vor nicht um das Schicksal verschwundener Opfer; einige Menschen sind im Jahr 2000 verhaftet worden und nie mehr aufgetaucht. In Burundi und Ruanda sowie im Senegal laufen Gefangene, die im Gewahrsam des Militärs sind, ständig Gefahr, einfach zu „verschwinden". In Ambato (Ecuador) verschwand der Häftling E. López Pita im November 2000. Das Schicksal hunderter Menschen, die seit Ende der 1960er-Jahre im Jemen verschwunden sind, blieb ungeklärt; die jemenitische Regierung hat ihr Versprechen nicht gehalten, wenigstens in den Fällen der seit 1994 verschwundenen Personen Ermittlungen einzuleiten. Mindestens 3300 Personen aus dem Kosovo, meist ethnische Albaner, sind noch immer verschwunden. Trotz der durchgeführten Exhumierungen, hauptsächlich aus Massengräbern in Ostslawonien, gelten 1500 Kroaten als vermisst. Seit 1995 sind auch etwa 600 kroati-

sche Serben verschwunden und bis 2000 noch nicht aufgetaucht. In Nepal gelten 15 im Jahr 2000 verhaftete Menschen als verschwunden, in Sri Lanka sind es mindestens 20 Personen. In Syrien ist der Verbleib hunderter Menschen, die Ende der 1970er-Jahre und in den 1980er-Jahren verschwanden, noch immer ungeklärt.

Vierteilen

Seit der Antike, etwa bei den Persern und Römern, bekannte (*Diasphendonie*), im 14. Jahrhundert in weiten Teilen Europas aufkommende, vor allem im Mittelalter, aber noch bis ins 18. Jahrhundert hinein besonders im Fall der Majestätsverbrechen (Hochverrat, Attentat) verhängte, als grausame Strafe geltende, mit dem → Ausweiden verbundene Tortur. Bei ihrer Vollstreckung wird der Körper des Opfers auf dem → Schafott mit dem Beil in vier Teile zerlegt oder zwischen zwei heruntergezogene junge Bäume gespannt und dann beim Hochschnellen der Bäume auseinandergerissen oder von vier ihn in die Himmelsrichtungen ziehenden Pferden zerrissen. Einen → Gnadenerweis bedeuteten das vorherige → Enthaupten, → Erhängen oder → Erdrosseln. Freilich waren auch Strafverschärfungen durch vorangehende Folterungen oder die als spezieller Schimpf geltende → Leichentortur üblich, wobei die Körperteile „auf gemeine vier Weg-Strassen öffentlich gehangen und gesteckt" wurden.

Beispiele:

- Vierteilungen sind aus dem alten Rom, aus Indien und China sowie aus Japan (mit Hilfe von Ochsen) bekannt geworden.
- Gregor von Tours († 594) beschreibt in seiner „Gesta Francorum" diese Straffolter, wie sie mit Hilfe von vier Pferden vollstreckt wird.
- Die Merowingerkönigin Brunichilde wurde 613 wahrscheinlich mit den Händen an starke, in einen Baumstamm getriebene Ringe gebunden, während ihre Füße an die Steigbügel zweier Pferde gekettet wurden. Auf diese Weise (K. Doubek gibt eine abweichende Methode an) wurde sie geviertelt.
- Der Maler Jörg Ratgeb, der sich den Bauern im Deutschen Bauernkrieg von 1525 angeschlossen hatte, wurde in Pforzheim denunziert, eingekerkert und zur Vierteilung durch ein Pferdegespann verurteilt, das ihn zur → Richtstätte schleppte und in Stücke riss.

Nach seinem Tod taten die ehemaligen Auftraggeber des Malers alles, um Namen und Bilder des Künstlers in Vergessenheit geraten zu lassen (→ damnatio memoriae).

- Am 25. September 1527 wurden M. Stolzenberg und P. Liebig hingerichtet, die führend am Aufstand der Görlitzer Tuchmacher beteiligt gewesen waren: Der eine wurde geviertelt, der andere geköpft.
- Der Schneider N. Hofmann wurde wegen verschwörerischer Umtriebe gegen die Obrigkeit Erfurts am 10. Januar 1528 aus der Stadt geschleppt und geviertelt.
- 1563 wurde P. de Meré, der den Herzog von Guise ermordet hatte, auf dem Blutgerüst festgebunden, bevor ihm der Scharfrichter mit eisernen Zangen das Fleisch der Arme und Schenkel zerriss. Dann wurde er an vier Pferde gekettet, doch die Muskeln der Arme und Beine hielten stand, bis der → Scharfrichter sie anschnitt. Als die Pferde wieder anzogen, rissen die Gliedmaßen nach einem heftigen Ruck und der Rumpf des Opfers fiel, noch lebend, zur Erde. Der Gefolterte wurde erst erlöst, als der Scharfrichter ihm den Kopf abtrennte.
- 1567 wurde der adlige, wegen seiner Gicht bewegungsunfähige Verschwörer Grumbach zu Gotha auf einem Stuhl zum Schafott getragen und in einem wahren Schlachtfest (→ Hinrichtungsfest), das von einer „grausam großen Welt Volkes" betrachtet wurde, zwei Stunden lang gefoltert und schließlich geviertelt. Dasselbe Schicksal widerfuhr Grumbachs Kanzler Brück. Weitere vier Opfer wurden „milder" bestraft: Einer wurde erst nach dem → Enthaupten geviertelt, ein anderer zu → Gefängnis begnadigt, ein weiterer erhängt, der vierte enthauptet. Nach der Exekution wurden die Leichen auf vier Landstraßen an 12 Säulen ausgestellt. Um den Namen Grumbachs zu schänden, wurde an den Säulen ein Bild des Opfers angebracht, dessen Inschrift darauf verwies, dass Grumbach, „wer er in seim Stande blieben", nicht den Vögeln zum Fraße überlassen worden wäre.
- P. Stubbe, der ein Vierteljahrhundert mit einer „Hexe" verkehrt haben sollte, starb 1589 in Köln durch Vierteilen.
- 1610 wurde F. Ravaillac, der König Heinrich IV. von Frankreich mit mehreren Messerstichen ermordet und damit nach zeitgenössischer Meinung einen „Vatermord" begangen hatte, in Paris auf der Place de Grève (oder Place de l'Hôtel de Ville) gefoltert und

gevierteilt. Nach Berichten von Augenzeugen sollen die Pferde Ravaillac über eine Stunde lang auseinandergezogen haben, bevor er starb und sein Leichnam von Zuschauern förmlich zerstückelt wurde. Angehörige der Schweizergarde sollen ein Stück von ihm unter dem Balkon der Königin geröstet haben.

- Ein früherer Attentäter, J. Chastel, dessen Anschlag 1594 den König einen Zahn gekostet hatte, war ebenso geviertelt worden.
- Da die französische Rechtswissenschaft bis ins 18. Jahrhundert hinein die Meinung vertrat, für einen Königsattentäter, der die geheiligte Person des Monarchen attackiert habe, sei keine Strafe streng genug, wurde noch 1757 F. R. Damiens nach vorangegangenen schrecklichen Foltern geviertelt. Auch in seinem Fall gelang es dem Scharfrichter erst nach mehreren Versuchen, die verhängte Strafe zu vollstrecken. Während der Exekution begann ein Mädchen zu weinen, weil die Pferde so heftig angetrieben und geschlagen wurden.
- Die „Constitutio Criminalis Theresiana" kannte noch 1768/69 die (durch → Herz-Herausreißen und „um das Maul Schlagen" verschärfte) Vierteilung und das „zur Abscheu" erfolgende Ausstellen des Leichnams an vier Hauptstraßen.

(Für) Vogelfrei erklären

Der u. a. durch Verbannen (in Rom: *interdictio aqua et igni*) hergestellte Zustand völliger Recht- und Schutzlosigkeit eines Menschen. Ein solcher Status musste im späteren Recht, so nach der „Constitutio Criminalis Theresiana" von 1768/69, einem Menschen von der Gemeinschaft, zu der er bis dahin zählte, zugesprochen werden. Schon in germanischer Zeit galt der „friedlose" Straftäter (→ Friedloslegung) als vogelfrei. Niemand durfte ihn unterstützen, beherbergen, ernähren; jedermann konnte ihn straffrei töten.

Waldgang

Altisländische Bezeichnung für eine Form des → Ausweisens: Ein Mann, der eine Frau aus Lüsternheit zu Boden geworfen hatte oder in ihr Bett gestiegen war, verfiel nach den Bestimmungen der *Grágás* („Graugans"), des geschriebenen Rechts der Insel, dem Waldgang (*skóggangr*), einer auf Lebenszeit berechneten Ächtung. In leichteren

Fällen wurde ein Täter zu einer milden Acht verurteilt, die gewöhnlich eine dreijährige Ausweisung bedeutete („Lebensringzaun"), aber in dem unwirtlichen Landesinnern ebenfalls zum Tod führen konnte.

Würgegalgen

Eine Vorrichtung zur → Hinrichtung, wobei die Tötung durch → Erhängen und Würgen am Hals erfolgte. Besonders häufig wurde der Würgegalgen zwischen 1870 und 1950 in Österreich verwendet, er kam auch in Ungarn und in der Tschechoslowakei zum Einsatz (Wikipedia, „Würgegalgen", abgerufen am 15.4.2017). Er gilt als eine Abart der → Garrotte. Im Unterschied zu dieser, die auch als Instrument zur Folter verwendet wurde, diente der Würgegalgen ausschließlich der Hinrichtung. Das Hängen wurde dabei an einem → Richtpfahl vollzogen, an dem oben ein Seil an einem Haken befestigt war. Der → Scharfrichter stand hinter dem Pfahl auf einem Podest. Bei der Hinrichtung brachten zwei Gehilfen den Todeskandidaten herbei, stellten ihn mit dem Rücken an den Pfahl und hoben ihn empor. In diesem Moment legte ihm der Scharfrichter die Schlinge um den Hals. Auf Kommando des Scharfrichters wurde das Opfer dann von den Gehilfen an den Schultern Richtung Boden gedrückt. Dabei kam es sofort zur Unterbrechung der Blutzufuhr. Der Delinquent blieb nach der Hinrichtung noch mindestens eine Stunde lang am Pflock hängen, dann wurde er obduziert und bestattet.

Beispiele:
- Instrumente dieser Art gab es schon seit dem 17. Jahrhundert, bereits in der Zeit des Dreißigjährigen Krieges war der Würgegalgen als eine von mehreren Galgenformen bekannt.

Wüstung

Die häufig mit der Heimatfolter des → Ausweisens verbundene, auch „Verfolgung mit Brand und Bruch" genannte, auf magischen Vorstellungen beruhende Zerstörung von Wohnung und Haus eines Missetäters durch Feuer oder Abbruch. Kein Stein sollte auf dem anderen bleiben, um alles an den Bösen erinnernde Hab und Gut aus der Welt zu schaffen und eine auch nach Grund und Boden sichtbare → *damnatio memoriae* einzuleiten. An der Wüstung, einer → Hinrichtung

zu gesamter Hand zu vergleichen, hatten alle Einwohner teilzunehmen. Wer sich weigerte, wurde bestraft.

Beispiele:
- Der „Sachsenspiegel" (um 1225) sah vor, dass Häuser und Höfe,
  in denen eine Vergewaltigung geschehen war, „wegen unterlassener
  Hilfeleistung" gewüstet wurden.
- Nach altfranzösischem Recht mussten sogar die Bäume, Gärten
  und Äcker eines Missetäters gerodet werden.

Zerfleischen

Eine Foltermethode (mit oft tödlichem Ende): Es wurden dabei
schneidende und reißende Geräte benutzt, die schwere Verletzungen
an der Haut und an bestimmten Körperteilen des Opfers hervorriefen
oder diese (etwa eine Brust) entfernt (→ Tiertortur, Zerstückelung).

Beispiele:
- Der römische Kaiser Konstantius II. drohte 358 seinem Hof für
  Zauberei und Magie die Folter an. Wer leugnete, wurde mit eiser-
  nen Krallen zerfleischt.
- Zu Ehren der (blutrünstigen) altindischen Fruchtbarkeitsgottheit
  Kali soll (nach R. Wrede) alljährlich ein lange zuvor ausgewähltes
  und entsprechend umsorgtes Mädchen nach dem Eintritt der ersten
  Menstruation zur Opferstätte geführt und mit Zangen und Messern
  zerfleischt worden sein.

Zermalmen

Im Unterschied zum Zerquetschen wurden beim Zermalmen nicht
nur einzelne Körperteile gequetscht. Hier sollte der ganze Körper
eines Opfers langsam und sicher zerstört werden. Die Methoden waren vielfältig: Unter anderem konnten → Tiertorturen, ein eigens für
diesen Zweck erfundener Apparat (*Kitté*), ein Mörser, eine Weinkel-
ter oder eine Pressfolter mit Mühlsteinen eingesetzt werden.

Beispiele:
- Im alten Indien wurden die Opfer (oft Ehebrecherinnen) durch
  eigens dressierte Elefanten zertrampelt: Die auf ein genageltes Brett

gebundenen Menschen, die jede Einzelheit des Foltervorgangs mit-
bekamen, sahen das Tier auf sich zukommen, das zunächst seine
Füße auf ihre Beine, dann auf den Leib und den Brustkorb setzte
und schließlich mit einem Fuß das Gesicht zermalmte.

Zerreißen

Eine (nicht wie beim → Vierteilen mit Hilfe von Tieren ausgeführte)
Methode einer tödlich ausgehenden Folter: Die Hand- und Fußgelenke des Opfers wurden an beweglichen Zuggeräten (Schiffe, Wagen) befestigt und diese in den vier Himmelsrichtungen in Bewegung
gesetzt. Die Zugkraft bewirkte, dass Arme und Beine abgerissen und/
oder die Körper der Opfer zerrissen werden.

Beispiele:
• Noch im 18. Jahrhundert wurde ein Komtur des Malteserordens
  mit ausgestreckten Armen und Beinen mittels langer Schiffsleinen
  an die Rahen von vier Schiffen gebunden und durch entsprechende
  Schiffsmanöver im Hafen von Ceuta vor unzähligen Zuschauern in
  Stücke zerrissen.

Zerstückeln

Der Körper des Opfers wird mit mehr oder minder scharfen Messern
zerteilt; vor allem die Muskelpartien an Brust und Gliedmaßen werden nach und nach abgetrennt. Werden stumpfe Messer verwandt,
sind die Folterqualen, die der langsam zerstückelte Mensch erleidet,
umso größer (→ Herz-Herausreißen, Zerfleischen).

Beispiele:
• Im alten China hatten vor allem Attentäter und ungetreue Ehefrau-
  en diese Folter (→ Folter der 100 Teile, *leng tsche*) zu erleiden: Den
  an einen Pfahl gefesselten Opfern wurde zuerst die Brustmuskula-
  tur abgetrennt, dann folgten die Muskeln an Armen und Beinen.
  Zahlten die Verwandten dem → Scharfrichter Bestechungsgelder,
  konnte das Opfer entweder mit Opium betäubt oder mit einem
  schnellen unauffälligen Stich ins Herz getötet werden, ehe die Folterung einsetzte. Mittellose Menschen hatten demgegenüber keine
  Chance auf einen schnellen Tod.

- Präfekt Reparatus, Bruder des Papstes Vigilius, wurde 539 mit vielen anderen Opfern von Gotenkriegern in Mailand zerstückelt; die Fleischteile wurden den Hunden vorgeworfen.
- Nach der Legende des hl. Bischofs Emmeram von Regensburg hatte der Herzogssohn Lantpert im späten 7. Jahrhundert „fünf flaischhacker" gedungen, „dy des hayliges mannes leichnam (Körper) von ader zu ader, von glied zu glied zerlegen" mussten. Und während Emmeram grauenhaft verstümmelt wurde, ihm die Augen ausgerissen, Nasen und Ohren abgeschnitten, Hände, Füße, Penis abgetrennt werden, dankte er Gott „mit großer Andacht" für die herrliche Tortur. Wahrscheinlich ist Emmeram jedoch von Lantpert erschlagen worden.
- Im Verlauf einer Palastrevolte der Strelitzen (1682) wurden mehrere Männer in Anwesenheit des erst zehnjährigen Zaren Peter (d. Gr.), der seither unter nicht beherrschbaren krampfartigen Zuckungen litt, von einer Brüstung im Kreml geworfen. Sie stürzten in die Spieße der unten postierten Wachsoldaten; diese fielen brutal über sie her, zerstückelten sie und beschmierten mit dem Blut der Opfer den Platz.
- Das Ustascharegime unter A. Pavelic (1889–1959) führte eigene Massenexekutionen an Serben durch, wobei den manchmal auch gevierteilten Opfern die Kehlen durchschnitten wurden. Hin und wieder wurden auch Fleischteile von Zerstückelten in Metzgerläden unter der Aufschrift „Menschenfleisch" ausgestellt.

Literaturhinweise

K. v. Amira, Die germanischen Todesstrafen (München 1922).

Amnesty International, Jahresbericht 2001 (Frankfurt a. M. 2001).

Amnesty International, Geschundene Körper – Zerrissene Seelen. Folter und Misshandlung an Frauen (Bonn 2001).

Amnesty International, Todesstrafe in den USA (London, Bonn– Köln 1987).

W. Andrews, Old-time Punishments (Detroit 1970).

E. Angstmann, Der Henker in der Volksmeinung (Bonn 1928).

F. Auer, Grausamkeit, Folter- und Todesstrafen (Röthenbach 1993).

J. Auler (Hg.), Richtstättenarchäologie (Dormagen 2008).

Ders. (Hg.), Richtstättenarchäologie 2 (Dormagen 2010).

Ders. (Hg.), Richtstättenarchäologie 3 (Dormagen 2012).

L. Barring, Götterspruch und Henkerhand. Die Todesstrafen in der Geschichte der Menschheit (Essen 1980).

C. Beccaria, Über Verbrechen und Strafe (Hg. W. Alff, Frankfurt a. M. 1966).

H. A. Bedau, The Death Penalty in America (Chicago 1968).

M. Blazek: „Herr Staatsanwalt, das Urteil ist vollstreckt." Die Brüder Wilhelm und Friedrich Reindel: Scharfrichter im Dienste des Norddeutschen Bundes und Seiner Majestät 1843–1898 (Stuttgart 2011).

Ders., Scharfrichter in Preußen und im Deutschen Reich 1866–1945 (Stuttgart 2011).

H. Brunner, Deutsche Rechtsgeschichte, 2 Bde. (Leipzig 1906).

N. Davies, Opfertod und Menschenopfer (Frankfurt a. M. – Berlin – Wien 1983).

U. Devries, *Amnesty International* gegen Folter. Eine kritische Bilanz (Frankfurt a. M. 1998).

A. Dieck, Die europäischen Moorleichenfunde (Neumünster 1965).

K. Doubek, Lexikon merkwürdiger Todesarten. Seltsame Spielarten und Formen des Exitus (Frankfurt a. M. 2000).

R. van Dülmen, Theater des Schreckens. Gerichtspraxis und Strafrituale in der frühen Neuzeit (München 1988).

Ders. (Hg.), Hexenwelten. Magie und Imagination (Frankfurt a. M. 1987).

H. P. Duerr, Obszönität und Gewalt. Der Mythos vom Zivilisationsprozeß Bd. 3 (Frankfurt a. M. 1993)

B. Düsing, Die Geschichte der Abschaffung der Todesstrafe in der Bundesrepublik Deutschland (Offenbach 1952).

C. D. Duffy – A. Hirshberg, Exekution (Köln 1964).

R. J. Evans, Rituale der Vergeltung. Die Todesstrafe in der deutschen Geschichte 1532–1987 (Berlin 2001)

K. Farrington, Geschichte der Folter und Todesstrafe. Die dunkle Seite der Justiz (Augsburg 1998).

H. Fehr, Gottesurteil und Folter (Festschrift G. Stammler, Berlin – Leipzig 1926, S. 231 ff.)

D. Feucht, Grube und Pfahl (Tübingen 1967).

M. Foucault, Überwachen und Strafen. Die Geburt des Gefängnisses (Frankfurt a. M. 1977).

A. Franz, Der Tod auf der Schippe oder was Archäologen sonst so finden (Stuttgart 2012).

A. Franz – D. Nösler, Geköpft und gepfählt: Archäologen auf der Jagd nach den Untoten (Stuttgart 2016).

P. Frauenstädt, Die Totschlagsühne des deutschen Mittelalters (Berlin 1886).

W. Fricke, Standrechtlich gekreuzigt. Person und Prozess des Jesus von Nazareth (Reinbek 1988).

V. Friese, Das Strafrecht des Sachsenspiegels (Breslau 1898).

H. Fulda, Das Kreuz und die Kreuzigung (Breslau 1878).

J. Glenzdorf – F. Treichel, Henker, Schinder und arme Sünder
(Bad Münster a. D. 1970).

J. R. Grigulevic, Ketzer – Hexen – Inquisitoren. Geschichte
der Inquisition 15. –20. Jahrhundert (Berlin 1976).

H. Gundolf, Massenmord (München 1981).

L. Hale, Hanged in Error (London 1961).

Hamburger Institut für Sozialforschung (Hg.), Nie wieder!
Ein Bericht über Entführung, Folter und Mord durch die Militärdiktatur
in Argentinien (Weinheim – Basel 1987).

S. Hardung, Die Vorladung vor Gottes Gericht. Ein Beitrag zur rechtlichen und religiösen Volkskunde (Bühl/Baden 1934).

O. Häring, Die Todesstrafe (Berlin 1911).

F. Heinemann, Der Richter und die Rechtsgelehrten (Leipzig 1900,
Nachdruck Köln 1979).

K. Helfrich, Menschenopfer und Tötungsrituale im Kult der Maya
(Berlin 1973).

H. v. Hentig, Die Strafe, 2 Bde. (Berlin – Göttingen – Heidelberg
1954–1955).

Ders., Über den Ursprung der Henkersmahlzeit (Tübingen 1958).

H. Herrmann, Ketzer in Deutschland (Köln 2016).

Ders., Sex und Folter in der Kirche. 2000 Jahre Folter im Namen Gottes
(Berlin 2005).

Ders., Die Folter. Eine Enzyklopädie des Grauens (Frankfurt a. M. 2004).

H. Hirsch, Die hohe Gerichtsbarkeit im deutschen Mittelalter
(Graz – Köln 1958).

R. Hirzel, Die Strafe der Steinigung (Leipzig 1909; Nachdruck Darmstadt
1967).

R. His, Deutsches Strafrecht bis zur Carolina (München – Berlin –
Oldenburg 1928; Nachdruck Darmstadt 1967).

F. Irsigler – A. Lassotta, Bettler und Gaukler, Dirnen und Henker
(Köln 1984).

A. Keller, Der Scharfrichter in der deutschen Kulturgeschichte
(Bonn – Leipzig 1921).

Ders. (Hg.), Maister Franntzn Schmidts Nachrichters zu Nürnberg all
sein Richten (Leipzig 1913).

A. Kershaw, Die Guillotine. Eine Geschichte des mechanischen Fallbeils
(Hamburg 1959).

H. Knapp, Das Lochgefängnis. Tortur und Richtung in Alt-Nürnberg
(Nürnberg 1907).

Ders., Das alte Nürnberger Kriminalrecht (Berlin 1896).

A. Koestler, Reflections on Hanging (London 1956).

Ders. – A. Camus – E. Müller Mcinigcn jr. – F. Nowakowski,
Die Rache ist mein. Theorie und Praxis der Todesstrafe (Stuttgart 1961).

E. Kogon – H. Langbein – A. Rückerl (Hg.): Nationalsozialistische
Massentötungen durch Giftgas (Frankfurt a. M. 1995).

R. Krämer-Badoni, Judenmord, Frauenmord, Heilige Kirche
(München 1988).

H. Kraschutzki, Die Untaten der Gerechtigkeit (München 1966).

U. Kühn, Inschriften und Verzierungen auf Richtschwertern;
ihre Deutung aus der Person des Scharfrichters (Erlangen – Nürnberg
1969).

H. H. Kunstmann, Zauberwahn und Hexenprozeß in der Reichsstadt
Nürnberg (Erlangen 1970).

J. Lang, Erinnerungen des letzten Scharfrichters im k.u.k. Österreich
(Hg. O. Schalk, Wien, Leipzig 1920).

J. H. Langbein, Torture and the Law of Proof (Chicago 1977).

K. B. Leder, Todesstrafe. Ursprung, Geschichte, Opfer
(Wien – München 1980).

C. Leitmeier, Die Kirche und die Gottesurteile (Wien 1953).

H.-H. Lewandowski, Die Todesstrafe in der Aufklärung (Bonn 1961).

M. P. Maass, Halsgericht (Darmstadt 1976).

C. Marasotti, Blutorgien der Gewalt. Im Blutrausch gegen Frauen (Röthenbach 1996).

G. Maxwell, Die zehn Todesqualen (Hamburg 1961).

A. Mergen (Hg.), Dokumentation über die Todesstrafe (Darmstadt 1963).

S. Metken (Hg.), Die letzte Reise (München 1984).

K. J. A. Mittermaier, Das deutsche Strafverfahren in der Fortbildung durch Gerichts-Gebrauch und Landes-Gesetzbücher in genauer Vergleichung mit dem englischen und französischen Straf-Verfahren. 2 Bde. (Heidelberg 1845–46).

T. Mommsen, Zum ältesten Strafrecht der Kulturvölker (Leipzig 1905).

G. Morsch – B. Perz – A. Ley (Hg.): Neue Studien zu nationalsozialistischen Massentötungen durch Giftgas: historische Bedeutung, technische Entwicklung, revisionistische Leugnung (Berlin 2011).

J. F. Mortimer, Henker (Genf 1976).

W. Neubauer, Chronik (Nürnberg 1601/16).

H. Nottarp, Gottesurteil-Studien (München 1956).

E. Peters, Folter. Geschichte der Peinlichen Befragung (Hamburg 1991).

E. W. Pettifer, Punishments of Former Days (Yorkshire 1974).

H. Pfeiffer, Die Spuren der Toten (Leipzig 1994).

H. J. Plath, Gesetz und Recht im alten China nach chinesischen Quellen (München 1963).

L. Puppi, Torment in Art. Pain, Violence and Martyrdom (New York 1991).

R. Quanter, Die Folter in der deutschen Rechtspflege sonst und jetzt (Dresden 1900, Nachdruck Augsburg 1998).

Ders., Die Leibes- und Lebensstrafen bei allen Völkern und zu allen Zeiten (Leipzig 1906).

E. A. Rauter, Folter in Geschichte und Gegenwart von Nero bis Pinochet (Frankfurt a. M. 1988).

J. Ph. Reemtsma (Hg.), Folter. Zur Analyse eines Herrschaftsmittels (Hamburg 1991).

B. Rehfeld, Todesstrafen und Bekehrungsgeschichte (Berlin 1942).

L. Richter, Die Geschichte der Folter und Hinrichtung. Vom Altertum bis zur Jetztzeit (Wien 2001).

M. M. Rind, Menschenopfer. Vom Kult der Grausamkeit (Regensburg 1996).

K. Rossa, Todesstrafen. Von den Anfängen bis heute (Bergisch Gladbach 1985).

F. Ruf, Acht und Stadtverweisung im alten Nürnberg (Erlangen 1952).

F. Sahebjam, Die gesteinigte Frau (Reinbek 1992).

H. Sanson, Denkwürdigkeiten der Scharfrichterfamilie Sanson (München – Leipzig 1924).

Ders., Tagebücher der Henker von Paris (München 1989).

W. Schild, Die Geschichte der Gerichtsbarkeit. Vom Gottesurteil bis zum Beginn der modernen Rechtsprechung (Hamburg 1997).

Ders., Die Eiserne Jungfrau. Dichtung und Wahrheit (Rothenburg o. d. Tauber 2000).

E. Schmidt, Einführung in die Geschichte der deutschen Strafrechtspflege (Göttingen 1965).

H. Schuhmann, Der Scharfrichter. Seine Gestalt – seine Funktion (Kempten 1964).

G. R. Scott, The History of Capital Punishment (London 1950).

A. C. Sellner, Immerwährender Heiligenkalender (Frankfurt a.M. 1998).

W. G. Soldan – H. Heppe, Geschichte der Hexenprozesse (Kettwig 1986).

J. Solé, Liebe in der westlichen Kultur (Frankfurt a.M. – Berlin – Wien 1979).

P. Sommer, Scharfrichter von Bern (Bern 1969).

M. Sothmann, Das Armen-, Arbeits-, Zucht- und Werkhaus in Nürnberg bis 1806 (Nürnberg 1970).

S. Stiassny, Die Pfählung (Wien 1903).

B. Strub, Der Einfluß der Aufklärung auf die Todesstrafe (Zürich 1973).

C. C. Stübel, Über den Tatbestand der Verbrechen, die Urheber derselben und die zu einem verdammenden Endurteil erforderliche Gewißheit des ersteren, besonders in Rücksicht der Tödtung, nach gemeinen in Deutschland geltenden und Chursächsischen Rechten (Wittenberg 1805).

F. Sturm, Symbolische Todesstrafen (Hamburg – Heidelberg 1962).

R. Villeneuve, Grausamkeit und Sexualität (Berlin 1988).

T. Waltenbacher: Zentrale Hinrichtungsstätten. Der Vollzug der Todesstrafe in Deutschland von 1937–1945. Scharfrichter im Dritten Reich (Berlin 2008).

I. Wirth, Exekution. Das Buch vom Hinrichten (Berlin 1993).

H. J. Wolf, Geschichte der Hexenprozesse (Hamburg 1995).

R. Wrede, Die Körperstrafen bei allen Völkern von den ältesten Zeiten bis Ende des neunzehnten Jahrhunderts (Dresden 1898).